项目管理实践三法

管法

从硬功夫到软实力

郭致星 著

SYSTEM IMPROVEMENT

FROM TECHNICAL METHODS TO SOFT SKILLS

中国电力出版社
CHINA ELECTRIC POWER PRESS

内 容 提 要

这套书的定位是填补项目管理学者（或称为理论研究者）与实践者之间的空白。

这套书共三本，其关注点也各不相同：

《技法》主要关注项目的需求、进度、成本、质量、风险以及过程管控方面，这是提升绩效与改进过程的硬功夫。

《管法》主要着眼于项目的团队、沟通以及干系人管理的主题，这是项目思维与实践的软实力。

《心法》主要关注项目管理者的职业生涯和领导力提升，这是迈向顶级项目经理的修炼路径。

图书在版编目（CIP）数据

项目管理实践三法. 管法：从硬功夫到软实力 / 郭致星著. —北京：中国电力出版社，2018.11

ISBN 978-7-5198-2513-3

Ⅰ. ①项… Ⅱ. ①郭… Ⅲ. ①项目管理 Ⅳ. ①F224.5

中国版本图书馆CIP数据核字(2018)第232089号

出版发行：中国电力出版社
地　　址：北京市东城区北京站西街19号（邮政编码100005）
网　　址：http://www.cepp.sgcc.com.cn
责任编辑：李　静　　1103194425@qq.com
责任校对：黄　蓓　　李　楠
装帧设计：九五互通　　陈子平
责任印制：钱兴根

印　刷：三河市万龙印装有限公司
版　次：2018年11月第1版
印　次：2018年11月北京第1次印刷
开　本：710毫米×1000毫米　16开本
印　张：20.75
字　数：326千字
定　价：86.00元

代　序

一个实践者的角度

本套书的前身基础是《做项目，就得这么干》（人民邮电出版社，2015 年）和《做项目，不得不这么干》（中国电力出版社，2016 年）。这两本书出版后，得到了很多朋友的支持与鼓励，承蒙读者厚爱，这两本书多次印刷。其间，我收到了很多读者的反馈，希望能看到更多关于实践话题的探讨。

近年来，我陆续为数百家企事业单位各层次人员进行过项目管理实践和思维的培训与咨询，并将项目思维应用于个人研究、咨询与其他实际工作，既积累了相关素材，有了很多第一手的实践经验和心得，又接触到大量的初学者，了解了他们的实际困难、困惑和问题以及需求。我慢慢觉得这两本书仍有许多不足之处，比如很多主题看待问题的深度、广度还不够，有些内容也不够全面。于是我就开始策划，整合成一套系列书籍。

我主要在研究院（所）和工商业界做事，不是做理论研究的学者，当然，做学者既不是我的特长也不是我的兴趣点——尽管也给高校学生上课。本套书的定位是填补学者（或称为理论研究者）与实践者之间的空白。学者往往缺乏实践经验，写的东西理论有余、实践不足；实践者则要么欠缺理论基础，要么没时间、没兴趣写文章。我接受过系统的项目理论教育，又在严酷的实践中历练十余年，有兴趣，愿花时间……我试图在理论与实践之间搭建一座桥梁，写成一套项目实践者喜欢的书。本套书纳入了更多的本土案例，更加接地气，这也是我最近几年实践、培训和咨询众多本土企业的结果。

在所有的书评和反馈中，让我最感动和欣慰的一句是“这是一本干活的人写的书”。

对于本书，我还有几点要补充。

第一，我不想宣扬大思想。因为大道理好讲，小事情难做。这本书更多的是分析小案例、讲细节、讲实践，是本小书。宣传大思想的书很多，就如满天下都在讲华为的项目和研发管理体系，但从没听说过哪个公司能够复制一样，问题在落实上、在对行为的管理上。我发现的一个现象是：每当大家都在畅谈某种大思想的时候，这种思想（甚至只是一个词）八成会被整死。

20 世纪 90 年代，我还在读研究生，系统工程在当时是一个很热的专业。“××是一项复杂的系统工程”害死了这个专业！这句话在大小场合的出现，“系统工程”泛滥，近乎被神化。系统工程的真正含义、真正价值反而不为人所知了，其结果导致了一个学科的渐衰。尽管系统工程的重要性越来越明显，但人们宁愿用一些新的词汇去代替它，大家的注意力被转移到这些新词上——当然，我们并不在意这些名词究竟意味着什么。

“互联网+”概念近几年甚为火爆，简直热到了“不要不要的”。特别是国家有意对互联网方面加大支持力度，引爆的不仅是这个概念，更是全民狂欢。不管从事何种行业，都要赶时髦，随便就是“互联网+××”行业。“互联网+”在国内的过度概念化，让我很担心其前景。但愿我在杞人忧天。

第二，本书不为宣传某种捷径、秘籍。项目问题错综复杂，都用一些常规方法来解决；走捷径的结果往往是原地打转，问题照旧。秘籍是特定情况下的救命药，但不是万能药，不会放之四海皆准。离开了特定环境，秘籍往往没有什么实际意义，误导往往多过帮助，这些秘籍甚至会成为毒药。该出的汗总得出，该付出的总得付出。现实中的最大童话莫过于相信不劳而获，最大的悲剧就是相信有点石成金的捷径。一切项目问题都有一个解决方案，但很少有一个捷径。

人们都知道每天慢跑 50 分钟不仅有助于减肥，更有益于身体健康。但是，大多数人并不这么做，反而会花很多的金钱去买些减肥药物（所谓捷径）。一次次对减肥药物不满意，一次次受到减肥药物副作用的伤害，一次次花钱去换新的减肥药，而慢跑反而被遗忘了。同样，我们一次次对现行的项目管理办法失望，一次次承受管理失败造成的损失，一次次求助新管理方法，而忘记了我们早已知道的有效方法。

捷径和秘籍如同过热的股票，当满大街的人都在热捧时，这些事物必将走向灭亡。当然，也不应全盘否定最佳实践。他山之石，可以攻玉，仅此而已。

第三，本书着眼实干，注重解决实践中的常见问题。常见问题解决了，方法落实好了，再配以合适的绩效机制，业务成果自然就有了。这貌似常识，但常识非常行。魔鬼不仅藏在细节中，也藏在常识中。该发生的总会发生。你没法忽略细节、忽视常识，否则注定无法建立一流的项目管理。

我不认为项目管理是什么新事物、新思想；有人类的时候就有项目管理。我也不认为项目管理起源于西方，事实上有据可查的项目管理在东方更久远；有人类的地方就有项目管理。看上去西方项目管理做得好，无非是他们更肯总结提炼，在行为上更得力，不比我们更相信有捷径可走而已。

第四，这本书主要关注于项目管理者的软实力提升，是一本关注管法的书。要成为一名成功的项目管理者，软技能和硬功夫都不可缺少，就如同一个人的两只手，需要相互协同，共同提高，只有硬功夫配上软实力，才能在面对项目管理过程中的种种困境和挑战时，做到游刃有余地处理和解决这些难题。

本套书的写作方式主要包括以下 4 个方面：

- 以通俗易懂的方式，让读者了解项目思维的基本原理、原则和精髓。
- 介绍并帮助读者学习、掌握项目管理的基本方法与工具。
- 通过一些论述和具体的案例分析，使读者了解如何将项目思维应用于项目工作、个人生活甚至社会事务的诸多方面，并希望“抛砖引玉”，引导读者“举一反三”，以便在实际工作和生活中更好地应用。
- 与读者分享我二十余年学习与应用项目管理方法和系统思维的心得、实践经验，给予有价值的学习建议和行动指南，帮助其快速入门和提升。

为帮助读者们更乐于阅读并引发思考，本书延续我所钟情的朴实、真实（我认为说真话是一种可贵的品质）、务实的表达方式，在我对项目经理培训时，这种表达方式是很多人真心喜爱的。总的来说，本套书的特点有如下 4 个方面：

第一，框架重组。3 本书共 38 章，近 70 万字；增补了近年来的一些最新实践经验总结。

第二，案例更新。结合项目管理在国内发展的实际状况，补充、更新了一些案例，尤其是结合场景化原则，以便项目管理者更好地学习、借鉴和应用。

第三，突出实战。本着突出实用性的原则，结合心理学应用，增加、更新了一些方法、工具的操作指引和使用心得。

第四，加强互动。要想掌握项目管理的技能，就要进行持续的练习。阅读本套书的同时，读者可以扫描“项升”（ID：PM-ecology）微信公众号二维码，通过微信与我互动。

这套书共 3 本，其关注点也各不相同：

（1）《技法》主要关注项目的需求、进度、成本、质量、风险以及过程管控方面，这是提升绩效与改进过程的硬功夫。

（2）《管法》主要着眼于项目的团队、沟通以及干系人管理的主题，这是项目思维与实践的软实力。

（3）《心法》主要关注项目管理者的职业生涯和领导力提升，这是迈向顶级项目经理的修炼路径。

我希望你不仅是阅读一本书，获得一些启发或了解到一些所谓的“知识”，还能真正地学以致用。

本套书看上去是我写的，其实是我们大家共同智慧和经历的结晶。事实上，本套书中更多的观点来自广大的项目管理者、企业家和研究人员。近年来，我接触了许多项目经理，他们的很多经验、教训都给了我很大启发。在此，我要感谢他们。如果本书中有些观点甚至表达方式让你感同身受，这绝不是巧合。当然，如果其中一些观点与您的观点不吻合，也不要感到意外。我希望您有选择地采纳，也可以边批评边采纳，或只批评不采纳，我想在批评过程中激发您的思想火花也是一种收获。

伴随着移动互联网的发展，我的团队开通了微信公众号“项升”（ID：PM-ecology），他们每天向读者推送与项目管理有关的文章，其中的很多原创文字出自我本人之手。这个微信公众号很快聚集了数万粉丝，逐渐成长为备受欢迎的专业公众号。每天通过微信公众号与大家互动是件很有趣的事，我从大家身上学到的，恐怕要远比大家从我这里学到的多。

项升团队是一个务实而积极的团队，令人骄傲。在这里，我要感谢项升团队的陈利海先生、祁彬女士和我的助手章湘袭女士，他们为这套书的面世做出了富有成效的努力！

最后，我还是要感谢我事业有成的太太、天真专注的儿子。他们让我感受到了工作的价值和生命的意义！

2018 年 2 月于中国香港

目 录

第 1 章

厘清项目成败的标准

如果你没有参加项目，那么你多半是在做一些费力不讨好而且枯燥无味的重复性工作。但是，如果你参加了一个项目，日子就更难过了，你会觉得干一件费力不讨好而且枯燥无味的重复性工作是多么令人神往。

——项目管理谚语

通常，没有人想把项目做失败，都希望项目成功。然而，项目成功的含义并不确切，对于这个词，我们需要一个可操作的定义，明确一些用于测量结果的、项目所有干系人都一致同意的标准。

1.1 项目成功是有层次的

关于项目成功这个问题，我要告诉你：这和验收与否关系不大，在中国这个市场里，要是项目连验收都过不去，我建议你改行。当然，无法通过验收的项目，根本就与成功沾不上边。换言之，项目验收是否通过是项目成功与否的基本条件。

1.1.1 项目成功标准的演进

帝王早期，只要把规定的工作干好就意味着项目成功，并没有明确的时间和成本限制，秦始皇陵和金字塔就是例证。此时的成功标准是满足项目范围，即完成项目的工作内容①。

时代变迁，项目的成功标准逐步演变为在规定时间内把工作做完。钱用完了可以再申请，但是必须按时完工，隋朝的京杭大运河是一个典型代表。时至今日，这种情况仍时有发生，“形象工程”和“献礼工程”往往如此，备受诟病的“钓鱼工程②”也缘于此。

市场经济下，普遍接受的项目成功标准是项目应该同时满足质量（Quality，Q）、成本（Cost，C）、时间（Time，T）和范围（Scope，S）4 个目标。

中国首次载人航天飞船发射项目的成功标准见表 1-1。

表 1-1 中国首次载人航天飞船发射项目的成功标准

序号	成功维度	定义和衡量指标	首次载人航天飞船发射项目的优先级
1	绩效	绩效是三维约束因素中最广泛的定义，可以包括范围、质量、符合规范要求的程度、产品满足功能要求的能力、其他因素	最重要的是技术性能，神舟五号飞船必须到达指定高度，并将宇航员安全送回着陆点。中国航天知道，全世界都在关注此事
2	时间	这个维度是对项目满足给定期限能力的衡量	飞船发射项目中第二重要的是进度。在不影响性能的前提下，越快越好。团队成员花费非常多的时间用无人飞船来测试技术和支持系统，以确保性能有效
3	成本	这个维度是对项目成本的衡量，可以分解为与独立工作包、人工、材料和设备等相关的可管理要素，也可以包括间接管理成本	虽然项目团队和政府机构都重视成本，但每个人毫无疑问都意识到绩效和工期比成本重要。该项目的直接成本为 2.2 亿美元

① 丁荣贵. 项目管理：项目思维与管理关键[M]. 2 版. 北京：中国电力出版社，2013.

② 钓鱼工程是指在决策阶段被描述为造价很低、见效很快，但在实际实施过程中，乙方不断申请变更，迫使甲方不断追加费用，最终项目费用大大超出原先计划的项目。

一个组织必须明确建立上述4个指标的相对优先级，不要期望一个团队同时实现所有方面。在质量不可调整的要求下，进度、成本、范围，取其二，项目发起人和领导者必须向团队以及起支持作用的项目干系人清晰地传递哪两个维度比另一个更重要。

> 美国国家航空航天局20世纪90年代采用的口号“更好、更快、更便宜[①]”，这在某种意义上传递给了团队成员模棱两可的信息，也是该机构广为人知的失败原因之一。

随着竞争加剧、变化加速，项目不仅要在规定的范围、时间和费用内把事情做完，满足质量要求的同时，还要使干系人满意。换言之，现代项目管理的目标具有5个要素：时间、成本、范围、质量和干系人的满意度（见图1-1）。也就是说，只有满足了时间、费用、范围、质量要求并获得干系人满意，项目才算是成功的。当然，时间、成本、范围、质量也是项目干系人的需求，因而可以简单地认为：项目成功就是让项目的干系人满意。

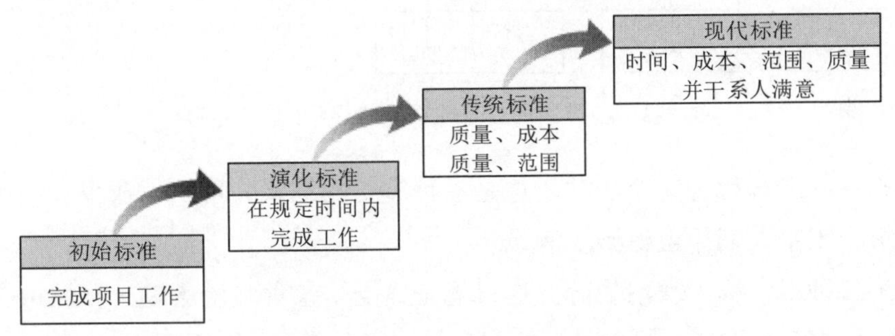

图1-1 项目成功标准的演进

可见，关于项目成功的判断标准几乎都是主观的。项目干系人的看法、环境及各种期望都会对失败的判断产生影响。在客户公司中，与项目团队一起工作的人可能认为项目是成功的，但客户的老板却未必这么认为。毫无疑问，如果项目涉及的干系人越多，这种情况出现的可能越大。因此，在项目早期，制

① D. Leonard and D Kiron, Managing Knowledge and Learning at NASA and the Ac Propulsion Laboratory （JPL）。Hardvard Business School Case（Boston: HBS Publishing, 2002）.

定出各干系人一致认可的成功标准极为重要。

1.1.2 项目交付成果、结果和干系人期望

一般而言，项目会有 3 种产出：可交付成果、结果和是否满足了干系人的期望。这 3 种产出会影响干系人对项目成败的判断。图 1-2 是 3 种产出之间的多种组合①。

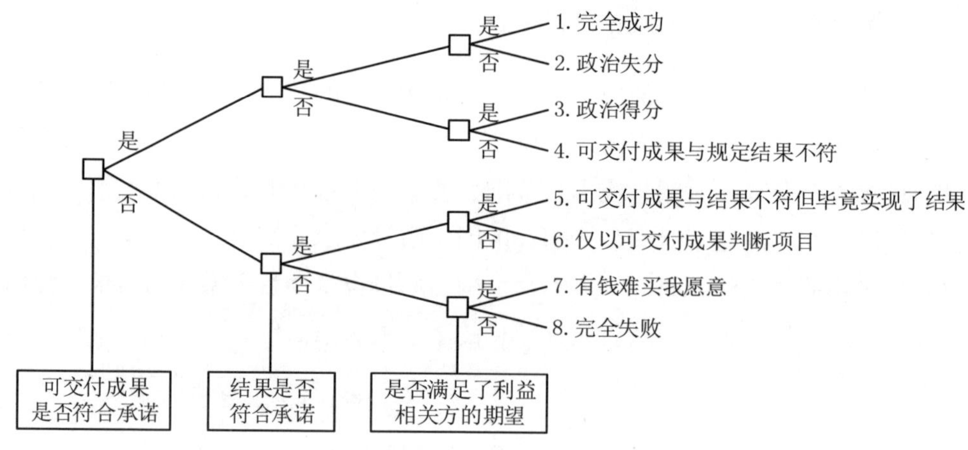

图 1-2 项目的可交付成果、结果和期望的组合

第一种组合称为完全成功。这是一种完美的结果，可交付成果、结果都符合要求，干系人期望也得到了满足。

第二种组合称为政治失分。这可能是遭受了某种政治影响，虽然可交付成果和结果都符合要求，但干系人的期望并未得到满足。原因可能是在项目期间，干系人发生了某种变化，对项目有了不同的期望。这种结果的出现需要项目经理密切关注，当然项目经理们也不要期望干系人的期望会一成不变。

第三种组合称为政治得分。可交付成果符合要求，却没有得到所要求的结果，但又满足了干系人的期望。此时需要考虑结果与可交付成果的匹配问题。导致期望得到了满足这一结果的出现可能有两种情况：一是干系人宽宏大量，二是干系人事先并不知道不可能得到所要求的结果。

① 詹姆斯·刘易斯，项目经理案头手册[M]. 3 版. 雷晓凌，译. 电子工业出版社，2009.

第四种组合称为可交付成果与规定结果不符。这种情况与第三种组织有相似之处，只是干系人不再宽宏大量。

第五种组合称为可交付成果与规定结果不符。该组合的出现也许比较奇怪，虽然可交付成果不符合要求，却阴差阳错地得到了所要求的结果，从而满足了干系人期望。

第六种组合称为仅以可交付成果判断项目。可交付成果不符合要求，却获得了所要求的结果，又没有满足干系人的期望。这可能是干系人抓住项目经理未交付所约定的可交付成果这个问题不放，而不管项目已经达到所要求结果的事实。

第七种组合称为“有钱难买我愿意”。项目遇到了真正宽宏大量的干系人。

第八种组合称为完全失败。

假如项目经理接到了 A 客户的合同，研制一套电子战干扰系统，作战对象为敌方（下文称 B）工作于 2~3GHz 频段的雷达系统，换言之，该电子战干扰系统亦应工作于 2~3GHz 频段（只有同频段才能干扰）。

该案例中，电子战干扰系统是项目的可交付成果（称为目标体系），对敌方雷达实施成功干扰是项目追求的结果，干系人是否满意属于“干系人期望满足”的第三层次。

作战体系下，有可能出现下述情形：在项目研制过程中，B 通过各种渠道（比如间谍战、情报分析等）了解到 A 正在研制该干扰系统；B 预测到如果 A 的该套电子战干扰系统研制成功将导致自己的雷达系统失效；为此，做了雷达系统的改变——将工作于 2~3GHz 频段的雷达系统更换为工作于 3~4 GHz 频段的雷达系统。但由于种种原因（比如技术困难等），该项目的目标系统未能成功研制，阴差阳错却实现了一个 3~4 GHz 频段的电子战干扰系统。

表 1-2 描述了电子战干扰系统的成功标准与可交付成果、结果和期望的组合。

表 1-2　电子战干扰系统的成功标准与可交付成果、结果和期望的组合

实际交付成果	结　　果	期　　望	组　　合	对组合的解释
2~3GHz 电子战干扰系统	对 2~3GHz 雷达系统干扰成功	满足了干系人的期望	完全成功	完全实现了项目的可交付成果、结果和期望三层目标
		未满足干系人的全部期望	政治失分	干系人的某些期望未得到满足（比如客户的某个亲人到项目经理所在的城市旅行，项目经理没有做一些纯属人际关系方面的工作，导致客户体验不佳，你懂的！）
	对 3~4GHz 雷达系统干扰不成功	满足了干系人的期望	政治得分	因为 B 的雷达系统更换为 3~4GHz 频段导致 2~3GHz 电子战干扰系统未能实施成功干扰，但是干系人认为毕竟实现了最初期望的交付成果。A 客户是宽宏大量的
		未满足干系人的全部期望	可交付成果与规定结果不符合	虽然实现了最初约定的可交付成果，但是客户 A 强调“我要的是你们必须把敌方雷达给我干掉！”——客户的嘴大
3~4GHz 电子战干扰系统	对 3~4GHz 雷达系统干扰成功	满足了干系人的期望	可交付成果与规定结果不符合	虽然可交付成果不符合要求的技术指标（2~3GHz），却阴差阳错地得到了所要求的结果（B 的雷达系统也更换为 3~4GHz 频段）——敌方雷达被干扰成功了，干系人满意。也许这就是所谓的“瞎猫碰到死老鼠”吧
		未满足干系人的全部期望	仅以交付成果判断项目	虽然对敌方雷达干扰成功从而获得了所要求的结果，但是 A 客户抓住项目经理未交付所约定的可交付成果（2~3GHz 电子战干扰系统）这个问题不放，而不管项目的结果。“我要的是 2~3GHz 电子战干扰系统！”——A 客户翻脸就不认人

续表

实际交付成果	结　　果	期　　望	组　　合	对组合的解释
3~4GHz电子战干扰系统	对2~3GHz雷达系统干扰不成功	满足了干系人的期望	有钱难买我愿意	项目遇到了真正宽宏大量的干系人。开玩笑，真有这种情况吗？不好说，有钱难买我愿意。当然，客户A是项目经理亲戚的可能性较大
		未满足干系人的全部期望	完全失败	不说了。估计这种情况出现的可能性也极小——恐怕没有一个项目经理眼看可交付成果实现不了、结果又达不成，坐等人的不满意。其他不会做，PMP①之类的工作总还是会做一点吧

1.1.3　项目成功的层次

我使用图1-3定义成功的层次。

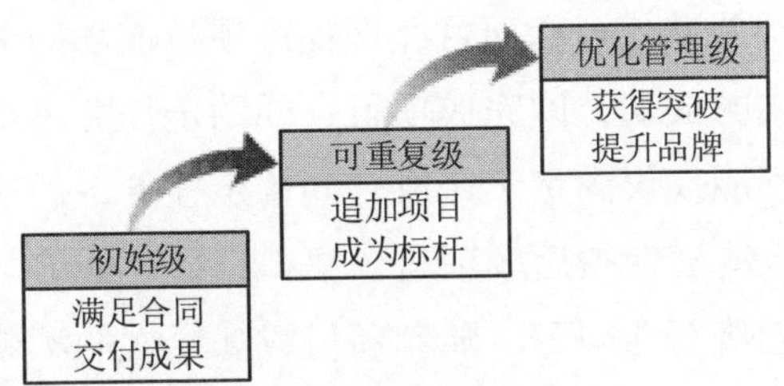

图1-3　项目成功的层次

第一层次：初始级

- 完成合同约定的任务。
- 项目的交付成果得到客户认可。
- 收到了项目全部款项。

① PMP即所谓的拍马屁，这里表示沟通等工作。本意上，PMP（Project Management Professional）指（美国）项目管理协会（PMI）举办的项目管理专业人士资格认证。

第二层次：可重复级

- 客户继续追加项目。
- 由于客户满意，向同行推荐。
- 项目成为标杆，公司在后续投标时可以自信地引用该项目案例。
- 客户相关人员与项目成员建立了个人友谊。
- 项目组成员得到了锻炼，能力得到了提升。

第三层次：优化管理级

- 公司获得了新知识和新技术。
- 项目实施后取得了预期结果。
- 公司品牌价值得到了提升。
- 公司与客户的战略伙伴关系得到了加强。
- 培养了后备项目人才。

3 个层次描述了项目成功的不同等级，让项目经理了解到“山外有山，人外有人”的道理。如果满足于“例行公事式”完成项目任务，可能只是处于第一层次。

3 个层次可用于帮助公司和项目经理提炼项目成功的关键指标。对于所有项目经理，第一层次的成功，即完成项目合同约定任务是最基本要求。一个好的项目经理，绝对不能仅仅满足于完成合同规定任务，而应该有更高的追求，将该项目做成标杆，能够获得后续项目、赢得口碑，能够与客户建立战略合作关系，能够给公司创造新知识等。随着项目成功层次的不断提升，项目经理及项目成员的能力也会不断提升，并为个人的职业生涯开辟新的可能。

1.2 项目成功常取决于干系人的感知

一个炎热的夏天，空调坏了，客户很着急，越急越热，就给空调公司的客服打电话。客服人员告诉他，他们是 24 小时售后服务，不要着急，马上就有维修人员上门。客户感到一点安慰：“服务还不错。”

果然，维修人员在 1 小时内就上门了。进门的时候，他们还穿上鞋套；拆空调的时候，为防止灰尘乱飞，他们还把空调罩起来。这下客户心想："这家企业想得还真挺周到。"

看到维修人员满头大汗，客户想请维修人员喝杯水，他们婉言谢绝："我们有规定，不能喝客户的水，不能给客户添麻烦。"这下客户就更是佩服了："该企业真是名不虚传。"

再到后来，有朋友要买空调，这个客户总是要为该企业做宣传。

现在是空调坏了，人家服务得好，你不仅不骂他，还给他做广告，免费给人家卖空调。我们试着想一想，如果他的空调不坏呢？人家连再次给你提供服务的机会都没有？那问题来了，以后是把质量做好呢还是做坏呢？

1.2.1 干系人满意，你就成功了

为找到影响项目成功的因素，墨菲（Murphy）、贝克（Baker）等人对 650 多个项目进行了研究，他们的结论是："如果项目满足技术性能的要求或达到项目使命，并且关键干系人对项目结果满意，那么项目总体上就是成功的。"

可见，项目的成功与否除了与项目本身有关，与干系人的体验、期望等主观因素也有相当大的关系；其成功与否很大程度上取决于干系人的感知。从"实用"角度，如果干系人感知项目是成功的，那么它就是成功的。

上面并没有把时间、成本绩效作为衡量成功的标准。墨菲等人指出，这样做的一个原因是，研究对象是已经完成的项目，因为尚未完成的项目会一直处于成本和时间目标的压力下。一旦项目完成，满足了许多关键干系人的需求，那么是否达到成本和时间目标，就变得不那么重要了。

高考前，我们对是否会做一道试题是很看重的，多年后回忆起高考前的经历，谁还会拿当时试题的会做与否当回事儿呢？当身处某个环境中时，人们会放大某种感觉，问题扩大化的结果是限制了解决问题的可能。请记住，项目的艰难过程，在项目结束后几乎没有人还会记得！这就是"好了伤疤忘了疼"。

另一个重要结论是：项目管理不仅仅是进度计划，还有很多比进度计划更

为重要的其他因素。事实上，过度关注项目进度还会危害项目的成功，因为项目经理把太多时间用于进度控制上，从而削弱了项目的日常管理工作。

1.2.2 提升感知是核心竞争力

一位网友聊天中直言不讳地说，她现在越来越喜欢在京东上买东西，相比淘宝而言她觉得更安全，物流与售后服务更优质，哪怕她需要支付比淘宝上更高一点的价格。

不仅仅是网购，现实中我们也会有类似的体验，我们不仅追求价格便宜，而且还关注更高的品质抑或服务。而一些企业的竞争也并非停留在价格战上，而是更多地给予消费者超出以往常规的服务。一些餐饮店免费为排队顾客提供美甲、足浴、修眉、游戏等服务，其实它的味道也许并不比其他家好。但这是为什么呢，一些"超值"的服务更让消费者感觉自己越来越像上帝了。换句话讲，客户的感知好了。

而客户感知可以理解为是从客户在获得产品或服务信息开始，直到购买完成并享受售后服务的整个过程的感受。这个客户感知我理解为包含产品服务使用功能体验、购买流程体验和售后体验 3 个方面。电子商务快速发展，客户可以通过网络购买到全国各地乃至世界的产品，打破了以往的地域消费限制。以前要买一个电扇可能在镇上，或者市区，即使再远一点也就是周边城市，而且跨市购买需要支付相当的路费成本。当选择没有如此丰富时，客户对体验的要求仅仅是功能产品或价格，或者态度再稍微好点。有时，可能为了价格便宜还忍受点恶劣的态度。

现在我们可以在京东、天猫、苏宁易购的成千上万卖家中选择，而且价格服务一目了然，还可以包退换货。尤其是在产品性能上没有特殊要求时，感知无疑成为重要筹码。与此同时，商家为了获得竞争胜出需要想尽一切办法来提高客户体验。所以，7 天无理由退货、30 天包换、2~3 小时闪电送达等服务卖点都出现了。互联网抹平了竞争围墙与边界，提高了竞争难度，而客户的感知由此得到提升。

客户不忠诚于品牌而更多是自己的体验。有一句话我很是赞同，互联网正在重新定义品牌，品牌将不会再像宗教一般让人着迷和膜拜，消费者更重视自己的体验和感受。我们都知道互联网正在实现去中心化，每个人都可以形成自己的中心，并愈加彰显自己的个性，消费者会更加关注自己，关注产品服务，而不是这个品牌本身。曾经再伟大的品牌如果不能提升客户的体验都会消亡，诺基亚、柯达、摩托罗拉都是深刻的例子。我们很难再去通过广告、公关来教化消费者，客户更愿意相信自己的眼睛和耳朵的真实感受，身边人的口碑。品牌未来也许就是一个标识或名字代号而已，而你的消费者可能是喜欢你的某款产品，或者他仅是你某阶段性的客户。苹果的粉丝可以变为华为的粉丝，3 个月后他也许又开始消费小米。最终的状态就是你的品牌能成为他购买此类产品的前三位首选，而非唯一。互联网时代品牌红利正在消失，取而代之可能是体验经济、感知经济。

感知是竞争的产物，消费者的福利。如果没有竞争，消费者恐怕谈不上良好体验。某些垄断行业，虽然被消费者无数次地投诉吐槽，依然难有良好的客户体验。为什么？除了垄断者高高在上的心态外，他们更知道改善客户的体验是需要成本的，比如京东的当日送服务就比隔天送要求高，进而成本高，这意味着企业需要投入更多。如果企业在原有的服务上也能轻松赚钱，那他们就不会花力气和精力去投入提升客户体验，留住客户。但是一旦出现竞争，情况就不一样了。竞争对手可能会在客户体验的其他环节寻找差异化竞争突破点。总之，你不可能吸引所有客户，也不可能创造绝对完美的体验，但你可以在一些环节与竞争对手一样，而某些环节要优于竞争对手，否则未来企业很难在竞争中生存下去。

客户感知很多时候是一种主观性的感受，这种感受除了实质性的产品和服务本身的客观影响外，很大程度上还受到主观因素的影响，他的实际体验与心中期望决定了他最后整个感知。所以企业要提高客户感知，一方面需要合理控制他的期望，预期越高客户体验就愈低；另一方面要提高他的实际体验，比如产品本身质量、服务流程体验（比较火的 OTO[①]也是一种体验）等。

---

① OTO（Online To Offline）即“线上到线下”，是一种电子商务模式。

在这个大变革的时代，客户感知的秘密是什么，是消费者拥有极其多样化的选择之后，他们的流失成本很低，而且价格、产品功能本身将不再成为最重要的诱惑因子。绝大多数企业靠产品和技术形成的竞争力都难以成为持久的竞争力，而客户感知却是真正满足客户个性化需求的核心竞争力，并且永无止境。

当干系人的要求无法得到满足时，项目管理者常予以漠视，这是一个常见的错误！请一定要相信，客户的不满意绝大部分跟遗漏实施操作要求有关，而不是因为遗漏了功能上的要求，所以必须特别注意实施操作要求。请记住，即便是没有能力满足干系人的要求，也要予以适当的回应。

1.2.3 项目的成功必须是可以复制的

为了项目进展，很多人常觉得组织的项目程序过于复杂，某种程度都有试图绕开程序的想法。不按照刻板的程序做事，好像是国人文化的一部分。

诚然，程序带来的往往不是效率的提高，反而给大家更多限制，还常常降低了技术“牛人”们的工作效率。

但是，从组织角度看就不一样，程序的价值在于可复制性（或说可控性）。靠人完成工作往往有较大风险，因为人是容易出问题的。对组织而言，经验再丰富的人其价值也是有限的。而能把经验总结转化为程序，使得后来人可以重复实现，这就非常有价值。诸葛先生的“空城计”很精彩，但这从管理学上来讲几乎没有价值，原因是没有可复制性。对项目管理来讲，成功的项目应该是可以为组织或后续项目提供可复制的方法、技术或经验。

1. 完美主义是一种“美丽的错误”

追求完美是一种可贵的精神，完美主义也历来被认为是一种优秀的品格。但在项目中，完美主义是一种“美丽的错误”，因为项目的目标是在有限的时间、成本、范围、质量等约束下让干系人满意。换言之，项目讲求平衡，要的是合格，而不是优秀！

完美主义者和随随便便的人都不是项目的最佳人选，他们是两个相反的极端，如果让他们负责项目，估计就像玩跷跷板一样，要么压到地上，要么翘到空中。项目经不起这种折腾，项目中需要有平衡能力的人，他们很好地把握追求完美的"度"，使得项目功能既能满足干系人需求，又不至于花费过大的代价。遗憾的是，国内的项目经理们多是技术出身，从技术中获得成就感的渴望常促使他们自觉不自觉地按照自己的兴趣去创造一些没有必要的、不合理的、满足自身情感需要的产品。对他们而言，避免完美主义确实不是一件容易的事情。现代质量管理理论普遍认为，质量并不是越高越好。事实上，市场已经对此无数次给出了证明。

> 很多人骂过微软公司的产品烂，据说乔布斯也曾经大骂 Windows，但微软公司后来却成了软件行业的霸主。

追求完美本身并没有错，但如果上升到完美主义，时时处处要做到最好，却不一定符合项目的条件限制。一个"最"字会害死人，因为"没有最好，只有更好"。要完美不要完美主义，本质上是一个度的问题，项目应力求平衡，避免极端。项目需要平衡范围、进度、成本、质量、风险等方方面面，花最小代价达到各方满意，这就是成功。项目管理中完美就是被干系人接受、认可。

2. 减少负面影响

如果一个项目对组织成员、社会或环境有伤害，我们不能认为该项目成功。2010 年前在京津冀地区迅速发展的钢铁项目，便是一个典型案例，尽管这些项目可能有助于实现当地甚至国家的 GDP 指标！

> 于 1914 年完工的巴拿马运河项目，堪称那个时代的工程奇迹。巴拿马运河是一条长 77 千米、穿越巴拿马峡谷、连接大西洋和太平洋的水路，改变了当时全球航海业的局面。随着时间的流逝，人们渐渐淡忘了关于这个项目的不堪历史[①]。
>
> 1880 年，一群法国投资者启动了巴拿马运河项目，包括一组水闸，与现在的设计类似。在几年期间，该项目导致近 2 万名工人死亡，主要是因为黄热病和疟疾。法国人最终放弃了这个项目，工地一直停滞

① 卡伦·B. 布朗，南希·莉·海尔. 项目管理：基于团队的方法[M]. 王守清，元霞，等，译. 北京：机械工业出版社，2012.

至1905年，美国政府与该项目发起人达成了交易，接管了该项目并购买了工地上的设备。

新任项目负责人吸取了法国人的教训，在项目重建之前便着手应对流行疾病的风险。该项目于1914年完工，比预期提前两年，实现了其商业目标。但是在此过程中又有5千多人失去了生命。当评估该项目是否成功时，我们不能忘却该项目造成的生命死亡。显然，巴拿马运河项目不能认为是绝对成功的。

1.3 项目管理的现状和项目失败的原因

在一次软件行业大会上，演讲嘉宾问到场的人员："如果一架飞机采用的是你们公司开发的软件系统，有多少人敢坐这架飞机？"

结果只有一个人举手："我敢。"

大家马上对他刮目相看，都让他介绍该公司是如何成功地管理项目的。

这个人回答说："如果这架飞机用的是我们公司的软件，它连动都不会动，更不用说起飞了。"

按照汤姆·彼得斯的说法，项目管理已经站到"管理舞台的中央"，而《财富》杂志说："21世纪是项目管理的世纪。"卓越的项目管理能力已成为企业的竞争力，而且是一种核心竞争力。遗憾的是，项目管理是为数不多的几十年来没有重大进展的领域。

据Standish Group的调查①，截至2015年，项目按期、按预算和范围完成的比率不足40%，而具有很高价值的项目（按5分制对1 000个组织调查）仅为8%，干系人很满意的项目仅为12%。

我国的项目管理水平面临挑战。统计发现，我国每年经营大型项目数万个，

① 参见www.standishgroup.com.

资金数以千亿计（近年都在万亿），从事项目管理事业的人员数百万；许多非专业项目管理人员正在管理几百万到数十亿人民币的项目；项目管理思想、方法和系统在许多企业尚未建立，项目管理工具很少应用；严重拖期、普遍超支，重大事故频发。项目失败的例子不断充斥媒体，给国家带来巨大损失，给政府公信力、官员前程、企业前景和人民利益带来诸多不利影响。

2009年2月，中铁建与沙特阿拉伯王国城乡事业部签署了《沙特麦加萨法至穆戈达莎轻轨合同》。轻轨全长18.25千米，工期21个月，造价17.7亿美元。采用EPC+O&M总承包模式（即设计、采购、施工加运营、维护总承包模式）。中铁建负责麦加轻轨从设计、采购、施工、系统安装调试及3年的运营和维护等全部工作。

合同签订后，由于各方面的原因，工程进展不顺，为了确保这一项目的顺利运转，中铁建举全系统之力，投入了大量的人力、物力，开展了一场"不计条件、不讲价钱、不谈客观"的大会战。轻轨如期通车，但在通车前的公告中，中铁建却突然宣告，项目亏损达到41亿元。中铁建的巨亏，导致股价暴跌，中铁建品牌信誉也受到严重影响，其经营和管理水平受到质疑。

项目失败对组织影响严重，对于项目导向型组织而言甚至面临灾难性打击。是什么原因导致那么多项目失败呢？高昂的失败代价促使我们必须正视这一问题。经过大量研究发现，导致项目失败的原因主要有13个①。这里，我从实践角度给出必须立即采取行动的几个主要方面。

1.3.1　失败项目分析

必须要说的是，要实现项目的成功，首要的任务就是避免失败。总结失败的项目发现，失败的项目可以分为以下4类：

第一类错误：应该采取某种行动，却没有采取。

第二类错误：不应该采取某种行动，却采取了。

① 詹姆斯·刘易斯. 项目经理案头手册[M]. 3版. 雷晓凌，译. 北京：电子工业出版社，2009.

第三类错误：选择了错误的问题。

第四类错误：选择了正确的问题，采取了错误的行动。

根据上述分析，如果一个项目的质量、成本、时间、范围等目标实现了，但是其交付成果未被客户使用，或者项目交付成果对干系人或环境产生了伤害，基本上可以判断不是第三类错误就是第四类错误。事实上，第三类错误往往也会导致第四类错误的发生。

国内很多 IT 项目的失败就是第三类错误的实例，也就是说解决的是一个错误问题，最终导致没有人使用项目成果。很多项目经理与部门经理们讨论需求，然后基于他们的要求进行开发，但是经理们的下属员工却不愿使用它，因为该系统并不能真正满足员工的需求。

突然想到了 ERP（Enterprise Resource Planning）行业的名言“不上 ERP 是等死，上 ERP 是找死”！

第三类错误也常被称为“解决了错误的问题”。其实，这种错误有时会出现阴差阳错的结果。

Lilly 公司有许多药物在临床试验中失败，这是任何科学尝试可接受的可能性。药品 Evista 最初是研发用来控制生育的，当临床试验失败后被列入不成功类别。但该药物后来被发现对解决一个完全不同的问题有效：骨质疏松症[①]。

最近的一个典型例子是诺基亚（Nokia）手机，产品性能很好却不能满足市场需求（市场需求由功能手机转向了智能手机），这几乎彻底毁掉了这家著名公司。

第二类错误的失败是指，项目虽然实现了原定目标，但产生了一些不想要的后果或负面效应。项目周围充满了第二类错误。

反应停于 20 世纪 50—60 年代初期在全世界广泛使用，它能够有

---

① T. M. Burton, “Flop Factor: By Learning from Failures, Lilly Keeps Drug Pipeline Full,” The Wall Street Journal, April 21, 2004, A1.

效地阻止女性怀孕早期的呕吐，但也妨碍了孕妇对胎儿的血液供应，导致大量"海豹畸形婴儿"出生。自 20 世纪 60 年代起，反应停就被禁止作为孕妇止吐药物使用，仅在严格控制下被用于治疗某些癌症、麻风病等。

今天的大多数环境问题，都是我们昔日解决其他问题所带来的后果。

1.3.2　未正确定义问题

管理中最悲哀的事就是"以无比快的效率完成了一件不该干的事情"。如果没有很好地理解问题，那么就可能犯一个典型的错误——用正确的方法解决一个错误的问题。

客户给一个设计电话的公司提出一个要求："我要求在离我办公桌 10 米的地方也能打电话！"（见图 1-4）因为客户的办公室较为宽敞，在办公室里还设有一个小会议桌，客户经常在办公室里开短会（不少公司的老总办公室好像就是这样，国内不少见！）。

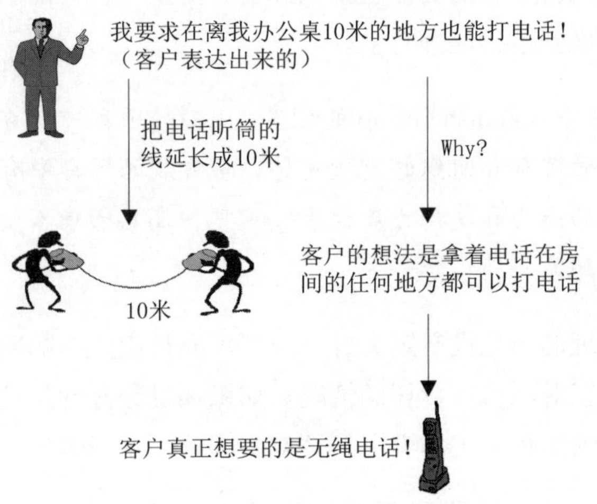

图 1-4　错误的问题定义导致错误的结果

请注意，这仅仅是客户表达出来的期望！如果把这个需求定义为"把电话听筒的线延长成 10 米"，就会得到一个很糟糕的结论。客户的真正需求是“在房间的任何地方都可以打电话”，因此，其这个需求问题的解决方案应该是无绳电话。

1.3.3 治理缺失导致的项目经理责权利不对等

现实中，项目经理的责任范围是很有限的，具体表现在以下方面：

- 项目经理不能决定哪些项目该干，哪些项目不该干。
- 项目经理的权力有限。
- 不切实际的压力和缺失的项目治理。

有些时候，高层经理基于各种因素（客户要求、竞争对手压力等），提出某一具体要求。如果项目经理提交的估算与高层经理的要求不相符，项目经理被迫接受。

决定项目成败的很多原因（甚至大部分原因），在项目经理的层面上是不能解决的。要想项目取得成功，不仅需要胜任的项目经理完成项目管理，还需要胜任的企业高管对项目进行有效治理。高管对项目成功与否至关重要，项目治理不善导致项目失败，而有效的项目治理能促进项目成功。就像董事会需要决定盈利模式而不能将盈利的责任全推到经营者身上一样，高级管理层也不能将完成任务的责任推到项目经理身上。

据 2013 年 Standish Group 的调查，成功的项目中有 61%是由于项目得到高级管理层和组织的有效支持，而失败的项目中有 70%是由于高级管理层的能力和支持力度缺乏。可见，高层管理人员的支持是项目取得成功的第一因素。

如果项目经理的角色没有定义好，或者没有被组织中的所有人接受，就可能出现没有人真正对项目负责任的情况。如果项目经理的角色很弱，他可能无权支配资金，导致给相关工作人员开“空头支票”。

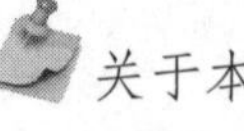

关于本主题的更多探讨，请参考本套书的《技法：提升绩效与改进过程》第 3.3.4 节。

1.3.4 项目计划制订过程不佳

导致项目失败的计划制订因素主要有以下 3 个方面。

1. 制订项目计划的数据依据不充分

很多失败的项目，其计划基于最佳猜测（也可以称为愿望），而未参考历史数据（国内极为常见）；有时甚至根本就没有历史数据。许多公司没有已往项目的良好记录，所以也就没有什么东西可供下一个项目的计划编制工作参考。

当然，也常出现工作人员不报告加班的情况（反正加班也得不到报酬），这样导致的工时数也不准确。如果后续项目参考这些历史数据，其结果就是一个“坑”。准确、实事求是地记录项目数据是提高项目管理水平的基础。

分析中铁建沙特“麦加萨法至穆戈达莎轻轨”项目的巨亏原因发现，去除政治因素、报价时项目设计不充分（仅有概念设计）、项目地质环境复杂等问题，没有充分的数据支撑导致的项目报价脱离实际的问题更严重。

关于本主题的更多探讨，请参考本套书的《技法：提升绩效与改进过程》第 7.3 节。

---

2. 闭门造车式编制缺乏细节的计划

具体实施工作的人员最了解各项具体活动，而且通过项目计划的制订，他们会更加严格地按计划执行项目和更有效地完成工作。

当项目管理人员独立地、“拍脑袋”式地在办公室内闭门造车、完成计划时，往往是理想的。资源限制、风险条件、环境制约都会在项目实施过程中成为一个个“没想到”，项目的失败不可避免。

如果项目计划的细节太少，就很难预测项目的风险和问题。经常看到项目计划中出现“差不多”等词汇，国人也习惯于使用“差不多”“够了”等词汇。胡适先生称这些经常使用此类词汇的人为“差不多先生”（见图 1-5）。

图 1-5　差不多先生

缺乏细节和不够量化，很难充分管理资源、正确估计时间或成本，编制的计划可行性自然也很差。无例外地“差不多”计划会产生许多冲突和频繁变更，导致对同期进行的其他项目的干扰。

3. 类比估算成为正式目标

有时，项目经理被要求做出类比估算，用于项目的“做或不做”决策。在项目构思阶段，细节很少。而类比估算是基于相当粗略的信息的，所以，也仅适用于项目启动阶段。请记住，类比估算的准确性只有−25%~+75%。

如果基于类比估算决策实施这个项目，项目有了更多的细节，发现类比估算太低了。项目经理向管理层申请更多的经费，管理层常不予认可。于是，类比估算就会成为项目的制约性工作目标。要避免这种问题，估算人员必须记录所有的假定，书面声明该估算仅为类比估算，有−25%~+75%的偏差，以便大家一开始就很清楚，估算的数字还需修改（当然，类比估算仍可能成为工作目标，但至少你已经记录了自己的原始立场）。

1.3.5　项目组织和项目团队无效

1. 资源计划不合理

糟糕的资源计划可能是导致项目失败的最常见原因之一。例如，没有人操心核对一下，在项目需要时，某位具备特定技术的人员能否到位。或者，某个职能部门要为多个项目服务，但没人注意到，该部门在各项目的工作负荷的总和已经超过了实际可用工时的 300%。

2．团队成员没有把自己看成是同一个团队的成员

高效项目团队的成员相互依赖，团队有凝聚力，成员相互信任，有共同完成工作的潜力。遗憾的是，项目常被划分为不同的职能部门，团队成员个人有时会忘记这样一个事实，即所有部分整合在一起才能形成最终的成果。任何一个组织都应当是一个有机的整体，必须具有共同的目标。但项目组成员是来自于各职能部门，他们清楚地知道，项目结束后，还要回到原来的部门，他们只是被暂时使用，部门才是真正的归属。

很多情况下，项目经理对于项目组成员奖惩的影响是很弱的，真正的权力常常在部门经理手中，因此项目组成员“人在曹营心在汉”的现象难以消除。要用好项目资源，有效的项目组织是前提，而要建立有效的项目组织，必须充分考虑项目组织的以上特点。

3．资源冲突导致项目团队成员是不可控的

项目所需要的人员（以及其他资源）是动态变化的。在不同的环节，需要技能不同以及数量不同的人员来完成项目任务，而当任务完成后，他们将离开项目组。换句话说，项目组没有冗余人员，当项目需要人员的时候，要有胜任的人来；当项目不需要人员的时候，要能够让那些不需要的人走。

职能经理相对于项目而言，更关注部门工作，这种情况时有发生。当项目工作和部门工作资源冲突时，项目时常被牺牲。另外，项目间的资源冲突也时常发生。

关于本主题的更多探讨，请参考本套书的《技法：提升绩效与改进过程》第 10.4 节。

1.3.6　没有按照计划对项目进行跟踪

这种事似乎无法想象，但确实会发生。有两个常见原因：

第一个原因，项目只有“差不多”计划，其中的细节太少，不值得遵循。因为只有遵循计划，才谈得上控制，所以在这种情况下，项目团队最终就会失去控制。

第二个原因，虽然有了详细的计划，但人们在执行过程中遇到问题，陷入恐慌，把制订好的计划抛之脑后。与第一种原因一样，人们失去了控制。

请记住，不能为了应付某个要求而编制计划，一个不被遵照执行的计划是毫无用处的。

另一种情况是，人们对计划采取这种态度：既然计划总是在变（所谓计划不如变化快），干脆就不要了。这其实等于说，既然我们在穿越中国的途中走了些弯路，干脆把地图扔了，想怎样走就怎样走。很明显，这是毫无意义的，除非你真的不关心在特定时刻你到了哪里或者最终你要到哪里。

1.3.7 过分关注于技术的项目经理

技术背景的项目经理常会过分醉心于技术，以至于忘记了他们在实施一个项目。或者，他们变成了完美主义者，把时间浪费在超越技术先进性上。项目经理必须不断地监督项目工作，并在必要时，提醒大家工作的目的——项目是面向业务而不是面向技术的。

> 客户的OA系统出现严重故障，公司派技术牛人孙才举到现场解决问题。一周后，问题没有解决，客户投诉至公司总经理，总经理赶紧派销售部经理张远征到现场。问题依旧没有很快解决，但客户态度明显改善。
>
> “你们的孙工埋头于技术工作，却不和任何人通报问题解决的进展，我们也不知情况到底怎么样了！……”
>
> 事实上，销售部张经理只做了一件事：每天将问题进展通报客户领导和相关人员。

由技术专家来对项目组进行管理有明显的优势：他们熟悉本专业技术，因此不至于犯技术上的低级错误；能够指导下属的专业工作；易于和在项目组中占大多数的成员（大多为专业人员）沟通并在他们中树立威信；等等。

然而，这些技术专家型项目经理所拥有的优势中也隐藏杀机：懂得项目所需要的某种专业技术性工作并不一定是他们最大的优点，相反有可能会是他们最大的弱点。这些技术专家型项目经理们存在的常见问题包括：

- 角色定位错误，过于关注技术。
- 只见树木，不见森林，关注局部而非整体。
- 刻舟求剑，静态看待技术外的事。
- 不愿低下高贵的头，排斥非正式沟通。
- 过于依赖正式权力，缺乏政治敏感性。
- 黑白分明、绝对的对错，一元论。
- 缺少权衡、妥协、忍让，理想主义/完美主义。
- 藐视人情世故，忽视社会学范畴中常理高于一切的现实。
- 缺乏领导艺术。

关于本主题的更多探讨，请参考本套书的《心法：顶级项目经理的修炼之路》第2章。

第2章

好结果来自对客户及其业务的理解

> 如果说有成功秘诀的话，它在于获得其他人观点的能力，以及同时从对方的角度和你自己的角度看事情的能力。
>
> ——亨利·福特

项目是组织的战略工具，项目向企业提供可交付的成果，可以帮助其实现商业目标。项目需求背后的问题核心往往是其业务问题。糟糕或不良的业务挖掘往往会导致各种问题，在很大程度上会导致项目失败。

Standish Group 已经对项目失败的原因做了 20 年追踪，并定期发布项目失败的十大因素，表 2-1 是该集团 2010 年给出的项目受到挑战的十大因素。

表 2-1　项目受到挑战的十大因素

序　号	项目受到挑战的理由	与需求的关系
1	缺乏客户输入	2
2	不完整的需求和规范	2
3	需求和规范的变更	2
4	缺乏高级管理者的支持	1
5	欠缺技术	0

续表

序　　号	项目受到挑战的理由	与需求的关系
6	缺乏资源	0
7	不切实际的期望	2
8	不明确的目的	1
9	不切实际的时间表	0
10	新技术	0

第二列显示了与需求管理有关的因素，2 表示直接的影响；1 表示加强需求管理可能会得到改进的区域。10 项中至少有 4 项可以识别出主要影响，至少有两个因素具有一定影响。可见，需求管理问题对于项目的成果和潜在的失败有明确的影响。

糟糕的需求管理成为项目最终失败的潜在因素。统计发现项目的缺陷与返工事件中 41%~56%来自需求问题①，在需求活动期间纠正错误或不犯错误，产生的影响最大。在改进需求过程上投入精力是一项划算的投入。

2.1 深入了解你的干系人

> 在沟通中最重要的事情就是听到没有说出来的话。
>
> ——彼得·德鲁克

德鲁克先生的这句话对国人来说，一点也不陌生。我第一次听到这句话时，脑海中浮现的疑问是难道中西文化融会贯通，外国人也是这么认为的？这其实意味着与人沟通、面向人开展工作的难度。

① PMI 的相关文献确定了 40%~60%的范围。

2.1.1 一把小椅子

一个美国老师的项目管理课上，老师扮演一个到家具店购买椅子的客户，一名学生扮演家具店的销售人员。客户告诉销售人员他想买一把小椅子，用于野营和野餐。因为语言不通，其他信息无法交流[①]。

学生扮演的“销售人员”为其建议了一个图 2-1 所示的小马扎——小而轻，方便携带！客户对“销售人员”的建议未予任何评价。

图 2-1 “销售人员”建议的小椅子

两天课程结束后，老师扮演的“客户”演示了自己个人的照片、爱好，展示了他的野营图片并讲述了他对这把“小”椅子的潜在需求。野营时，几个朋友一起开着封闭式房车，带着啤酒、帐篷、椅子、食物等，翻过一个大山，到达他们的目的地。补充信息：客户是名 60 多岁的老人，右膝盖受过伤，做过膝关节置换手术，不能负重。

接下来，学生们看到了客户的最终“业务场景”：坐在“小”椅子上在河边钓鱼，悠闲地靠在或者半躺在“小”椅子上喝着啤酒，眺望着湖对面的雪山，惬意地享受着美好时光。

所以，该客户需求的“小”椅子实际是指重量轻且相当复杂的多功能椅子（见图 2-2）。

---

① 李华领等人提供了本案例的不同版本，参见其编著的《项目经理修炼之道》（电子工业出版社，2014.5）。

图 2-2　客户的真实需求

干系人往往直接受益于这种潜在或隐含的需求。服务和产品的提供者需要理解客户的需求、弄清需求背后的真实业务，否则将不可避免地“跑偏”。重视干系人（特别是客户）潜在或隐含的业务，是项目最终成功的关键因素之一。

每个人都活在自己的世界里，被自己所在的位置赋予了不同的特征。并非干系人们不想说出来其需求的业务特征（有人称其为“挖坑”，我不赞同这个说法），其根本原因在于不同人对项目的认识程度不同。影响其潜在业务显性化的因素既有客观方面的也有主观方面的。作为项目管理者，要识别这些因素，然后制定出不同的策略来应对。

客观因素通常包括：

- 项目前期，干系人对项目的认识程度通常不足。
- 每个人都活在自己的世界里，不同的职位对项目的认识不同。基层的业务人员对战略相关、管理相关的业务缺少前瞻性和长期眼光。高层管理人员则较易忽视具体业务细节。
- 项目组缺少能够有效与客户沟通的技术或业务人员，挖掘能力不足。
- 客户中真正了解业务的人员给予配合不够。

主观因素通常包括：

- 个体的自我保护意识，说出去的话就意味着责任和义务。
- 话不投机半句多，没有获得信任前，人都是有顾虑的。

- 每个人的表达能力、理解能力各不相同。
- 每个人对知识技能等的掌握程度不同。

2.1.2 找到干系人的痛点

每个人都活在自己的世界里，都在自己的情感世界里面喜怒哀乐。因此，每个人对世界的看法都带有鲜明的个性特征。人的需求一定存在某个“痛点”（PainPoint）令其不舒服，只有找到了痛点，才能明白其所有观点的真正由来。现实中，痛点表现出来就是其最担心的方面，能否找到其痛点（或者说看清其最担心的事）几乎决定了项目的成败[①]。

1. 分析其结构属性

干系人在社会系统中的结构属性是决定其痛点的根源。刚入职的大学生担心就业、升迁、成长，临近退休的人担心职业生涯与养老的顺利过渡。在信息系统建设项目中，甲方信息中心的人担心业务人员不配合，业务部门担心自己对新系统的适应，管理者担心项目不能实现其战略目标。

> 李彬是良成系统公司的项目经理，负责某银行信息系统的建设。在给客户的建议书中，他建议采用一个低成本技术方案，并从技术上论证了该方案完全可以满足客户的业务需求。但客户的信息中心主任蒋向阳强烈要求采用成本更高的硬件系统：“成本不是问题，关键是性能要好，要可靠。”
>
> 58岁的蒋向阳是一个即将退休的主任，他最大的担心是项目出现任何问题，也就是，他只是坚持一种对他自己最“安全”的做法。

2. 关注其最近负面消息或最新动态

每个人都有短视的局限性，这是人性的本能。人的决策极可能受新近发生的事所影响。

> 韩盈是睿士通公司的项目经理，在某电信运营商项目的售前阶段，

---

① 高茂源. 项目管理心理学[M]. 北京：机械工业出版社，2014.

他了解到客户近期遭遇一件投诉，客户被一个手机客户告上了法庭。

韩盈分析了这件事对客户的影响，在方案中有意识地提到了项目中对客户投诉情况的处理，方案引起了客户的极大重视。在几家竞争单位中，睿士通公司的方案最终胜出。

客户网站主页上的最新动态或者最新政策性发文里，常包含客户高层的最新决策和工作动向，项目经理应该关注这些信息。满足高层的最新要求是下属的关心所在，常是其工作重点，也往往是项目的痛点。

住房和城乡建设部发文要整顿农民工市场用工混乱，那么身份证查重（检查用同一个身份证在不同工地同时工作的现象）功能一定会得到城市建设管理委员会的兴趣。

3．重复的就是痛点

寻找痛点的一个更简单方法关注对方的重复语言，人担心的事情喜欢在对话中重复提到。此所谓“喋喋言此事，定然此事缺。频频问原因，其中定有缘。”算命先生深谙此道，是我们在此方面的好老师（但愿读者没有把我当成算命先生）。

这个方法很简单，但大多数人却没有用好。是什么限制了大家的使用呢？究其原因，是因为每个人都生活在自己世界中，站在自己角度看问题。项目管理者们在同干系人讨论问题时常犯的错误就是总站在自己角度表达问题。一个常见的例子是，项目的本质是业务问题，而技术背景出身的项目经理常将项目看作技术问题。

某电子商务项目中，项目的售前经理范博拜访一个著名玩具生产厂商。范博希望客户把自己的产品放到其电子商务平台上销售。

会谈中，玩具厂市场部总经理多次询问电商平台的安全性和价格，特别是产品样式、设计会不会被抄袭，价格会不会被压得很低。范博反复强调通过电子商务平台可以进行产品的全方位展示、提升销售量等诸多优点。

项目无果而终！

2.1.3 给关键干系人建立档案卡

在做需求调研前，一定要了解关键干系人的背景，对其结构属性、期望、痛点做分析和预判。为此，项目管理者需要收集如下信息：

- 关键干系人的职位、汇报对象。
- 年龄、学历、专业、基本收入等背景信息。
- 工作履历、从事现职位的时间。
- 特殊爱好、婚姻、子女等家庭信息。
- 最近的工作状态、受到的奖惩。
- 本项目对该干系人的影响。

实际情况是很可能无法完整地获得上述信息，毕竟某些信息是敏感甚至隐私的。没有关系，只要有意识地关注收集即可。可以肯定的是，信息越多主动性越大。

为养成习惯，我建议项目管理者使用如表 2-2 所示的档案卡。有人会嫌麻烦！我的经验是，开始时看似烦琐，一旦习惯了就会受益颇丰。

表 2-2 关键干系人档案卡

<table>
<tr><th colspan="8">基本信息</th></tr>
<tr><td>姓名</td><td></td><td>年龄</td><td></td><td>职位</td><td></td><td>联系方式</td><td></td></tr>
<tr><td colspan="5">特殊信息</td><td colspan="3">（关于本项目，他对利益诉求）</td></tr>
<tr><td colspan="5">性格特点</td><td colspan="3">（内向/外向；严谨/随意）</td></tr>
<tr><td colspan="5">可能问的问题</td><td colspan="3"></td></tr>
<tr><td colspan="5">对我们公司最大的担心可能是什么？</td><td colspan="3"></td></tr>
<tr><td colspan="5">对我们的好印象可能是什么？</td><td colspan="3"></td></tr>
<tr><td colspan="5">重点关注点</td><td colspan="3"></td></tr>
<tr><td colspan="5">客户有什么样的信仰？</td><td colspan="3"></td></tr>
<tr><td colspan="5">客户常用的业务术语</td><td colspan="3"></td></tr>
<tr><td colspan="5">对于同一个概念客户有别于我们的叫法</td><td colspan="3"></td></tr>
</table>

2.2 以看戏人的身份澄清业务

只有明确边界，才不至于项目进行过程中目标偏离，需求蔓延。对于甲方最终客户来讲，明确边界就是要明确最终提交的产品或者服务。

在项目的合同或者工作说明中会有对最终成果的说明，但这些说明往往过于粗糙。为此，项目经理需要经过需求调研和确认来细化这些条款，才能确保和客户真实的需求一致。

项目中，不可避免地发生甲乙双方对同一个需求的不同理解。甲方希望获得数量更多、质量更优的交付成果，乙方希望用低代价完成最低程度质和量的交付成果。显然，这是一种结构性矛盾。

人都生活在自己世界中，每个人都会从自己的立场来描述需求。如何整理需求，识别出需求后面的业务动机，并给出相应的解决方案，是项目管理者不可回避的挑战。

2.2.1 别人以你看待自己的方式看待你

美国科研人员曾对人的自我认知做了一个实验。实验者对参与实验的志愿者宣称，实验目的是观察人们对身体有缺陷的陌生人做何反应。

每位志愿者都被安排在没有镜子的小房间里，由好莱坞的专业化妆师在其左脸做出一道血肉模糊、触目惊心的伤痕。志愿者被允许用一面小镜子照照化妆的效果后，镜子被拿走了。

关键的最后一步，化妆师表示需要在伤痕表面再涂一层粉末，以防止它被不小心擦掉。实际上，化妆师用纸巾偷偷抹掉了化妆的痕迹。对此毫不知情的志愿者，被派往各医院的候诊室，他们的任务就是观察人们对其面部伤痕的反应。

规定的时间到了，返回的志愿者竟无一例外地叙述了相同的感受——人们对他们比以往粗鲁无理、不友好，而且总是盯着他们的脸看！

事实上，他们的脸上与往常并无二致，没有任何不同；他们之所以得出那样的结论，是错误的自我认知影响了他们的判断。

这就是著名的伤痕实验。实验说明，一个人内心怎样看待自己，在外界就能感受到怎样的眼光。有什么样的内心世界，就有什么样的外界眼光。一个人若是长期抱怨自己的处境冷漠、不公、缺少阳光，其真正出问题的是自己。

别人以你看待自己的方式看待你。

——西方谚语

项目管理者需要注意，在需求调研前一定要想象一下和对方会谈十分愉快的场景，不要先入为主地假设甲方有多么不配合。要想象一下对方被你的态度和专业素养所征服的感觉，反复想象，直到这种感觉十分清晰，甚至能想象出具体说话时你的表情、动作等细节。

2.2.2 避免选择性知觉

迪尔伯恩和西蒙请 23 位企业的经营管理人员来阅读一份描述某一钢厂的组织与活动的综合案例。23 人中 6 人分管销售工作，5 人分管生产工作，4 人分管财会工作，8 人分管总务工作。让每名管理者写出在这一案例中，自己认为最重要的问题是什么。结果，掌管销售的经营人员中有 83%的人认为销售最为重要，而其他人中只有 29%的人有同样看法。

在环境中，参与者所感知的方面与他所承担的活动和目标有着明显的联系，一个群体对于组织活动的知觉会有选择性地与他们所代表的既定利益相一致。这就是“选择性知觉”。选择性知觉往往导致个体根据自己的需要与兴趣，有目的地把某些刺激信息或方面作为知觉对象，而把其他事物作为背景进行组织加工。

一个最常见问题是，项目管理者在需求调研前已经形成了一套解决方案，在双方会谈时往往根据内心的方案来听对方讲述，从而忽略了对方语言中真正的“痛点”信息①。

为了防止自己选择性知觉，需求调研人员可以利用录音笔把访谈对话录下来（前提是征得被调研者的同意），回头组织项目组共同分析其中含义，获取真实需求，挖掘痛点。

2.2.3 警惕反移情效应，看戏不入戏

我国古代早就有“爱人者，兼其屋上之乌”之说，意思是说因为爱一个人而连带爱他屋上的乌鸦，所谓“爱屋及乌”。心理学中把这种对特定对象的情感迁移到与该对象相关的人或事物上来的现象称为“移情效应”。比如，一个人喜欢某个明星，往往也会喜欢上他所代言的商品；一个人讨厌某个人，对其讨厌人的行为也持否定态度。

在心理咨询时，咨询者会把内心的态度投射到咨询师身上，从而对咨询师产生反感、愤怒、不信任等心理，这叫反移情效应。反移情效应的存在，常会导致咨询者和咨询师之间的心理抵抗，从而影响治疗效果。

需求调研时，消极干系人对项目持否定态度，他们把这种心理映射到调研者身上，这在客观上给项目工作带来了困难。在信息系统建设项目中，甲方的业务人员预感到新系统可能会降低他们在公司中的重要性，以至于在需求调研时他们给人不太配合的感觉。此时，项目经理应该将项目工作和干系人本身分开，避免对抗情绪。一句话，他们是对项目不满而非对你不满。

我对此的建议是，不要介入甲方的政治斗争，看戏不入戏。遗憾的是，对抗的事情天天发生，人很难做自己生活的局外人！

> 2016年，某研究院的项目经理韦琼带领团队为某军方科研机关实施装备研制项目，需要到该军种下属的几个团做需求调研。到某团后，负责装备的处长态度不冷不热地将项目组晾了2天。第3天，处长把项目组带到该团的装备修理厂，指着一个落满灰尘的老系统说：“照这个系统再做一套就行了！”

---

① 高茂源. 项目管理心理学[M]. 北京：机械工业出版社，2014.

各团装备处有自己的合作单位，新系统的研制将不可避免地影响到他们的利益。他们对项目组的不满和对抗是典型的反移情效应。

处长的行为激怒了韦琼，他说服自己研究院的主管副院长，动用军方机关高层资源下达指令。“挟天子以令诸侯”的行为直接导致了各团的对抗。这无疑是一种风险最大、实施成本最高的方案。项目不可避免地陷入了困境，居然中期验收都没能通过，后期结果不得而知。

在一次课上，参加培训的部分学员不是自愿来的，他们是被公司派来听课的。课程中，他们把这种对抗情绪转移到了讲课的我身上——表现出明显的排斥症状。见此情景，我直接说：“我知道你们有好多人是被公司行政命令来参加培训的，心里有抵触情绪。但是，既然我们一定要在这里忍受这种无聊的过程，为什么不让它变得更有意义一点呢？我允许你用任何姿势或者态度来听课，只要舒服就好，看看我们到底可以学到什么？”此话一出，原来有抵触情绪的人好像变了一个人，开始把自己身体改变为接纳、倾听的姿势。

2.2.4 切忌“鸵鸟心态”

金盾创盛公司为客户开发一套 OA 系统，客户要求在系统上线后对内部人员进行系统应用的培训，显然这并不是一个过分要求。但在需求分析过程中，项目经理刘宏发现客户希望培训大量的一线员工，麻烦的是这些员工中的很多人刚入职的新员工。客户希望对这些员工从 OA 应用到相应岗位业务知识进行系统培训。因为合同里没有关于培训的条款，刘宏和他的团队经过讨论，决定将此问题留待项目后期再来同客户讨论。

对于这种培训要求，答应与否都不能说错。但明知道客户有这种需要，而不加以明确，让这个问题“悬”着就是一个严重的问题。这是一种逃避现实的“鸵鸟心态”，是一种不敢面对问题的懦弱行为。其结果只会使问题更趋复杂、更难处理。就像鸵鸟被逼得走投无路时，就把头钻进沙子里。

另一种情况，客户没有想到而你意识到的问题，是否应该拿出来和客户讨论呢？

多数人不想过早地和客户纠缠一些问题，只是因为怕麻烦。问题不谈的话，眼前还可以走下去，一谈就可能会变得复杂……说实话，有时谈清楚是“技术”，不谈清楚是“艺术”。的确存在一些“只可意会不可言传”的东西，这真是一个令人非常烦恼的问题。

从现实角度而言，如确实有问题存在而且早晚躲不掉，假如争吵不可避免，早吵也会比晚吵好。一方面，问题在早期解决代价会比较小，后期就会付出很大的代价；另一方面，尽早暴露问题，吵完了大家也就可以安心地做事了。

2.2.5 需求调研的核心是澄清而非说服

需求调研是高度技术性工作，为了让需求调研顺利进行，以下几点务必记住。

1. 从客户的立场记录每一项可交付成果

需求调研一定要以询问情况、倾听对方的答案为主，切忌说教。不需要向对方证明自己的观点有多正确，更没有必要向对方展现你的知识、技能。切记，需求调研不是说教，而应从客户的立场记录每一项可交付成果。

作为项目经理，责无旁贷地要确保把苹果描述为苹果，梨子描述为梨子。稍有不慎，就会出现图 2-3 所示的场景。如果客户的想法与你不同，你要简单地结合目的、构成、派生及质量标准按照自己的理解写下来，然后向客户询问反馈。

图 2-3 你以为跟干系人已成了共识 A，但隔日他说他理解的是 B！

2．关注业务事实和根源

访谈不要对问题进行简单的平铺直叙，而要根据被调研者的观点寻找业务事实，深究业务背后的根源。为方便澄清，可以提问这样的问题：

- 这个方面还有哪些需要提升的呢？
- 什么原因造成的呢？
- 您都采取了哪些措施呢？还有哪些不足呢？
- 要用系统提供什么帮助呢？

3．问题、情景和解决方案

需求调研的关键可以用 3 个要素来表达，即问题、情景和解决方案。当对方说得比较笼统的时候，可以要求被调研者举一个具体的例子方便理解。

> 对方这样讲："我希望能够快速响应、稳定运行、有效控制。"

这种描述模糊性太大，需求调研者切不能简单地根据自己系统的功能来推测对方的真实想法。为此，应该要求客户举一个实际工作中的例子，这样双方才不至于理解上产生偏差。接下来，根据问题、情景和解决方案的线索，来验证建议的解决方案。

> 你应该询问他："快速响应是指多长时间？稳定运行的指标是哪些？有效控制指哪些方面？怎么测定或验证？"

需求调研不需要说服对方，而是需要澄清对方的观点。

2.3 硬技巧是需求管理的基础

项目需求描述了可交付成果的特征，《PMBOK®指南》（第 6 版）对需求的定义为"发起人、客户和其他干系人的已量化且书面记录下来的需要与期望"。

需求在项目的开始通常不完全清楚。一个可遵循的好经验是连续不断接受需求直到真正开始工作。更改文档总比在野外执行返工或开发软件时返工要容易一些。需求处理不好，会导致出现各种问题。与需求管理角色相关的关键技能，主要包括良好的沟通、业务分析知识、人际关系技巧等。

关于本主题的更多探讨，请参考本套书的《管法：提升绩效与改进过程》第4、5章。

2.3.1 确保理解了业务

识别需求背后的真实业务是件棘手的工作，因为项目通常被定义为一个解决方案。“安装一条生产线”是“满足客户生产能力”的解决方案。有经验的项目经理总是在探究真实的业务，因为他们发现满足业务往往会更快、更有效、更经济地解决问题。

> 福特汽车公司创始人亨利·福特说：“如果在汽车时代早期询问客户有何需求，很多人可能都会回答说‘要一匹跑得更快的马’。”
>
> 需求是什么？一匹更快的马，还是一辆汽车？毕竟客户都很喜欢。由于客户基于他们的阅历与认知，他们习惯将自己的需求套到现实可实现的方法或物质中。所以他们回答“要一匹跑得更快的马”。但并不意味着这就是他们的需求。需求可能不被察觉，经过大脑翻译然后输出，成了被我们理解成需求的期望。而这里就是那匹更快的马。逆着翻译，我们也不难得到他们所说的需求背后的业务是“速度更快的代步工具”。
>
> 客户的业务找到了，福特并没有给他们一匹更快的马，而是一辆福特汽车。

如何确保理解了干系人的业务呢？必须提醒你，探究的过程会有风险，尤其当组织没有相关数据时。项目的干系人可能会以为你在质疑他们的判断力，这极容易引发对抗。

为了探究需求背后的真实业务，又不给自己招惹麻烦，建议大家尝试一个简单方法。你只需简单地记下每个需要和期望，然后跳伦巴舞（RUMBA）！表

2-3 描述了伦巴舞的要素。

表 2-3　伦巴舞要素

尽责的（Responsible）	你或你的组织可以满足需求（不会违背公司程序、设备能力等）吗？
可理解的（Understandable）	客户核实了你对客户需求的理解是正确的
可测量的（Measurable）	在某种程度上，你能够客观地确定需求满足的程度和频率
可信的（Believable）	员工愿意为哪种成就水平而奋斗
可完成的（Achievable）	你能满足需求吗（想得到的绩效水平是理论上可行的吗）？如果不是，你可能需要在事实和数据清楚之后重新协商

对于每个商定的合理的期望，如果所有 RUMBA 问题的答案是 Yes，那么需求是有效的。任何 No 的回答意味着进一步协商，直到成为一个 Yes 的回答。如果它不能成为一个 Yes，那么客户的需要或合理期望就不会是一个有效需求，那就不应作为有效需求来接受。

2.3.2　良好需求的标准

我们曾谈论了 SMART 法则①，用以表达需求，这的确是一个好办法。实践中，有人将其扩展为 SMARTTT②：

- 明确的（Specific）：具体精确。
- 可衡量的（Measurable）：建立一个可测量的进展指标。
- 可实现的（Attainable）：干系人同意或可能与其有关的。
- 实际的（Relevant）：可以在约束条件内实际完成的。
- 有时限的（Time-based）：使用具体的时间表。
- 可追踪的（Traceable）：需求、干系人及测试都完全具有可追溯性。
- 可测试的（Testable.）：定义测试标准，以证实完成的成果。

满足完备质量标准的需求通常具备完整、自成体系、无遗漏的特征，而且

① 请参考本套书的《技法：提升绩效与改进过程》第 4.3.2 节。

② 罗德尼·特纳. 项目管理手册[M]. 5 版. 丁杉，译. 北京：中国电力出版社，2015.

满足下述条件：

- 凝聚性：支持目的和范围。
- 简洁：简洁而切中要点。
- 一致：不考虑格式，具有相同的内容，不同部分之间互不冲突。
- 正确：避免错误，并满足需求。
- 可行：技术、时间、成本和资源约束上都是可行的。
- 可修改：可进行必要的修改。
- 必要：需要的。
- 排序：有序的和优先的。
- 可读：可被正确的群体领会。
- 测试：可验证的，成果可以被证明。
- 可追溯：起源和论据都是可见的。
- 明确：只可能有一种解释。
- 可理解：可被正确的群体理解。

这个标准可以被用来检查单个需求。值得注意的是，个别属性仍存在难以测量的问题。因此，清单的价值就在于形成一种观点，就是好的需求是什么样的，并且在可能的情况下，将它作为质量测试。

2.3.3　书写有效的需求

下面提供了一些有关如何编写有效需求的指南：

- 需求不应该仅仅是识别或专注于一个潜在的解决方案，而是应该参照需求和需求的意义。为了尽量避免陷入对实施需求或特定解决方案的诱惑性思考，书写需求要集中在需要什么上，而不是如何使其完成。
- 文档写作风格应该真实。良好的需求倾向于使用“应该”，而陈述事实的时候，要用“将会”，描述目标的时候用“应当”。
- 为每个新的需求使用唯一标识符。
- 避免不确定的词语，如最好的、理想的、最优的、容易的、足够的、充分的、敏捷的、快速的、廉价的、见多识广的、改进的、加强的、赞助的、方便客户使用的等。

- 避免一些含糊不清的措施，如一些、许多、很少、少许、适量等。
- 清楚地确定度量单位（如秒、分钟、小时、天、月）。
- 避免绝对性词汇，如始终、从不、全部等。
- 避免使用通常情况下、一般地、经常、偶尔、一般很少、几乎没有、往往等词语。
- 避免使用很明显、清楚、肯定等词语。
- 仔细考虑是否使用诸如下载、处理和访问等这类特定词语。

2.4 用好方案赢得干系人支持

很多人对写方案非常没有信心，一涉及方案的事情，就束手无策。写方案不难，知道怎么写才难。这里只总结一点，其核心是结构化地组织思想。有结构就有思路，有思路就有方案。

2.4.1 解决方案的常见问题

写过方案的人，对自己写过的方案总是感觉不够满意！当然，也只有不满意水平才会提升。总结发现，方案常见问题有如下方面。

1. 不成体系

一旦客户要求提供解决方案，很多人大脑是一片空白，完全不知道从哪里下手。很多人说起自己的项目来，好像知道不少卖点，不过真要写出来，又觉得无从下笔。

这种情况一般是写方案者不熟悉自己产品体系造成的，知道一两个甚至更多的卖点不难，但难在形成体系，知识是一系列的点通过体系构成的网，而不是一句一句离散的话。

不客气地说，大部分国人对做较为重视，总结提炼不够。没有良好的文字记录，以至于很多好的做法没有得到传承（貌似口口相传是咱们的传统）。对于解决方案而言，只有形成良好的体系后，才能够写出完善的方案。

要写好方案，首先要把项目的来龙去脉、功能模块、适应领域、优点缺点、典型客户的实施情况等做全面了解，在此基础上建立完整的知识体系，唯有此才能形成系统的方案。

2. 没有主体思路

很多客户看多了同质化的方案后，很关心方案的个性化内容。此时就到了你彰显自己优势的时候。遗憾的是，很多人对此束手无策！

从根本上讲，还是需要方案撰写者要对项目业务足够熟悉。针对性方案不仅要求了解企业的需求，而且要知道这些需求背后的业务背景，找到了背景就会理解问题根源，其针对性解决思路就会出现。有了思路，自然可以很好地写方案。

所以，一个人要写好方案，需要了解客户的业务。了解业务的最有效方法是亲自做几次详尽的业务调研，可能的话还要到现场去看看甚至体验一下客户的业务场景。在调研过程中把握客户关注的重点和难点，就容易形成较好的思路和方案。

解决方案是客户利益和项目特性之间建立逻辑的桥梁。

3. 素材不丰富

不经常写方案的人在写方案时，即使有想法、有思路，也往往会很累。造成这种情况的原因是缺少足够的素材。大多数招投标项目，不同客户要求也不同，很难用一个方案通吃所有客户。因此，每个方案中都有一些需要准备的内容。如果没有足够积累每次编制方案就需要花费大量时间去准备，造成方案完成周期过长。

所以，写好方案必须具备这三个条件：一是方案编制者对业务要很熟悉，二是方案编制者对项目本身要非常熟悉，三是方案编制者手上有丰富的素材库。

4. 没有层次

很多人刚和客户接触没有多久，为了表现自己对客户的重视，答应很快提供方案，结果拍胸脯易、落实方案难。无法提供好的方案，只能按模板套，时间紧自然导致质量不能保证，其结果是给人一种不够专业的感觉。

我的经验是不要轻易提供方案，在不同阶段采用不同策略。刚开始接触时，可以提供项目合作建议书（类似可行性报告），以让客户普及相应知识、了解相关技术。经过前期调研，再提供详细的专业方案，并做相应的演示。提供方案也是一个循序渐进、逐步明晰的过程。请注意，切忌多次提供一样的方案，这会让人感觉你不够认真，降低了在客户心中的专业度。

好方案给人耳目一新的感受，糟糕方案的问题各不相同，统计发现其常见错误有以下几个方面：

- 只有论点，没有论证。
- 业务解决方案成为功能列表。
- 结构不清晰。
- 口语书面语混杂，遣词造句不严谨。
- 没有认真检查，存在大量硬伤。
- 过于突出自我。
- 没有体现技术的最新进展。

这里，仅就几个更重要而又时常被忽略的方面进行讨论。关于撰写项目解决方案的详细内容，请参考微信公众号“项升”（ID：PM-ecology）。

2.4.2 套用知名公司的文件格式

互联网的发展使得信息获取变得十分容易，人们会不断接触其他公司的方案。那些知名公司的文件被传播的速度相当惊人，他们的解决方案类文章常被其他人员引用或者转载。甲方公司的人也会出于各种原因听过这些公司的演讲，在这种情况下，人们会不知不觉形成一个心智模式——采用类似文档结构的方案更专业、更正规[①]。

图 2-4 所示的方案结构就是一个常见的业务构架图，该结构有多

① 高茂源. 项目管理心理学[M]. 北京：机械工业出版社，2014.

个变种，但大的结构不变。这种划分方法已经被广大公司所采用，尤其是IBM、微软、华为、Google等大家耳熟能详的公司。

图2-4 常见的业务构架图

需要注意以下两个问题：

- 可以用自己独创的结构图形，但要注意的是，无论你想得多么精妙合理，客户只会按照自己习惯的思维方式来看待你的方案，而他们看起来并不想花费太多的学习成本。
- 不要直接套用办公软件，例如MSOffice中的模板图形，因为这常会给人一种不专业、不成熟的感觉。

2.4.3 篇幅要足够多但更要突出重点

页数很多、足够厚度的方案给人以信任感，也表示方案撰写者认真思考了各个方面的要素关系，其背后隐含着撰写者的认真、专业等。与客户初次接触、尚在项目可行性阶段的建议书除外。

一个不容忽视的常见现象是，甲方人员在拿到方案时真正认真看的就几页纸，其他往往是粗略翻翻。研究发现，人们在看方案时，大部分注意力都会集中在有图表的页面，特别是整体解决方案示意图的页面。这也是第 2.3.3 节讨论的可视化的原因之一。

一方面，方案要面面俱到，尽可能多占篇幅；另一方面，读者只会注意有图表的几页。这的确是一个麻烦！对此，需要注意整个方案的阅读线索，要站在阅读者便于理解的角度而不是方案本身的逻辑角度来撰写方案。先做一个图形化的方案整体示意图，说明方案的整体构成，接下来按照示意结构展开。

为方便阅读，要在前面对方案的关键点有所论述；结束时，还要重复这些关键点。最好把这些关键点用图形表示出来。

2.4.4 脉络清晰以体现结构化

1973 年，麦肯锡的咨询顾问芭芭拉·明托（Barbara Minto）发明了金字塔原理，旨在阐述写作过程的组织原理，提倡按照读者的阅读习惯改善写作效果。

一个明确的方案线索，可以让读者知道自己的当前位置，也对接下来的部分有所预期，这样更容易对方案产生深刻印象。麦肯锡的金字塔原理[①]（见图 2-5）是一个很好的组织方式。

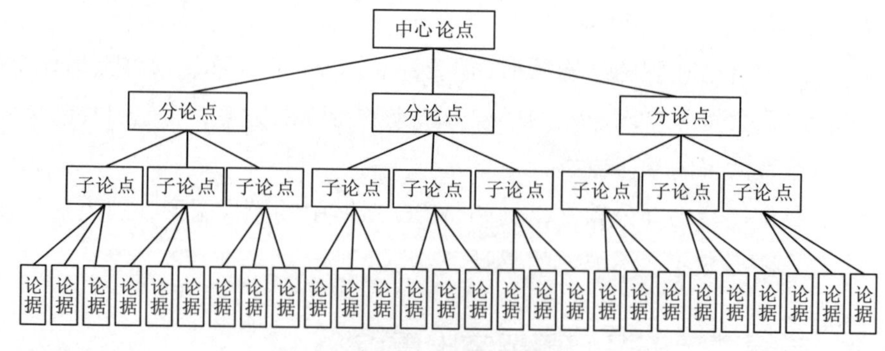

图 2-5 金字塔原理

① 巴巴拉·明托. 金字塔原理[M]. 汪洱，高愉，译. 海口：南海出版社，2013.

实践中，主要思想总是从次要思想中概括出来的，文章中所有思想的理想组织结构必定是一个金字塔结构——由一个总的思想统领多组思想。在这种金字塔结构中，思想之间的联系方式可以是纵向的也可以是横向的。纵向方式下任何一个层次的思想都是对其下一层的思想的总结；横向方式下多个思想共同组成一个逻辑推断，从而并列地组织在一起。

2.4.5 用关键词直指痛点

在方案的开始，一定要用一句话总结方案的特点，最好能直击客户痛点。因为，你不总结，阅读的人也会自己试着去总结。麻烦的是，读者总结出的结论却未必是撰写者希望的。所以，主动用一句话来强调方案特点会给人留下十分深刻的印象。

和什么特征都具备相比，那些有着自己独特突出特点的方案，更容易让别人接受。要化繁为简，给方案更准确的定位，必要的话用一个关键词给自己贴一个标签。一个没有标签的产品等同于没有定位，一个有多个标签的产品也等同于没有定位。在这方面，互联网三巨头给我们做了很好的示范，百度的标签是“搜索”、腾讯的标签是“社交”、阿里巴巴的标签是“电商”。这点也可以参考独特卖点（Unique Selling Proposition，USP）理论。

在如今竞争激烈的市场环境中，企业的营销思路需要发生转变，由过去以产品为中心转变为以客户为中心。客户需要知道：企业到底擅长什么，与其他企业的区别在哪里。撰写方案时，必须明确方案的独特卖点是什么，试着用一句话、一个关键词总结出来，在方案中进行适当的重复加强，这样才可以让你的方案脱颖而出。

2.4.6 定一个打动人心的主题

“复方氨酚烷胺片”以及“小儿氨酚黄那敏颗粒”是什么药？相信能回答上来的人不多，如果告诉你它们分别是“感康”和“护彤”，很多人就会恍然大悟。细心的你一定会发现，如果去药店买药的话，药品一般都有两个名字，一个通用名和一个商品名；通用名是它的成分，商品名是基于消费者的需求包装出来的有含义、有吸引力、容易记忆的名字。比如，“感康”的含义就是从患者的角度出发，告知患者感冒可以康复；“护彤”也是从儿童患者家长的角度，用谐音告诉你可以保护儿童。

同样，每一个方案和报告也需要通过包装出商品名才更有冲击力。比如“用结构思维准备工作汇报”就是通用名，“你的报告也可以价值百万”就是商品名。当然你还可以发挥你的想象力包装得更好[①]。

> 爱词霸网站曾测试了两个文字链接：一个是“90 天突破英语！绝对保证!”，另一个是“为学英语付出太多？（点击见对策）”。前者点击率 0.8%，后者高达 3.6%。

如此巨大的差别，你觉得其中的秘诀是什么？前者看似也很有吸引力，但却没能从对方的角度出发引发思考。一个人在英语网站上，头脑中最大的痛苦就是，为英语付出的太多，得到的太少。所以，“为学英语付出太多？”正是他想，括号内还标明“点击见对策“。这个标题就像在与他对话，听到问题，就想知道答案，于是标题点击率非常高，花了同样的广告费，却吸引了 3 倍的流量。

在定义主题时，务必要把握图 2-6 所示的 3 个缺一不可的基本原则：简单、准确、利益（从对方角度出发）。

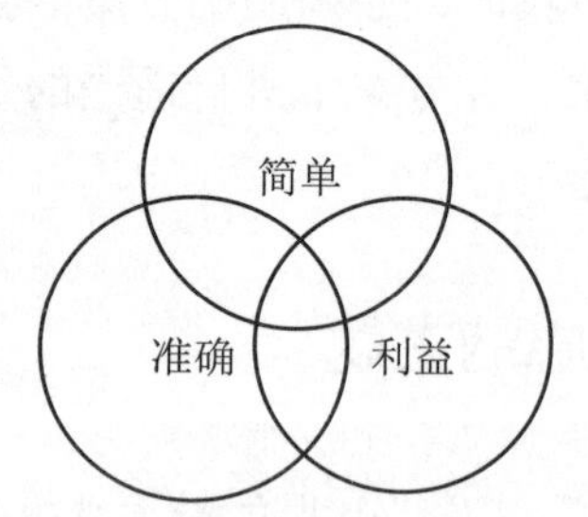

图 2-6　包装主题的 3 个基本原则

① 李忠秋. 结构思考力[M]. 北京：电子工业出版社，2014.

第 3 章

让计划在不确定的现实条件下取得实效

> 如果给我 6 小时砍一棵树，我会先花 4 小时磨利斧头。
>
> ——亚伯拉罕 · 林肯

关于项目计划的重要性，《技法：提升绩效与改进过程》的第 7 章做了详细探讨，但在实践中仍常走入种种误区。

图 3-1 所示是我们熟悉的一个路政施工告示牌，它告知我们这段路的施工给大家带来不便，但承诺了一个更好的明天。理智分析，又能对其所说的事情有几分信任呢？我们对该告示牌最后一行所述的“工程预计 9 个月”持谨慎态度。其结果是，承诺的 9 个月施工时间可能被拖延到 10 个月甚至是 15 个月。

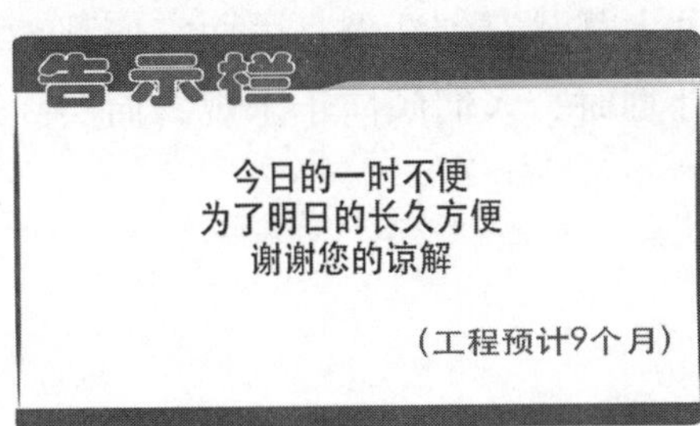

图 3-1　熟悉的告示牌

路政施工算不上复杂项目，但延期却经常发生。显然，管理更复杂项目会遇到更多困难，组织内部将变得更加复杂，并且会有更多的任务等待执行。

3.1 为什么理论不“实用”

徒弟：为什么大家都觉得做计划完全没有用？

师傅：因为计划真的没有用。

徒弟：那为什么师傅每次都教人要好好做计划？

师傅：我教的是一种思维，一种方法，一种理念，一种工作和生活方式。

徒弟：师傅，我还是不懂！

师傅：计划本身是非常有用的，但现实的企业环境让它失去了作用：项目的人员被上级领导限定死了，再多的活也是那么几个人干；项目的结束日期早就被领导和客户指定了，不管合不合理；除了差旅费和工资，项目没有其他经费，项目经理只有干活的权力没有用钱的权力；100 万元成本的项目，销售人员 50 万元就卖出去了，不管最终做不做得完；客户的需求只有一句话：我确实说不清我想要的东西是什么样子，但是我能说清的是你给我的东西不是我想要的。

关于制订项目计划的书籍汗牛充栋，各类项目管理表格、计划模板充斥坊间，计划制订的步骤也常被讨论。但实际工作中却往往没有那么美好，项目是独特的，在某种程度上都具有创新型，因而它们都充满不确定因素、都包含风险。在制订项目计划时，人们倾向于乐观，而实际过程却是曲折的（见图 3-2）。

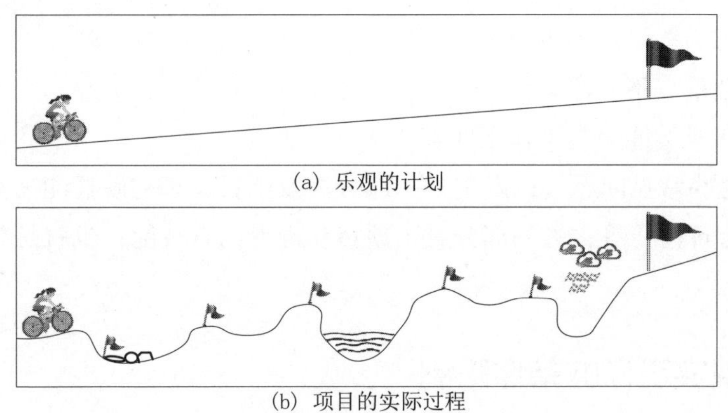
(a) 乐观的计划
(b) 项目的实际过程

图 3-2　项目过程充满不确定

3.1.1　计划的常见问题

项目管理者们在制订项目计划时基本上都以完备的工作要素为假定，这些假定常包括[①]：

- 需求明确。
- 资源可以获得。
- 工作可以分解。
- 工期、成本可以准确估算。
- 工作质量可以保证（没有返工）。

遗憾的是，实际项目中，尤其是创新型较强的或者涉及干系人较为复杂的项目，这些假设存在明显的问题。实践中的常见计划问题有：

- 项目目标不够清晰明确。
- 计划重要性的意识不够。
- 计划流于形式。
- 制订计划时没有进行充分的沟通。
- 计划没有考虑风险、计划没有余量。
- 任务和职责划分不够清晰或有遗漏。
- 工作分工或进度计划单元的粒度太大。

① 高茂源. 项目管理心理学[M]. 北京：机械工业出版社，2014.

- 理想的假设或约束。
- 计划重点不突出。
- 团队成员能力与工作不匹配。

分析这些常见问题可以发现，一部分涉及项目经理的硬技能，例如估算技巧和任务分解技巧等；另一部分属于项目管理者的软技能，也就是与人相关的因素。

3.1.2 现实工作的条件限制

基础不成立的方法自然让人感觉不“实用”。我常听到的两种声音：一是抱怨理论纸上谈兵、不接地气；二是抱怨公司管理不正规，项目管理比较业余。这种抱怨会让项目管理者有一种无力感，客观上限制了找到可行方案的可能。

必须面对的现实是，要素完备可以完全按照理论来实施的项目几乎不存在。这就要求项目管理者在非理想条件下实施项目，这包括：

- 如何在需求不甚明了的时候制订项目计划？
- 如何在人手不足或者人员能力欠缺的情况下开展项目？
- 甲方规定了项目的周期，而实际项目估算远远超过这个周期，如何应对？
- 如何应对公司中其他项目的影响？
- 如何在不理想（甚至不健康）的公司文化中开展项目？
- 如何应对不合理的项目要求？

实际上，难以按照项目管理经典理论处理的情况还不限于上述问题。

3.1.3 局部偏差对项目整体的影响

对项目活动任何精确的时间估算在实施过程都会出现偏差，即使对任意一个活动来说这种偏差可能不大，但如果项目中的活动很多，则这些局部的偏差也将会使项目产生较大延期。

从图 3-3（a）中可以看出，即使活动甲、乙分别提前了 5 天和 10 天完成，只要活动丙是按期完成的，活动丁也只能按期开始。而从图

3-3（b）中可以看出，即使活动甲、乙分别提前了5天和10天完成，只要活动丙拖期1天完成，活动丁也只能拖期1天开始①。

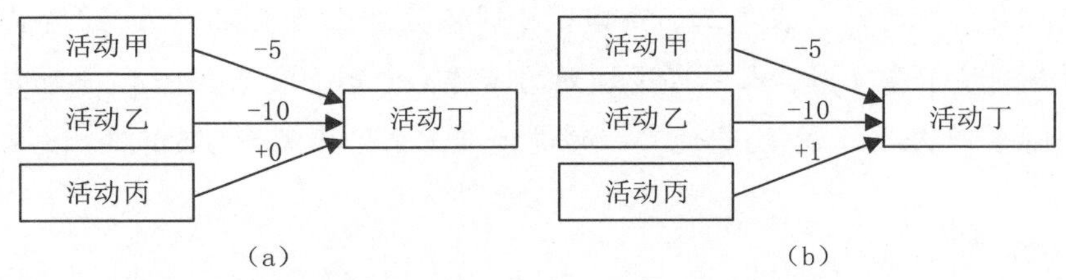

图3-3 项目活动的关联性对工期的影响

如果在项目实施过程中一些活动拖期，是否可以通过努力将拖延的工期弥补过来而不至于耽误项目整个工期呢？可以，但可能性很小。

以色列物理学家高德拉特（Eliyahu M.Goldratt）博士在其著名的《目标》中记录了一个例子可以说明这个问题。

假如一个项目有两个活动：一个活动是工人进行零件加工，另一个活动是机器对工人加工后的零件进行再加工。项目的开始时间是中午12时，人和机器每小时加工零件数均为25个，要求到下午5时生产完成100个零件。这个项目的计划如图3-4所示。

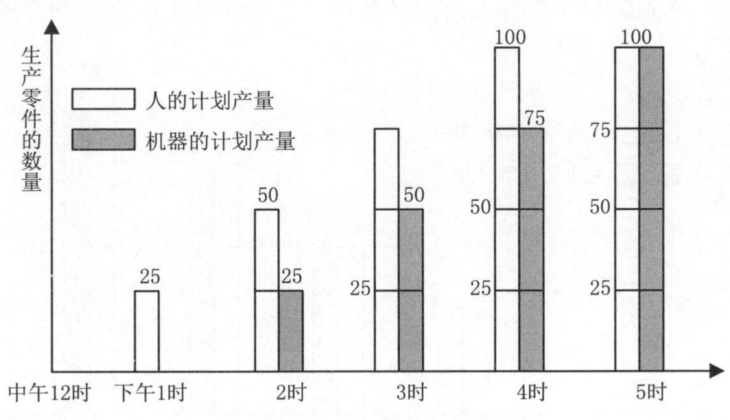

图3-4 生产零件项目的计划

① 案例来源：丁荣贵. 项目管理：项目思维与管理关键[M]. 2版. 北京：中国电力出版社，2013. 有修改。

在项目实施过程中，由于工人需要熟悉工作、准备材料，在第一个小时内只生产了 19 个零件，在第二个小时内生产了 21 个零件。当工人熟悉工作后，在第三、第四个小时内分别生产了 28 个和 32 个零件。到了下午 4 时，人完成了计划的工作（生产 100 个零件），平均每小时生产 25 个。也就是说，人的进度赶上来了（见图 3-5）！

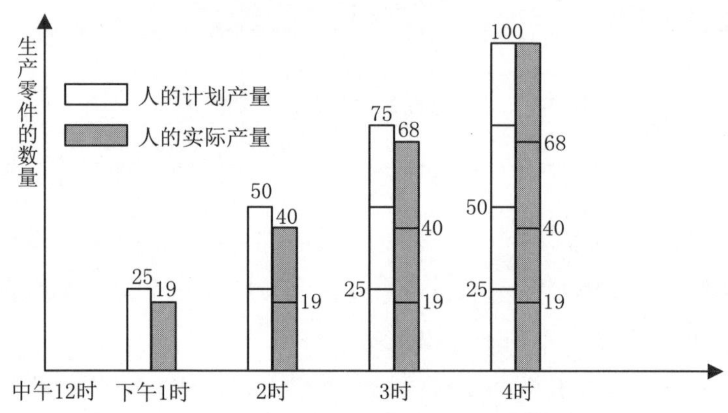

图 3-5　人的计划和实际加工零件情况

机器的工作情况怎样呢？从图 3-6 可见，虽然人通过努力赶上了工期，但机器却难以按进度完成，项目在下午 5 时，只生产了 90 个零件。

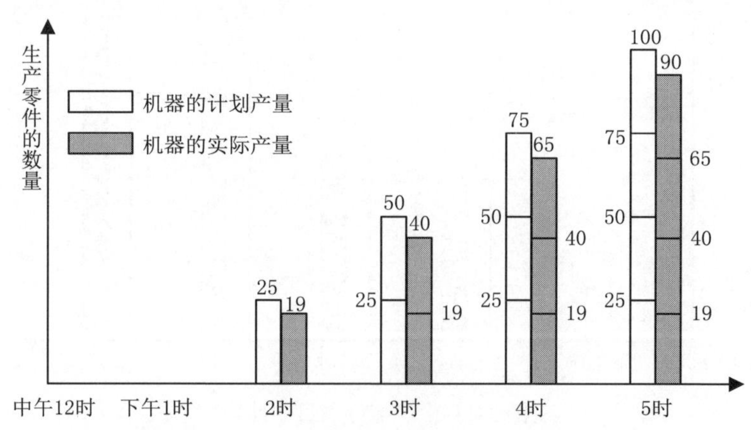

图 3-6　机器的计划和实际加工零件情况

这里，谁是造成项目未取得预期结果的责任者呢？如果说是工人显然不够准确，工人平均每小时完成了25个零件，尽管过程中有些许偏差，但这种偏差也是合理的。如果说是机器，明显也不合理。

可见，在项目的实施过程中，局部偏差在所难免，但正是这些难免的，即便合理的偏差也会对整个项目结果产生影响。

3.1.4 CPM和PERT在实践中的问题

关键路径法（Critical Path Method，CPM）应用的基本假设是项目不受任何资源限制，现实项目环境中资源却总是有限的。虽然CPM的改进和扩展提高了实用性，但不确定事件和变化仍会影响到进度计划的准确性。CPM和PERT（Project Evaluationand Review Technique）都是项目模型，因此也受到了广泛的批判，包括：

- 精确估计持续时间、方差、成本的困难。
- 运用正态分布表示持续时间的合理性。
- 应用中心极限定理的合理性。
- 过于关注关键路径的项目控制。

CPM和PERT分析是基于网络图的，而网络图仅包括两个信息：活动持续时间和紧前关系约束。这些结果对数据估计和定义的关系可能是高度敏感的。表3-1列出了这些问题及相关探讨①。

表3-1 CPM和PERT的问题及相关探讨

序号	假 设	问 题
1	项目活动是一个独立个体，每个活动都有清晰的开始和结束时间	项目工作会随时间改变，因此在计划阶段构造的网络图可能越到后面越不准确。事实上，随着项目的进行，活动变得具体化、网络图变得形式化，这导致项目缺乏应对变化环境所需的柔性

① Avraham Shtub，Jonathan F.Bard,Shlomo Globerson. 项目管理：过程、方法与效益[M]. 2版. 汤勇力，李从东，胡欣悦，译. 北京：清华大学出版社，2009.

续表

序号	假 设	问 题
2	项目活动紧前关系能够在指导性网络图中得到详细的解释和安排	紧前关系不一定都能预先确定，事实上有些活动的顺序是根据前面活动来确定的。从 CPM 和 PERT 的基本形式而言，对于该问题没什么帮助
3	项目控制应专注于关键路径	项目最长路径上的活动期望持续时间的累加，不一定总能确定项目最终的完成时间。在项目实施过程中，经常会出现一些不在关键路径上的活动延迟到某种程度，从而导致整个项目延迟的情况。 有人建议采用关键活动的概念代替关键路径的概念，以此作为项目控制的焦点。除了关注关键路径还应关注次关键路径。 显然，项目中越多并行活动，则次关键路径可能也就越多；反之，越少并行活动，有次关键路径的概率也就越小
4	PERT 中活动的持续时间服从正态分布，项目方差等于关键路径活动方差的加总	选择正态分布有许多好的理由。但是，PERT 中统计处理的每一部分都存在问题。 公式实际上都是对正态分布的均值和方差的一种修正。 假设活动时间有单峰值、连续性，有正的极限，其他有相同性质的分布可能会产生不同的均值和方差。 在 PERT 中使用 3 个时间估计（乐观值、最大可能值、悲观值）必然导致操作性问题：获得 1 个时间估计通常都比较困难，更不要说 3 个了。某种程度上，乐观、悲观和最大可能定义对于该问题并没有太多实质帮助——人们应该有多乐观和多悲观呢

3.2 不确定条件下的项目计划

项目生命周期中存在许多变数，如果不允许变化，项目计划就会只是一种理想化的纸上作业。如何在条件受限情况下实施项目是对项目经理的一种挑战，那么项目管理者的价值就是在要素不完备情况下寻求可行解。明白这一点，有助于项目经理减少困惑，既不完全否定理论也不至于死搬硬套理论。

3.2.1 不确定才是项目计划的常态

项目已经开始，公司资源已经配备就绪，就等项目经理如何计划。项目经理经过了一番需求调研，才发现项目仍然有很多需求需要进一步核实清楚，但是公司高层和甲方客户已经失去了耐心，要求必须做出一个以进度计划为主的项目计划。此时，该怎么办？

项目经理们常见的做法有以下3种①：

第一，实话实说。直接告诉高层或者甲方客户，现在需求不清，还需要进一步调研。但是甲方客户会有一种项目经理不专业或者找借口的感觉。所以，往往会产生争执。

第二，“编造”一个计划，以后再改。这样的计划往往会失去其应有的作用，为后期的工作失控埋下隐患。

第三，做一个粗糙计划，大致估算项目周期。高层和甲方客户往往会拒绝接受这样的计划。

需要说明的是，上述3种计划都有问题。一个注重实效的项目经理，为了先让项目启动起来，会做“恰到好处“的规划，并随项目进展不断进行规划和重新规划。这就是做滚动式计划，短期明确的工作详细规划，要在未来远期才完成的可交付成果或子项目，等到这些可交付成果或子项目的信息足够明确后，再制订详细计划。

滚动式计划是一种传统的动态编制计划的方法。它不像静态分析那样，等一项计划全部执行完了之后再重新编制下一时期的计划，而是在每次编制或调整计划时，均将计划按时间顺序向前推进一个计划期，即向前滚动一次，按照制订的项目计划实施，对保证项目的顺利完成具有十分重要的意义。由于各种原因，在项目进行过程中经常出现偏离计划的情况，因此要跟踪计划的执行过

① 高茂源. 项目管理心理学[M]. 北京：机械工业出版社，2014.

程，以发现存在的问题。

在项目管理中，可以借鉴这种计划的编制方式，来应对需求不清和需求可能发生重大变更的情况。另外，对于人员开发经验不足，无法估计项目计划可能存在的问题的情况，也可以使用滚动式计划。

为了让高层管理者或者客户在需求不清，估算难以进行的情况下认可项目计划，使用滚动式计划不失为一种有效的应对手段。当项目计划前期用详细方式表现出来，会给阅读计划的人一种感觉——该计划制订者的态度是认真和负责的。看到项目估算困难、比较概括、粒度较大的项目后期工作，也往往会接受一种心理暗示：这部分的确不容易估算。这样的项目计划，较容易被干系人接受。

3.2.2 判断项目计划有效性的标准

项目生命周期中存在许多变数，我同意丁荣贵教授的观点：既允许变化又能避免“计划不如变化快”的有效项目计划必须满足 5 个条件[①]。

1. 目标可预期

有效的项目计划必须能够明确、可靠地说明项目干系人在何时能得到何种成果。项目目标的可预期性包含以下几方面的含义。

首先，项目计划包含了项目干系人对项目成果的预期，包括对各类中间结果的预期。干系人不会无缘无故地支持项目，他们需要从项目中得到自己想要的东西。很多人在设定项目目标时只考虑了客户或者其他少数干系人对项目的期望，这是远远不够的。

其次，项目目标应该得到所有项目干系人一致的理解和认同。立场的不同会使人们对同样的事物产生不同的看法，或者说，我们能够看到的从来都不是客观世界本身，我们只能看到在我们心目中反映出来的世界。因此，项目目标需要考虑到不同干系人的立场、考虑到可能产生的歧义和冲突。只有在消除了歧义和冲突之后得到的目标才能是一个有效的目标。

① 丁荣贵. 项目管理：项目思维与管理关键[M]. 2 版. 北京：中国电力出版社，2013.

最后，目标要经过可行性论证。我们现在看到的有很多是“可批性论证”，这是一种先有结论再去寻找理由、先射箭再画靶子的做法。当然，还有更可恶的做法，就是“莫须有”，即拍脑袋，根本不需要论证的做法。后者在我国很有市场，这与长期以来形成的个人崇拜文化有关，被下属“惯坏的”上司有时候过于相信自己的直觉。一切项目所需要的资源都需要通过有效的管理才能起作用，不包含管理可行性研究的项目“可行性研究”是不能予以接受的。

2. 资源可调度

我们不能说“先把项目骗到手”的“钓鱼工程”是主流的，但是，这种现象确实存在。在申报项目、争取项目立项时，企业会将其所有优质资源都作为该项目可以完整使用的资源。等项目拿到手后，实际能够被项目使用的资源与立项时相差很远。对于多个项目同时进行的情况来说，无资源可调度、资源调度效率低下的现象更是比比皆是。如果不能解决这个问题，项目计划只是一个用来打水的竹篮，其结果一定是一句空话或者是谎言。

项目资源的可调度性包含以下几个含义。

首先，项目计划中的资源能够得到组织保障。这里说的组织保障，主要还不是指项目组的组织，而是在企业层面上乃至包含企业外部项目干系人在内的项目资源的来源、相互关系和权利/责任平台，简单说来就是“任务落实、人员落实、组织落实”。任务落实指项目的每项任务都有责任人；人员落实指每个项目干系人都明确和接受各自的责任；组织落实指确定包含人员配合、共同协调的机制和方式。

其次，对资源的需求数量、质量、需求时间、释放时间有清晰定义。这方面需要解决的问题是“来得了、干得好、走得成”。要使资源在需要的时候能来，就要求对资源的数量、质量做好估计，这是一个常识。然而，容易被人忽视的是，常见的项目计划中对资源可获得性途径描述得不够。这似乎是一些职能部门的事情，但是，它们的确是项目计划中不可或缺的部分。要使项目资源特别是项目人力资源到位后能够迅速进入角色、迅速产生成果，就需要对他们的任务内容、任务接口关系、可（需）使用工具等做好充分的准备，这些也必须包含在项目计划中。使资源在被使用后能够顺利撤出项目以便被其他项目等使用是十分重要的，要做到这一点，在进行项目计划时，就需要说明项目知识的效果显现、分享方式。

最后，干系人将项目资源纳入其管理计划。企业的职能部门掌握着项目所需要的很多资源，还有一些资源存在于企业外部的其他干系人那里。这些部门或机构并不是只为一个项目服务，因此，在做项目计划时自觉或不自觉地假设它们拥有的资源就是项目能够调用的资源是不现实的。有效的项目计划需要与这些部门或机构的资源使用计划相匹配，如果做不到这一点，项目计划的有效性就要大打折扣。

3. 变化可控制

变化是计划的敌人，可惜的是，对项目来说，计划与变化就像一个硬币的正反两面，缺一不可。如何将这矛盾的两者和谐地统一起来是项目计划必须解决的问题。

在这方面，项目计划需要考虑以下几点。

首先，搭建稳定的项目架构，架构稳定了，在项目实施过程中由于变化造成的损失就会小很多。很多变化是由于客户对项目的需求发生了变化而引起的，遗憾的是，我们一般不能期望客户一下子将需求定义清楚，更合理的做法是，我们认可对需求的变化是客户的权利，建立实现项目需求的稳定的项目技术框架、基线（Baseline）等则是项目实现者的义务。在严格的稳定架构基础上的有限自由度，是控制项目需求变化的基本原则。要做到这一点，需要和客户谈判，要让客户乃至必要的其他干系人参与项目计划的制订，至少让他们参与计划的评审。我们给客户的任何承诺都是有条件的，这里，我必须提醒大家，客户一般只会记住我们的承诺，而将条件忘得一干二净。从这个意义上看，项目的成果不是干出来的，而是和干系人谈判得来的。

> 与你的承诺有关的条件可能会被忘记，但你的承诺本身却不会被忘记。
>
> ——郭致星

其次，项目计划需要考虑刚性和弹性结合问题，要尽量做到以刚性换弹性。由于项目中存在诸多不确定性，一个没有弹性的计划是无效的。"牵一发而动全身"是对项目变更的写照，对项目来说，很受一些人称道的"弹性工作制"一般不能适用，因为一个人工作时间的弹性会引起其他资源的连锁反应。与部门工作不同，项目资源都是临时性的，它（他）们在不同时间段将用于不同的项目，一个资源计划的变更会引起一个或多个项目的震荡。项目计划的刚性与弹性的结合方式有以下几种：资源到位的时间允许有弹性，但是资源被占用的时间则是刚性的；非关键资源的到位时间是弹性的，关键资源的到位时间则是刚性的；一般活动的变更控制是弹性的，关键活动的变更控制则是刚性的。

最后，借助配置管理提高项目变更的管理力度。通过CCB来对项目变更进行评审是众所周知的，但是，配置管理似乎还只是在IT项目等少数领域为人所知。配置管理的一个重要目的在于当项目某个局部发生变更时，能够迅速将这种变更传递到关联的各方，使它们同步变更，以尽量减少项目各部分的冲突。既然变更在所难免，因此，项目计划中也必须包含配置管理的计划，仅仅依靠评价、审批等方式来控制变更是不够的。

4. 问题可预见和追溯

项目实施过程中会出现很多问题，"只要可能出错就一定会出错""当你觉得一切进展顺利时，某个问题已经发生了""当你解决一个问题时，将会产生一个更难解决的问题"等都是对项目问题的经验之谈。问题虽然在项目实施过程中才暴露出来，但是根源却在项目计划上。不能预见问题的项目计划不仅是无效的，而且是有害的，因为它会带来实施过程中大量资源、时间的浪费，这些损失有可能是永远无法弥补的。

首先，要系统地识别项目风险。"不战而屈人之兵，善之善者也。"同样，避免问题的发生是解决问题的最高境界。但是，我们永远不能做到预知一切，我们能做的是尽量使风险发生时我们不至于感到意外。在项目计划中要有系统的风险识别、分析、处置和监控方法，要有明确的责任人；要预留必要的资源，以免风险发生时措施成了一句空话；要清晰定义风险的触发机制。

其次，要能够追溯问题发生的原因。即使我们已经进行了风险分析，也难保没有问题产生。所以，在项目计划中就需要有问题发生了该怎么查找原因的流程和方法，以保证同样的问题不再重复出现。

最后，包含改进工作的方法。这种方法的要点是：重视系统与重视人并重。要有能够反映 PDCA 循环的方式方法，要有沟通机制、会议计划等。

5. 绩效可评价

项目是以成果为导向的，项目是否取得成功需要评价，干系人是否尽到了对项目的责任，是否兑现了对项目的承诺需要评价，管理方法是否有效同样需要评价。几乎所有的项目结束后都会评价，但是，只有很少的项目在计划中就明确说明了将如何评价，项目评价一般作为单独的文件提供。评价方式是个指挥棒，员工不做你想要的，只做你考核的。因为人们会持有“你先告诉我你怎么评价我，我再告诉你我怎么做”的态度。

那种“法医式”事后评判的方式是不行的，这只会带来借口，就像斯科特·亚当斯所描述的那样：“在现实中，（业绩评定）就像在后院发现一只死松鼠，最好的办法就是用棍子挑起来扔到别家的屋顶上。接着，你的邻居再将其往别处扔。最后，没有人不高兴，不高兴的只是那只死松鼠。”有效的项目计划需要使项目干系人知道何时、由谁、如何评价他们对项目的贡献，如何评估项目业绩和干系人的贡献是项目计划的一部分，而不是独立的管理文件。

首先，项目计划中需要包含如何评价项目团队的业绩。注意，这里说的是“团队业绩”。关于团队，似乎人人都明白它的含义。然而，所有的团队都面临一个共同的问题：如何让团队成员共同承担责任。其实，我们永远也不能奢望人们能够自觉地共同承担责任，我们能够做的是评估和保持适当的压力、提供适当的方法，“迫使”团队成员意识到只有暂时忘记个人的利益才能实现项目目标，也才能给他们自身带来利益。如何提供这些方法、如何衡量这些压力是否适当等都需要在项目计划中注明。

其次，包含对项目其他干系人业绩的评价方式。特别是对企业职能部门的业绩评价方式要与项目团队、项目成果的评价方式相呼应，并通过这些评价来体现职能部门的价值。

最后，包含对团队、团队成员、职能部门乃至外部干系人的利益分配方式。评价、建议、推荐等权利也是一种利益。经过清晰定义的项目经理、职能经理、外部干系人等的评价、建议、推荐权同样对他们是有效的激励。

项目计划中还包含很多内容，但是，以上5个方面是容易被忽视的。

3.3 项目计划应注重实效，估算准确而非精确

在组织项目进度计划和重新估算工作时，可能要修改规划，这很正常。既然知道项目会随着时间演变，就没有必要要求一开始就制订项目全过程的详细计划，特别是周期长、不确定性大的项目。

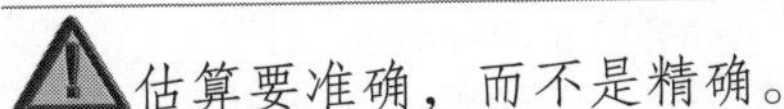
估算要准确，而不是精确。

项目的进度计划会与选择的生命周期有关系。请注意：生命周期是项目的模型，让别人看到项目是如何组织的。在创建日程时，可以将生命周期用作指导方针。每种生命周期模型都有其内在风险，无论采取何种方式安排日程，都要保证处理这些风险。在顺序式生命周期中，项目经理要预留计划外的时间，比如项目结束时的系统测试，以弥补项目过程中的未知风险和问题可能造成的损失。要记住，生命周期可以作为指导方式，但不是严格的限制条件。

前期规划活动耗费的时间要适当，特别是在团队人员已安排到位的情形下。产生的规划足以让项目启动就可以了。使用滚动式规划的方式，可以让每个人把注意力放在项目近期的工作安排上。一旦大家知道最近一段时间内要做什么，项目经理就可以考虑规划和进度计划中还需要补充哪些内容了。

3.3.1 估算是一个逐步求精的过程

在项目进行一段时间以后，项目经理应收集已完成工作所花费的时间，并将其与估算时间对比，随项目推进不断学习和修正估算历时，千万不要认为估算历时是一件一劳永逸的事。

1．项目不确定性与估算准确性

图 3-7 体现了一个标准的项目过程及项目过程中的不确定性，它包含 5 个阶段。

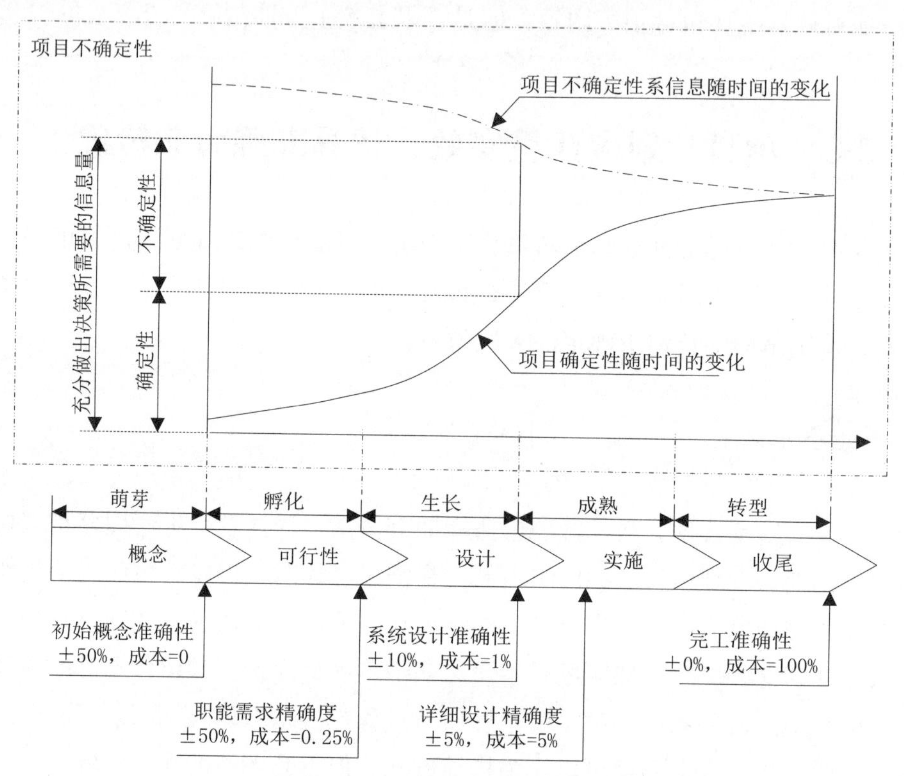

图 3-7　项目的 5 阶段过程及项目过程中的不确定性

（1）概念期。该阶段不占用任何项目实施时间，估算精度在±50%。

（2）可行性研究。在可行性研究结束时，得到的估算精度在±50%，为此将花费项目成本的 0.25%。

（3）设计。在设计结束时，得到的估算精度在±10%，为此将花费项目成本的 0.75%。可行性分析和设计总计支出成本的 1%。通过收集更多的相关信息，来改进设计并完善可行性论证。

（4）执行。执行的第一步是做一个详细的项目计划，以形成控制基础。详细设计会花费项目成本的 4%。到此时为止，总计花费了项目成本的 5%，此时的估算精确度可达±5%，这是可以期望的最好的精确度。

（5）收尾。项目竣工后交付项目成果。到这个阶段，可以完全确定项目目标是什么，并最终确定项目成本。

在项目的任一阶段，都会存在这些不确定因素。项目管理者只能确定已知信息，而不能确定未知信息，如图3-7所示。问题在于项目管理者仅仅能够知道确定的信息，而不知道哪些是不确定的信息。这会影响对项目风险大小的判断。在项目过程中不断收集信息，当目标实现时也就得到了全部信息。

项目管理者们应尽可能地做理性决定，很显然，这并不容易。主要原因有3个：

- 所需信息不完全，必然存在不确定性（见图3-7）。
- 不具备处理全部信息的能力。
- 无法预知未来。

其中，前两个原因是必须解决的，有必要做出最佳的决定，并设法加以实现。第三个问题刚好是造成风险的原因，如果可以预知未来一切自然好办。但正因为我们不是先知先觉，所以有必要进行风险管理。

2. 估算是一个逐步精确化的过程

不是每个人都善于估算。有些人过于乐观，对于每项工作都会少估算一定的工作时间；有些人会过于悲观，为每项工作添加缓冲的时间；有些人在估算不超过一周的工作时没有问题，但是对于超过一周的工作，却很难估算准确；还有些人为了保护自己，为自己负责的工作在估算基础上添加余量（给工作加注水分）。“不管你制定出什么样的日程，发起人总是希望项目能更早完成”的国内现状加剧了这一风气。

作为项目经理该怎么办？

（1）要了解团队成员。要想清楚，对每个人在项目中的估算提供多少反馈。没有必要在项目第一周时就试图解决所有估算问题。

（2）要去掉每个任务的任何额外缓冲时间。询问每个人在估算时是否考虑了缓冲时间，当然仍需要项目经理与项目团队成员之间有基本的信任。大家要达成一个共识：“不是要减少任务的完成时间，而是要确保能够得到最准确的结果”。

（3）键入缓冲。可以考虑在估算时使用瓶颈理论（Theory of Constraints，TOC）①，请每个人提供一个他认为合理的任务估算，在此基础上取其估算历时的一半，在甘特图中将该任务标识为对应的时间长度，再取估算时间的25%放入缓冲区中。如果关键路径中的任务需要更多时间，可以从缓冲区中取出时间加在这个任务上，然后再继续处理缓冲区。当团队完成所有的任务之后，通过计算缓冲区中的时间，就可以知道之前估算的整体效果如何。

3.3.2 避免注入水分，警惕估算陷阱

不要为任务估算添加过多的水分，如果拉长估算就可能会引入“帕金森法则”或是引发“学生综合征”（Student Syndrome），并因此担上风险。如果人们可以一直无忧无虑地忽略自己当初所做的估算，就永远不会学会如何改进自己的估算技能。可以提供一个估算信心百分比、一个日期范围，也可以使用PERT技术。

客户/发起人总是希望项目经理能给出总的项目进度表，因此项目经理必须面对在一开始就负责估算并安排整个项目的时间表。这会花费时间，因为需要对需求和项目整体有足够的理解，才能产生合理的估算。基于组织对该项目的陌生程度，估算会有不同的偏差。从一开始就详细估算整个项目，这是个陷阱。

关于估算方法的更多讨论，请参考本套书的《技法：提升绩效与改进过程》第10章。

3.3.3 面对乐观干系人

人很容易乐观，并过少估算完成任务需要的时间。要想解决这个问题，似乎必须要拉长这些估算。但是问题在于，必须正视帕金森法则（工作会占满为其分配的时间）的存在。

① 瓶颈理论，也称约束理论，由以色列物理学家高德拉特（Eliyahu M. Goldratt）博士提出。

假设项目的技术专家很乐观，他对任务的估算是16天。可是项目经理知道这个任务得用20~30天才能完成。作为项目经理，该怎么做？

首先，要帮助技术专家在估算时把任务分解成更小的工作。

如果分解工作做法不可行，考虑做一到两周的“验证性”工作，这有助于大家看清任务要用多久才能完成。

与习惯性低估任务完成时间的人交谈，帮他们认识到自己实际能够完成的工作量要比他们估算的少。在任何情况下，没有人能将100%的精力投入一个工作，如果同一时间分配给员工大量的工作任务，都会降低工作效率！

进度安排是由整个项目团队共同制定完成的，所以每个人都对日程有信心。可是“天有不测风云”，总会发生点儿意外。这就是为什么只要求做近期详细计划、使用滚动式规划的原因。

3.3.4　用里程碑切分项目

验收节点带来的压力，往往是干系人（尤其是客户和发起人）关注的重要节点，对于项目团队而言属于没回旋空间的硬性节点，而里程碑节点（特别是内部控制的里程碑节点）有时是有弹性的，不属于火烧眉毛。但是忽视项目里程碑，则是一个压力积累、风险做实的过程。

项目经理应该合理规划里程碑节点，使其有可行性，有验收价值；同时，围绕每一个里程碑安排工作，找到项目的节奏。这里，我提醒你的是：

- 眼睛盯住细节的，是工程师。
- 眼睛盯住结果的，是老板。
- 眼睛盯住过程的，是项目经理。

1．使用基于可交付成果的规划来安排任务

制订计划时必须依据可交付成果来确定里程碑，一个阶段的“完成”必须有可验证的交付成果。例如，对于名为“完成架构原型”的里程碑，如果没有可交付成果用于帮助理解如何完成它，团队又该怎么交付？

2．将里程碑的结束安排在一周之中的某天

大家都愿意将里程碑的结束日期安排到周五。这样一来，每个人在回家的

时候，就能知道他们已经完成了工作。但是，这过于理想！

如果将周一作为开始、周五作为结束是危险的。周五结束，意味着在周一之前，没有人会检查已经完成的工作。人们就有可能在周末疯狂加班，以满足流程对周五的日程要求。而且，项目经理（或团队）就越难以搞清楚工作是不是真正地做完了，除非在项目即将结束时进入测试阶段。

当项目经理将里程碑的结束安排在一周的中间时，有哪些完成了、哪些还没有完成就很明显（项目经理也希望看到这一点），这样就可以调整项目。可如果不知道哪些工作还在进行中，所能做的调整选择就很少。

可以选择周二或是周三作为主要的里程碑的开始/结束的日期。这样项目管理者可以看到真正的进展（或是未完成的工作），做好后续工作的调整和安排。

3.3.5 让估算更容易的实践

实践中，下面这些方式可以让估算变得更容易些：

- 时刻提醒干系人估算只是一个估计值——一个猜测。猜测范围越大，错误可能就越多。在对项目完成“日期”进行估算时，要提供一个日期置信度，让听众知道你的估算只是猜测。
- 很多年轻的项目成员都很乐观。国内高速发展的 30 年，让大家变得越来越乐观，乐观主义情绪深深停留在人们脑海中。
- 完成一项工作总是要花费比预计更多的时间。
- 估算小块的工作更容易。
- 项目经理和团队需要做好估算记录并在工作中收集反馈。没有反馈的估算只是“估算”——它让人感觉良好，不形成书面记录只能是个人头脑中的“经验”，对组织而言时常被证明毫无价值。
- 做好反复估算的准备。项目进行到一半时意识到估算过于乐观并不晚，花点时间重新估算，重新安排剩下的工作。已经延迟的项目是无法再赶上进度的，交付一定会延迟。即使项目看起来不会晚，也应该花时间重新做估算。
- 用里程碑把项目分阶段控制住。在计划过程中，合理规划里程碑节点，使其有可行性，有验收价值。在执行过程中，围绕每一个里程碑安排工作，找到项目的节奏。在管理过程中，将里程碑的压力传递给项目中的每一个人。

- 如果项目过大（包含很多技术风险），不容易估算好，考虑做一到两周的“验证性”工作。

3.4 避免进度游戏

即使项目经理自己努力做好估算、规划和进度计划工作，客户、发起人和团队成员还是有可能视进度计划为儿戏。项目经理要把这些人带回现实，要学会识别这些进度计划游戏至关重要。

所有的发起人和管理层都会逼你在进度上做出一些让步。即使你制定的进度已经相当合理了，他们还是会玩这样的游戏。不过他们抗拒的方式很容易识别，很少脱离几种固定的模式。

3.4.1 再短一点

幕天成公司的项目经理姜柳丹与项目团队成员一起，用一周时间制订出了项目计划。她将计划安排发给发起人潘祥榕。

“你就不能再早点完成项目了吗？”潘祥榕的一句话将姜柳丹送回了团队。

姜柳丹与团队又花了 3 天时间修改进度表，得到另外一个日期。他走进潘祥榕的办公室：“如果你能为我们提供更多人手，我能提前一个月完成项目。”

“不行啊，上级领导和我都希望项目早点儿完成。”潘祥榕皱着眉头说。

“如果能确保客户不在需求上纠缠、公司上下都给予支持，一切顺利的话，可以再提前半个月！”

“还不够！”潘祥榕几乎没有思考。

“你到底想要什么？”姜柳丹爆发了！

“挤水分”（见图 3-8），这就是潘祥榕玩的游戏。不管你制定出什么样的日程，你的发起人总是希望项目能更早完成。你只会发现：发起人不会认同你提出来的每一个截止日期——你的日期总是离他们的期望值很遥远。

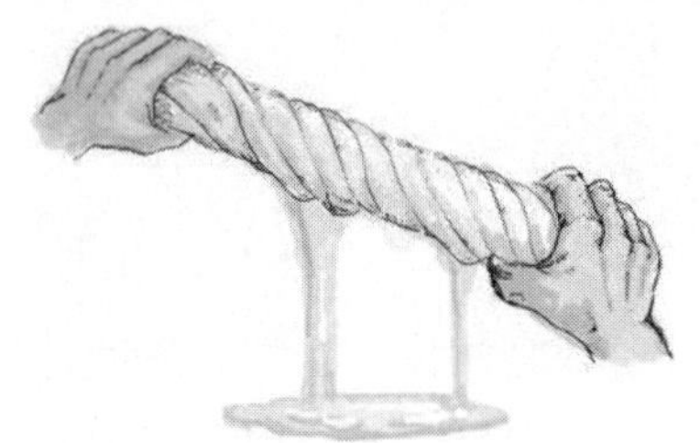

图 3-8　挤水分

当干系人希望项目能更快交付，但又不告诉项目经理何时需要或为什么时，就会玩“挤水分”游戏。如果他们告诉项目经理期望的截止日期，项目团队就可以确定届时能完成哪些工作。

遇到“挤水分”的情况，讲求实效的项目经理不妨试试以下几种方式：

- 在确定项目进度计划之前，先澄清几个问题：项目的关键驱动因素是什么？项目资源能提供多少？减少项目范围少实现几个功能会如何？项目的成本有制约吗？
- 是什么促使干系人期望如此不现实的项目工期？项目成功的真正含义是什么？
- 为提供的项目计划说明置信度，在提供项目计划时要说明项目计划应具备的条件，让管理层明白压缩工期的风险。
- 使用更详细的工作安排，让干系人看清项目进程。
- 制定项目工作优先级列表，提供管理层不同工期下可以完成工作的清单。让干系人更多了解项目工作，促使其不过多纠缠。

3.4.2 计划等于承诺

项目计划安排只是项目工作的预测，是对于团队何时到达哪个里程碑、何时完成项目的最佳推测，本质上是猜测的。发起人常将这个猜测视为承诺。

面对这个困境，可以问其如下两个问题：

- 是否关心团队交付的东西？
- 是否关心产品的质量如何？

要想让有关项目计划的谈话富有成效，就得讨论项目后面的驱动因素、约束；应该商量在截止日期之前，至少有哪些功能是必须要交付的，这些功能应该达到什么质量标准。如果相关人员还没有准备好讨论项目计划、功能和验收标准，那么任何关于日程应该作为承诺的讨论都显得为时过早。

当管理层要求得到承诺时，建议用置信度与他们沟通："90%的可能在8月30日交付；如果允许在10月30日交付，有95%的可能。"当然，你应该告诉他们这两个日期之间必须要做的事情，自己也因此而深入理解了将进度作为承诺对项目团队而言意味着什么。

也可以尝试使用分批交付法。"我可以告诉你，第二季度交付客户最关心的部分设备和功能，剩余的部分设备可以保证后续2个月交付，届时同时完善所有功能。"

如果上述做法仍得不到认可，干系人非要一个承诺日期，这简直就等于是为墨菲①敞开了大门。

3.4.3 行百里路半九十

许许多多知识工作者，特别是技术人员，都未学过如何估算。就算是尝试过估算的人，他们也过于乐观，总是会过低估计工作量。一方面，在得不到对估算的检查和反馈时，他们不会知道自己的估算不准确；另一方面，人们在做计划时总是预测不到工作会受制于其他人、其他工作。一个常见情况是，当有团队成员以为自己完成了90%的任务时，而实际上还有很多工作尚未完成，这就是"90%完成效应"。

研发人员马凯在写一个数据库对话工具时，要把一种数据库格式

① 墨菲定理：凡是可能出错的地方，就会出错！

转换成另一种。他认为其中的数据没问题，可实际并非如此。字段格式定义错误和对需求的理解不足，导致Bug过多和变更频繁。项目的实际工作量大大超出马凯的估算。

项目经理应该想法避免“90%完成效应”，为此应该做好以下两点：

- 与团队成员定义粒度更细的工作任务。时常提问：“要完成这项任务，需要多久？这周要处理的细分任务都有哪些？”
- 要让团队成员把自己的工作进度展示出来，每一次展示都是对工作的澄清，有助于识别项目中隐含的问题。

如果项目团队已陷入“90%完成效应”的陷阱，项目管理者不应滋生悲观情绪，更不能冷嘲热讽，而应该帮助团队成员看清真正的进度、回到现实。可以采取下面这些措施来管理信马由缰的乐观情绪：

- 收集数据并与项目团队成员讨论进展速度。试着探讨是什么样的所见所闻，让他们觉得接下来可以比之前工作效率更高？
- 有些因素会让人误以为自己一直在按进度计划，甚至超越了进度计划。要特别注意还有哪些工作未完成。
- 确定每个人都全力投入项目中，而且都为了按规定日期交付而开展的任务。如果有人在为其他项目工作，或是承担其他任务，要马上中止这种状况。

3.4.4 管理并克服拖延

如果让技术人员用10天来写一个技术方案，大部分人最后两天才会开足马力。事实上，工作总是拖到最后一刻！这就是一直困扰着成千上万人的顽疾——拖延症。

研究表明，那些参与一个团队来完成方案写作的人，这种情况会好很多。当然，如果公司规定了写作技术方案的具体步骤、格式和流程，写方案的人也不会拖到最后一天或者两天来写。

改掉自己拖延的毛病并非不可能，对于个人来讲，可以借鉴以下这些方法：

- 分清主次，优先做最重要的事情。

- 消除干扰，终止那些分散精力的行为，例如限制上网、刷微信的时间。
- 制订计划，计划每天上午和下午的工作。
- 设定底线，设定自己最后动手的底线时间。
- 反馈奖励，改进了之后可以给自己一些奖励。
- 烦事先做，先做自己最不喜欢的事情。

和个人的拖延症一样，项目团队常认为可以最后满足项目的底线。结果在项目的执行过程中，明明已经出现了延迟，整个团队却没有足够警觉或者心存侥幸心理，在前期没有达到预定进度的情况下，过于乐观估计后面的工作，或者对项目的预留资源期望过大。结果在项目最后的底线来临的时候，整个团队处于慌乱状态。为了避免违约或罚款，有的团队通过削减功能或者降低质量来满足项目要求。糟糕的是，项目结束后也不认真总结经验教训，后续项目继续重复错误。时间长了，整个公司的员工都养成这种习惯，或者把这个作为项目的一种规律来看待而不是积极地去管理和克服。

合理利用项目监控，可以保持项目节奏、及时调整项目行为，这对整个团队克服拖延症状十分有效。这方面，里程碑是一个好工具。

3.5 干系人是计划的主人

> 计划的首要原则就是让具体做事的人参与到计划的制订中来。
>
> ——项目管理谚语

尽管有些项目经理觉得他们可以自己编制项目计划，他们有技术专业才能，认为自己是专业人员，因此不需要帮助。即使能够完成所有的项目规划，也请无论如何不要独自完成。一个人的团队不是团队，当项目经理鼓励干系人参与到规划过程时，这不仅是在编制良好的项目计划，也在建设项目团队。

项目经理必须将项目干系人（特别是团队成员）纳为规划工作力量的一部

分。常见的错误是把网络开发或进度规划之类的事项交给成员里面的某位“专家”或外部顾问，希望能得到最好的。

规划不是思考的替代品，规划要求把项目的每一步考虑得比以往任何时候都彻底。它也要求所有管理人员的全心支持——高层、中层、同事。

有时，项目经理在项目开始后才被请进来（空降兵），可能他不相信有正确的支持或足够的时间去规划，此时“先干起来”的想法在头脑中占了上风。我想问真的是要实施别人的计划吗？当被要求仅仅去执行别人的计划时，你觉得会多有责任心呢？你可能在开始前就觉得被打败了，或者觉得是在别人的操纵下演出。况且，你有管理项目所必要的权威吗？

3.5.1 给“牛人”分配任务要“留空间”

实践中，对于有些技术水平很高的核心骨干人员，由于个性等原因，他们往往会对被分配的工作持消极态度甚至怀有敌意[①]。

戴刚是某公司一主题专家，性格孤僻、思想偏激，常对工作任务不满，还时不时批评别人的设计。公司高层动了将其辞退的想法。

李斯昀是公司刚启动项目的项目经理，戴刚作为项目组成员着实让项目组其他成员捏一把汗。在分配任务之前，李斯昀先和戴刚探讨项目状况，任务如何分解、工作如何分配、有没有更好的方法等。令人意外的是，戴刚在项目中表现得十分积极，对整个项目的完成提供了重要帮助。

戴刚在该项目交付半年后进入了另一个项目组。遗憾的是，一个月后他离开了公司。人力资源部经理与戴刚做了离职会谈，其辞职原因竟是他无法接受别人给自己分配任务！

给“牛人”们分配任务的一个重要技巧是不要向他们过多阐述任务划分的意义和工作方法，最有效的办法是让他们自己得到任务的意义和方法，对于那些的确需要指导他们如何完成的任务，也要给他们留有一定空间让他们自己得

① 高茂源. 项目管理心理学[M]. 北京：机械工业出版社，2014.

到方案。工作“留空间”的目的是增加其工作的自主性。

3.5.2 让团队成员觉得值得

不值得做的事情，就不值得做好。一个人如果从事的是一份自认为不值得做的事情，往往会冷嘲热讽、敷衍了事。不仅成功率小，而且即使成功，也不会觉得有多大的成就感。

哪些事值得做呢？一般而言，这取决于3个因素：

- 价值观。
- 个性和气质。
- 现实的处境。

向团队成员分配任务时，语气要明确肯定，试着用他们的价值观来说明任务的重要性。要根据他们的性格特点来分配任务，内向的人做一些后端工作，外向的人做一些和其他部门接口的工作等。

分配任务的时候，要给他们明确的理由，因为他们会直接按照你的指示去工作，人在没有明确理由的情况下，行为会表现得迟缓。

3.5.3 让团队成员自己提出来

在任务分配过程中，如果能做到让团队成员自己提出来，那一定会起到事半功倍的效果。

项目经理想让小张做系统接口。

项目经理：小张，这个项目目前任务比较复杂，有时间吗？来帮我整理一下思路，出出主意。

小张：哦，好吧。我觉得咱们项目首先得分清主次，制定可行的方案。这个系统的硬件部分我也不太清楚，但是软件部分我觉得咱们应该先做个原型。

项目经理：嗯，除了原型之外，你还有其他什么建议？（当员工没有说出自己想要表达的内容时，可以鼓励对方继续说）

小张：我觉得可以找几个人来帮忙。

项目经理：嗯，我也这么想的。那你认为现在谁适合做哪些事情呢（引导谈话转到自己的真实意图上来）？

小张：我觉得老李经验丰富，可以承担系统接口功能。小王数据库设计比较强，可以做这部分。其他人对业务比较熟悉，可以设计交互界面。

项目经理：哦，老李现在忙着做架构呢，系统接口部分他做的话有些忙不过来（直接把话题集中在自己想要的部分）。

小张：哦，那就只有我和小王可以做这个事情了。

项目经理：嗯，也是啊，人手是有点紧张，导致每个人都很忙。小王的数据库设计任务多吗？

小张：挺多的，也比较关键。要不我来做这部分？

项目经理：嗯，我考虑考虑吧（造成心理落差，使其成为期待）。

项目经理：嗯，好吧，那就先按照你说的办吧，你来承担这部分工作。

上面的交谈中，“按照你说的办”比较关键，表明这个任务是小张提出来的。这其实和强迫选择一样，就是通过对话把主题引导到自己想要的方向上来，最后让对方说出自己想要的结果。

在很多单位，身居高位的人常采用这种方法，我感觉这好像是他们很熟悉的一种套路。也许，他们并不知这是为什么，但好多人把这种技能当作管理法宝，甚至应用自如！在层级较为分明的机构中（比如国家行政公务部门），下面的人往往会仔细考虑领导到底想表达什么内容，那些能主动被“强制选择”的人，也就是能说出领导想说的话的人，往往会更容易得到领导赏识。

如果，不能让团队成员自己提出来，还可以使用另外一种策略，也可以达到目的。方法是在分配任务之前，项目组人员开一个项目工作研讨会，大家一起探讨项目如何实施。项目经理可以把项目的工作分解结构（WBS）投影出来，让大家对项目任务的难点和重点进行讨论。征求每个人的意见，让每个人都有发言机会。最后，开始分配任务，每个人提出哪部分工作应该谁来做的建议，讨论之后再把任务分配下去。这样做的好处是每个人都明白了自己的任务和其他任务的关系，通过其他人提出来进行讨论以形成任务分配，可以增加员工对自己的任务的认同感。

任务研讨会要注意几点：

- 项目经理一定要在开会之前心里有套任务分配的预定方案，在会议中有效引导。如果心里没有预定方案，希望通过会议讨论出结果，那效果将较为有限。
- 发现有更好的任务分配方式，可以适当对自己的计划进行调整。
- 如果大家争论不休，项目管理者要给出自己的决定。犹豫和茫然会降低自己的威信。
- 不要一开始就公布自己的预定方案。

第 4 章

组织结构对项目管理的挑战

> 在决定员工绩效的因素中，有 94%以上是他们自己所不能决定的。
>
> ——爱德华·戴明

项目需要资源才能完成，资源需要合理组织。对项目失败原因进行调查，其结果如图 4-1 所示，项目很少由于技术和“硬”实力方面的原因而失败，却常常因为组织、人、管理等“软”实力方面的原因而失败（见图 4-2）。在项目失败的原因中，将组织问题（33%）和管理问题（15%）二者合计高达 48%，可见，资源有效组织对于项目成败的重要性。

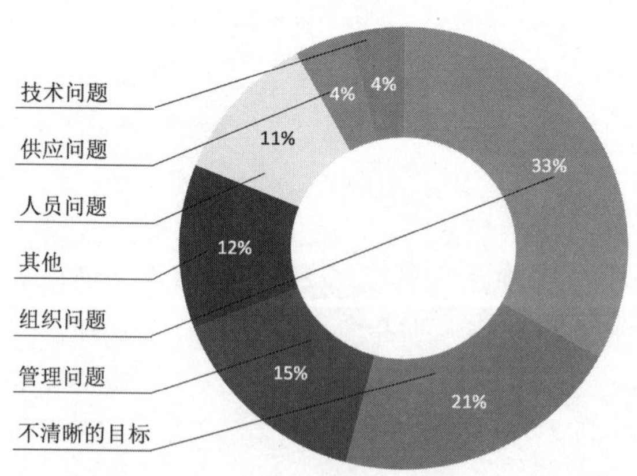

图 4-1　项目失败原因调查

图 4-2　怎么会这样?

4.1　组织结构对项目的影响

多年来，人们尝试以多种组织结构来实施项目，这其中有 3 种结构逐渐被广泛应用：职能型、矩阵型和项目型。实践中，矩阵型结构占到了项目组织的绝大多数（有人说占 90%以上），故矩阵型组织通常被当作项目组织的同义词（如不做特殊说明）。

4.1.1　职能型组织

典型的职能型组织是一种层级结构，每名雇员都有一位明确的上级。人员按专业分组，例如，最高层可分为市场、工程、生产、采购和行政。各专业还可进一步分成职能部门，例如，将工程专业进一步分为机械工程和电子工程。在职能型组织中，各个部门相互独立地开展各自的项目工作（见图 4-3）。

在职能型组织中，当需要某些人员或其他资源参与项目工作时，职能部门经理将临时调动这些人员或资源去完成这些任务。在碰到较困难、较紧急的项目任务时，部门经理可以集中整个部门的力量来完成这些任务。当这些人员完成项目任务后，他们很自然地继续原有的职能工作。在整个项目生命周期内，项目组成员并不脱离所在的部门，他们只听从职能经理的指挥。

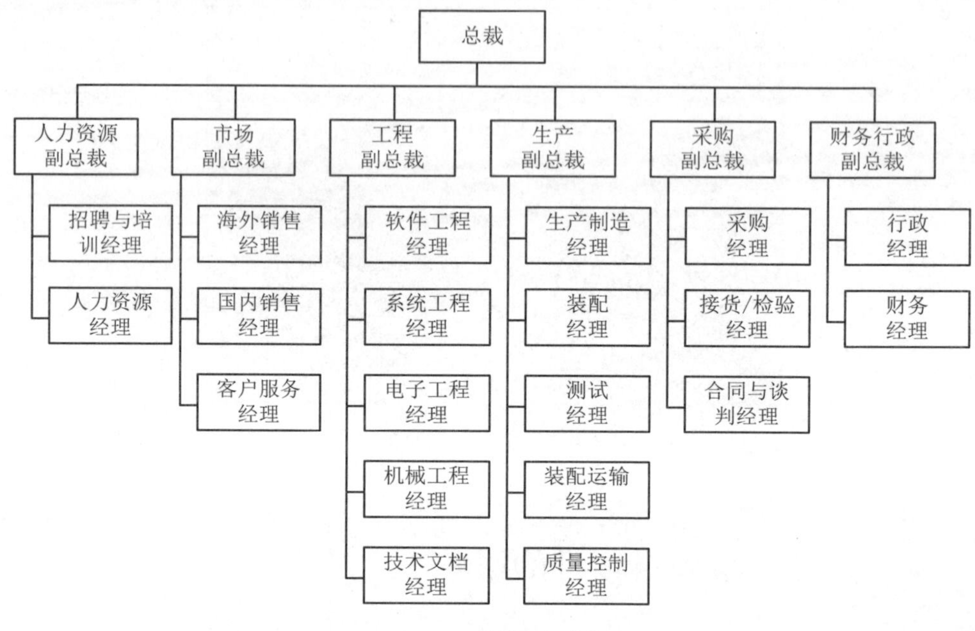

图 4-3 职能型组织

职能型组织的另一个优点是：相同专业的员工在一个部门，这对于技术进步有帮助。而且，部门员工们都只有一个上司，工作只需要向唯一的上司负责。

但是，职能型组织的缺点也很明显。在项目工作中，没有一个明确的项目经理，各职能部门均是对分配给自己的项目任务负责，而不是对项目最终成果负责。也就是说，这种方式难以获得项目资源对项目最终成果的承诺。

在项目任务能够清晰划分、稳定划分的情况下，这种形式是可行的。但当项目中的不确定因素较多，很难预先明确责任时，这种方式很容易出现相互推诿、在项目活动流程的下游部门/人员吃亏的情况。所以，职能型组织形式最适合于项目界面和技术上相对独立的简单项目。

在职能型组织中实施跨专业、复杂的项目时，如果出现部门间冲突（冲突的原因是多方面的），处理起来将十分复杂。

图 4-3 给出了博宏脉思公司的组织结构。在实施一个项目时，电子工程经理与采购经理发生冲突（此冲突可能源自技术观点、管理方式、文化认知，甚至可能源自政治，具体原因尚不可知）。电子工程经

理与采购经理二人因为所处的位置不同，都会站在自己部门利益的角度思考（此所谓“屁股决定脑袋”），当二人无法达成一致时，电子工程经理首先向自己的上司汇报工作。

工程副总裁接到电子工程经理的汇报后，首先找采购副总裁协调，而不会直接指挥采购经理的工作（否则会被指责为“手伸得太长”）。而采购副总裁既不会按照工程副总裁的想法安排采购经理的工作，也不会立即下结论，他需要找采购经理了解情况。经了解，采购副总裁发现工程副总裁得到的信息不够全面，甚至有些片面、不真实——每个下属向上司汇报工作，总是屏蔽对自己不利的信息而只汇报对自己有利的信息。最后，工程副总裁和采购副总裁在信息不对称的情况下做了决策，然后分别安排自己的下属去工作。这个协调过程可以用图4-4表达，具体如下：

第1步：当事双方（电子工程经理和采购经理）协调无果。

第2步：当事一方（电子工程经理）首先向主管领导汇报。

第3步：当事一方主管领导（工程副总裁）向另一方主管领导（采购副总裁）通报信息并作初步协商。

第4步：当事另一方主管领导（采购副总裁）向下属（采购经理）了解核实情况。

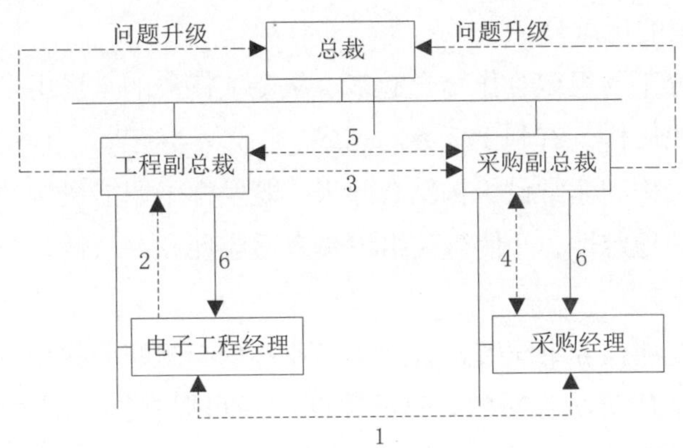

图4-4 职能型组织中跨部门工作的协调

第5步：双方主管领导（工程副总裁和采购副总裁）协商并做决

策；如果双方协商不成，甚至会导致问题升级给更高级管理者（总裁）。

第 6 步： 双方主管领导（工程副总裁和采购副总裁）根据决策结果，安排当事双方（电子工程经理和采购经理）工作。

可见，在职能型组织中，跨部门的协调需要经过信息的多次上下、水平传递，在信息不充分真实和全面的条件下做决策。组织这样的管理方式表面上各部门和项目都为组织目标承担责任，实际结果却是目标分散的，各部门之间、部门与项目之间常出现相互扯皮、推诿现象。

当面对项目这种跨部门的复杂工作时，下列现象在职能型组织中更是时常出现：

- 组织里的每个人都在忙，忙着掩盖事实的真相。
- 下属不满领导决策，总是试图证明领导是错的。
- 协商会议特别多。

可见，当需要各部门协作面对跨职能部门的复杂项目时，职能型组织的效率十分低下。

4.1.2 矩阵型组织

一种既有人对项目负责，又能有效利用组织资源的项目组织方式是矩阵型组织，如图 4-5 所示。

矩阵型组织的优点是：

- 把职能分工与组织合作结合起来、从专项任务的全局出发、促进组织职能和专业协作，有利于任务的完成。
- 把常设机构和非常设机构结合起来，既发挥了职能机构的作用，保持常设机构的稳定性，又使行政组织具有适应性和灵活性，与变化的环境相协调。
- 在执行专项任务组织时，有助于专业知识与组织职权相结合。
- 项目团队成员是临时的，这些团队成员可以在同一时间段承担多个项目，使得组织资源可以得到充分利用。非常设机构在特定任务完成后立即撤销，可避免临时机构长期化。

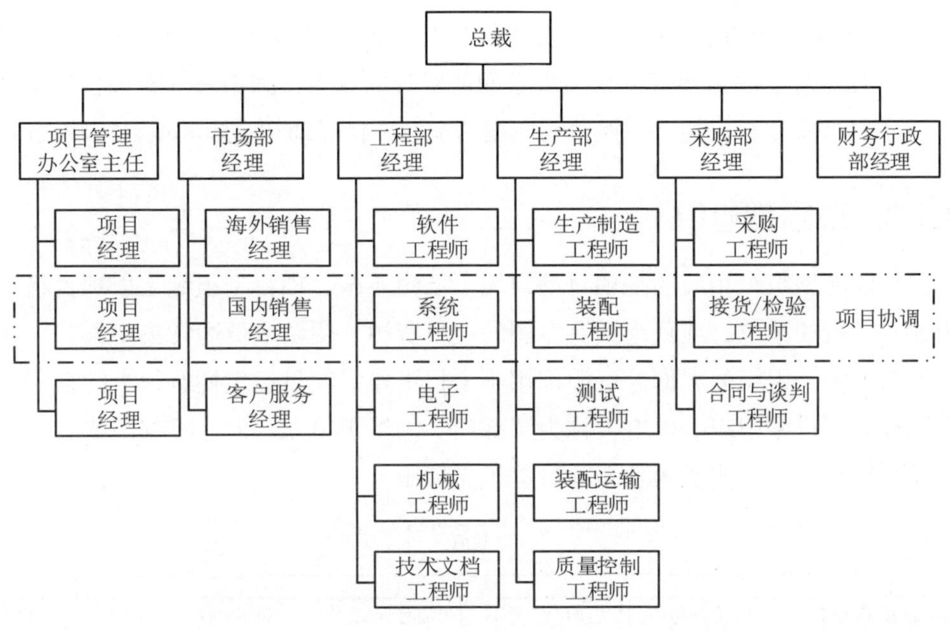

图 4-5 矩阵型组织

组织结构复杂的矩阵型组织中，各项目团队与各职能部门关系多头，协调困难；项目经理的权力与责任不相称，如果缺乏有力的支持与合作，工作难以顺利开展。项目团队是非常设机构，该组织的成员工作不稳定，其利益易被忽视，故他们往往缺乏归属感和安全感。

矩阵型组织中，项目的团队成员来自职能部门，项目工作后就被遣送回自己的“老家”！而职能经理站在自己的位置上，往往认为自己部门的工作更优先，“如果项目需要人，我们就给人；不需要人时，我们还要接收他们，那么部门的工作就没法干了。”职能经理时常有这种心态。项目经理需要的是“贤人”，但部门提供的常是“闲人”。部门经理和项目经理常常为了抢夺项目资源而起冲突。当然，各部门经理也不十分待见项目经理——时常给部门制造麻烦的人！

根据项目经理和职能经理权力的对比，可以将矩阵型组织分为 3 种类型：

- 弱矩阵。项目经理的权力小于职能经理的权力，弱矩阵保留了职能型组织的大部分特征，其项目经理的角色更像是协调员或联络员，而非真正的项目经理。
- 平衡矩阵。项目经理、职能经理二者的权力相当，平衡矩阵虽然承认全职项目经理的必要性，但并未授权其全权管理项目和项目资金。

- 强矩阵。项目经理的权力大于职能经理的权力，强矩阵具有项目型组织的许多特征，拥有掌握较大职权的全职项目经理和全职的项目行政人员。

4.1.3 项目型组织

与职能型组织相反的是项目型组织（见图 4-6），项目型组织是以项目组作为独立运行的单位，项目组拥有专用的项目资源，团队成员通常集中办公。在这种组织中，组织的大部分资源都用于项目工作，项目经理拥有很大的自主性和职权。项目型组织中也有被称为“部门”的组织单元，但这些部门或者直接向项目经理报告，或者为各个项目提供支持服务。

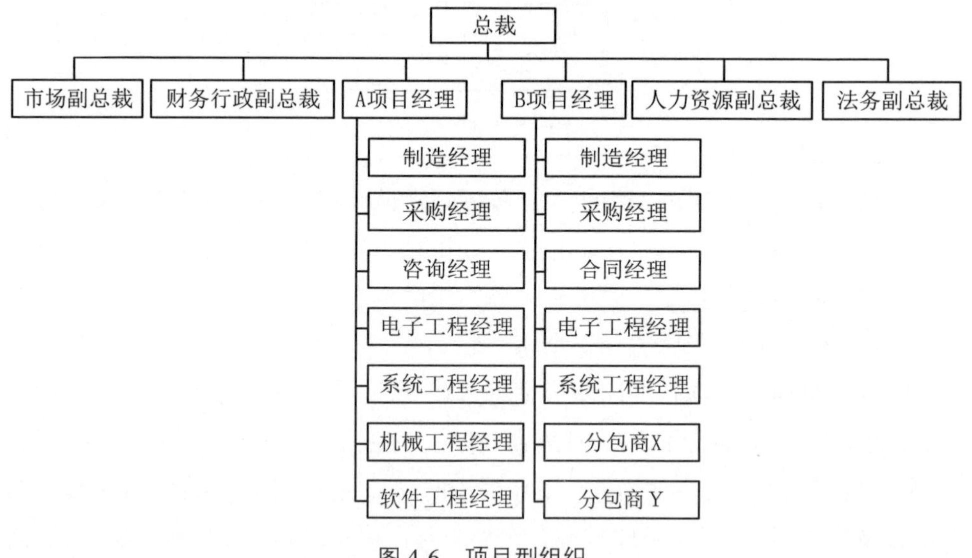

图 4-6 项目型组织

项目型组织的优点在于具有明确的项目经理对项目结果的实现承担责任，可以充分利用项目组的专用资源。

然而，这种方式的缺点也是很明显的：它对企业的资源利用程度不足。项目资源被各项目组独占，当项目需要这些的时候固然能及时获得，但当项目不需要这些资源时它们/他们却很难从项目组释放。当项目遇到技术难题需要调用组织更多力量时，这种形式也颇为不便。

项目型组织对于那些进度或产品性能极为重要，对技术、质量的要求较高而对项目开发成本相对不重要、企业资源相对充裕的项目来说，是个较好的选择。

表 4-1 列出了几种主要组织结构及其与项目有关的重要特征。

表 4-1　组织结构对项目的影响

组织结构 / 重要特征	职能型	矩阵型			项目型
		弱矩阵	平衡矩阵	强矩阵	
项目经理的职权	很少或没有	有限	小到中	中到大	大到几乎全权
可用的资源	很少或没有	有限	小到中	中到大	多到几乎全部
项目预算控制者	职能经理	职能经理	职能经理与项目经理	项目经理	项目经理
项目经理的角色	兼职	兼职	全职	全职	全职
项目管理行政人员	兼职	兼职	兼职	全职	全职

4.2 结构决定行为

4.2.1 系统的意志

将花生、绿豆、铁砂 3 种颗粒物若干装入一个木桶中，然后将这个木桶固定在一辆卡车上，卡车行驶在崎岖不平的山路上。经过一段时间，木桶中的粒子按照各自不同的密度形成了自然的分层。密度最高的铁砂在最底下，密度最小的花生在最上面（见图 4-7）。

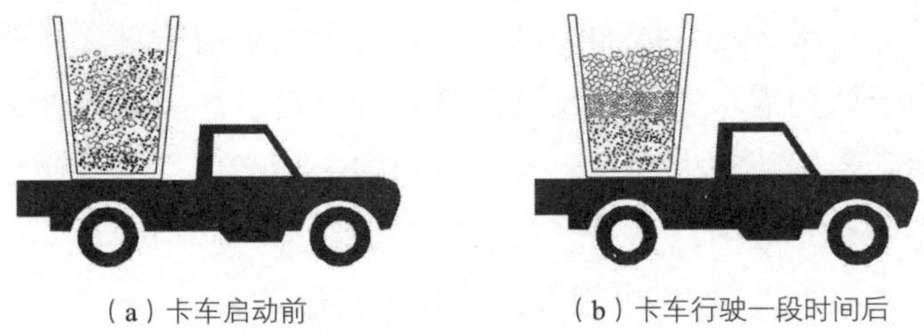

（a）卡车启动前　　（b）卡车行驶一段时间后

图 4-7　跑在崎岖山路卡车上的木桶

假设每个粒子有自主运动的能量，可以选择自主行动。那么，顺应自己最终位置移动的粒子所消耗的能量是最小的。反之，反其道而行之的粒子所消耗的能量最大，无法到达自己想要的位置；系统在消耗完该粒子能量后将迫使其回到自己应在的位置。物理学中用熵度量一个系统的有序性或混乱度，系统中的元素趋向于理想的位置，理想位置是元素能量消耗最小、最舒适的位置。

假设系统的粒子是一个人，作为个体的每个人如何才能实现自己的目标？答案很简单，就是要尽量符合系统的结构要求，根据自己的属性（如粒子的密度）来定义自己的目标（粒子最后所在的位置）。我将这种系统的结构要求定义为系统的意志。

系统的意志决定了元素做事情的阻力系数，符合系统的意志是做事阻力最小的方式。在稳定系统中，系统中的每个元素都被赋予了有利于系统的属性。有利于系统的属性是指能够让系统更长久、更稳定地存在的属性。

1. 元素会继承系统的意志[①]

在以人为元素的社会系统中，系统意志决定了人的各种潜意识，甚至于价值观。因此，在进行项目的干系人分析时，一定要从该干系人所处的结构和自身属性进行分析，也就是对该干系人所处人群的公共特征进行分析。例如，干系人的学历、组织结构中的位置、年龄以及在项目中的责权利等。这样，就可以更准确地把握该干系人的期望和心理特征，而不被一些细节所干扰。在此基础上，再进行个性化分析，如该干系人的经历、处境等。

干系人的通用属性指处于相同结构位置的干系人都具有的特征。例如，项目经理更容易为追求满足底线而烦恼，更容易夸大项目管理工作的作用；项目团队成员倾向于认为需求方从来没有认真研究过自己想要的是什么，从而在项目进行过程中不断进行需求变更。管理者倾向于怀疑项目组到底是不是真正做出了相应的努力来完成项目要求。基于系统的意志，从结构角度理解了这些基本特征（即元素属性），就可以很好地管理项目干系人。

① 高茂源. 项目管理心理学[M]. 北京：机械工业出版社，2014.

2．符合系统意志的元素获益最大

在以人为元素的社会系统中，个体元素的行为对人类社会这个系统越有利，系统对个体的正反馈最大。人类社会系统的系统意志就是，让满足整体需求的个体获益最大，让对人类社会心态有害的个体获益最小。对于那些满足人类社会需要的个体，通过扩大其影响、让其存活时间更长和获得收益最大来进行奖励。对个体奖励的表现是使其更加快乐、健康，更加积极。附加的奖励就是让其他个体更加喜欢受奖励者，更愿意和他/她交往。而系统会对那些对人类社会不利的个体进行惩罚的表现是，让该个体感觉压抑、更倾向于消极和抱怨。附加的惩罚是，让其他个体更倾向于远离该个体以降低其对系统的影响。

4.2.2　无关人品，系统使然

2008 年我的一位同事（我们称其为老猫）通过竞争成了一个部门的部长。在此之前，他跟我们几个私交甚笃的同事称兄道弟。自从走向部长之位，老猫成了让所有人都不认识的人，行为严肃且对我们几人更甚。突如其来的变化，令所有人惊愕！

1．监狱模拟实验

为了研究人及环境因素对个体的影响程度，心理学家菲利普·津巴多（Philip Zimbardo）于 1972 年设计了一个模拟监狱的实验，实验地点设在斯坦福大学心理系的地下室中，参加者是男性志愿者。他们中的一半随机指派为“看守”，实验者发给他们制服和哨子，并训练他们推行一套“监狱”的规则。剩下的另一半扮演“犯人”，穿上品质低劣的囚衣，并被关到牢房中。所有的参加者包括实验者，仅花了一天的时间就完全进入了角色。看守们开始变得十分粗鲁，充满敌意，他们还想出多种对付犯人的酷刑和体罚方法。犯人们垮了下来，要么变得无动于衷，要么开始积极地反抗。

用津巴多的话来说，在那里“现实和错觉之间产生了混淆，角色扮演与自我认同也产生了混淆”。尽管实验原先设计要进行两周，但他不得不提前停止。“因为我们所看到的一切令人胆战心惊。大多数人的确变成了‘犯人’和‘看守’，不再能够清楚地区分角色扮演还是真正的自我。”

狱警实验是心理学史上最著名、最有争议性的实验之一，曾经多次被改编成电影。

狱警实验告诉我们：角色变了，人也跟着改变。

这里说的角色，是指在社会生活中承担的责任和发挥的作用。实际上，这个所谓的“角色”是非常恐怖的。当人置身于某个角色时，本来“应该这样”的事情，却变成了“不这样不行”，给人带来很大的精神压力。为了让别人认可自己所担当的角色，人有时会超越自己的原则和价值观，甚至变成另外一种人格。可以说，人会积极地采取一些行为使自己更加适合当前的地位或角色。

日本的心理学家田中熊次对小学五年级的学生进行了研究，他让小学生轮流扮演学习委员的角色，结果发现孩子们为了让自己适合学习委员的角色，都变得非常努力。当孩子们身上具备角色性格之后，就会受到周围的表扬，从而更加激励他们努力学习，形成一个良性循环。因此，社会角色在具有很大危险性的同时，也可以激励我们更快成长。

2．系统属性导致固有矛盾

我在课堂上多次做过一个相同项目，我将这个项目命名为“谁偷了我们效率”。这个项目是这样的：每组 6 人，角色 A 为上级主管，角色 B 为团队 Leader，C、D、E、F 4 人为团队成员。他们的任务是在 30 分钟内找出 6 个人手中共有的图形和出现次数最少的图形，过程中只能通过邮件进行[邮件格式如图 4-8（a）所示]，不允许说话，最快的组获胜。但是，各成员只能按照图 4-8（b）所示的箭头进行交流，不得越级。

这是一种常见的分层级的组织结构。遗憾的是，在所有参与小组中能顺利完成工作的比例不足 20%！

From(来自)：____________
To (发至)：____________
Subject(主题)：____________

<正文>

（a）用于团队联系的邮件格式

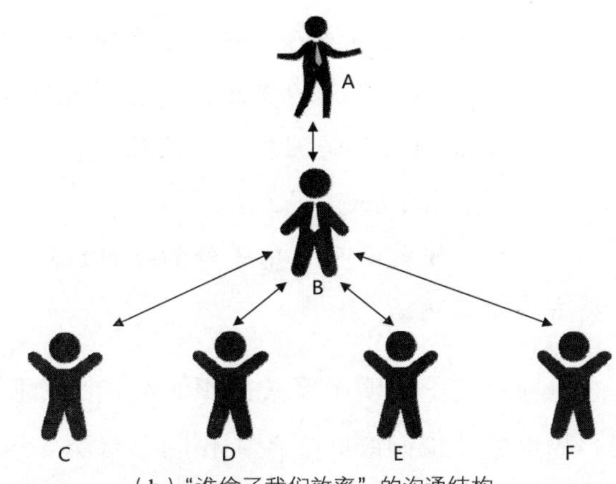

（b）“谁偷了我们效率”的沟通结构

图 4-8　谁偷了我们效率

每次做完这个活动之后，除了总结项目中应该如何进行工作和沟通之外，我常要求学员讨论组员行为还有哪些可以改进。统计多次结果，我惊讶地发现，每个角色都在抱怨，而各角色的抱怨内容几乎每次一样，尽管课程地点、对象不同。

A 角色的人总是抱怨：

- 为什么这么简单的事情你们用了这么长时间？
- 能不能提高执行力？
- 最好充分理解我的指示，不要自以为是！
- 你们发生了什么我根本不知道，不及时向我汇报，最后到交不了差才跟我说！

C、D、E、F 角色的人总是抱怨：

- 到底发生了什么？要干啥？
- B 自己在干什么自己知道吗？
- 我的意见从来得不到尊重，最后证明，我的意见是正确的！
- 在这样的小组真压抑！
- 能不能把目标搞清楚再干？
- 就看到 B 一个人在忙，也不想把任务分解给大家！

B 角色的人总是抱怨：

- A给的任务很不明确，还在变，又很急，我压力很大！
- 下面的人总是抱怨我，压力很大！
- 上面的人总是催我，压力很大！
- 我很忙，压力很大！

显然，B就是项目中苦命的项目经理，他很忙、压力大，是上下夹击的“三明治”。

这个项目充分证明了系统的组织结构对项目成员会产生比较一致的影响，这种影响也会让他们倾向于产生相同的状态。这种状态的出现纯属系统的结构性矛盾，此所谓“无关人品，系统使然”。

项目组织是一个系统，有其固有结构和汇报关系（或报告关系），这种系统属性会产生其固有矛盾。当然，不同的组织结构会带来不同的矛盾。用更大的矛盾来解决当前的矛盾的做法，会让我们深受其害。

4.3 组织结构对项目管理的挑战

项目的组织工作不仅限于部署最佳过程、工具和实践。它还蕴含着重大的组织转型，引发了关于工作、框架和实践的不同思考方式。它通常需要从等级分明向自发的和动态的工作方式转变，而且因为组织及其所处的环境变化频繁，组织结构也时常处于动态过程中。

事实上，组织结构表现为一个连续统一体，这一方面取决于一个等级式组织内部权力强大的决策者，另一方面则取决于一个项目型组织内部权力强大的决策者（见图4-9）。

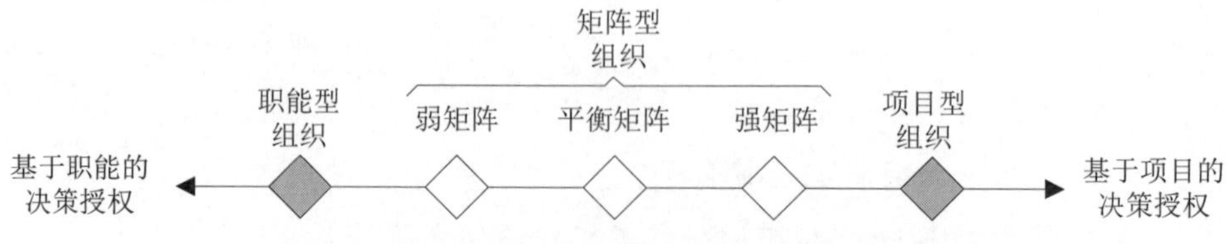

图4-9 基于项目的组织中的治理结构

从职能型、矩阵型到项目型，3 种基本组织形式之间有着明显的差异，但这 3 种基本形式在大型组织中时常并存，这在客观上增加了项目职能的复杂性。

4.3.1　职能型组织下的矛盾常表现为对成员个性的攻击

在职能型组织中，项目在等级式单元的限制范围内开展（这种等级单元常表现为职能单元、业务单元、区域单元），这种结构下的项目决策权几乎完全由等级式实体的管理者掌握[①]。

职能型组织的最大特点是，项目组中职能部门的人所关注的重点是完成本部门的工作任务。成员绩效好坏的考核往往以对本部门的贡献为基准。这时常导致来自不同部门的项目团队成员间相互推诿、扯皮。在项目工作压力下，各个部门会以部门经理为中心，展开和其他部门争取资源、降低自己部门对项目失误责任的斗争，这是典型的官僚主义作风。

职能型组织结构下的项目经理角色，确切地讲是协调员，更多地像一个服务和通知者。职能型组织中的项目经理，生存在各个部门的压力下。

为更好地应对这种结构下的压力，职能型组织中的项目经理要注意对项目前期管控。在项目前期，一定要明确各阶段每个部分的产出和交付底线。

1. 获得各部门对项目投入的承诺

社会心理学研究表明，人类更乐于始终如一，并在他们的行为中表现得始终如一。项目经理可以利用该一致性原则获得巨大优势。

> 在第一次项目总体计划的审查会议中，各部门的全体人员公开在一份海报大小的团队章程文件副本上签名，表明他们对项目及其目标的支持。在项目后续的执行中，当需要提供具体的时间和资源支持时，各部门的经理们就不愿违背自己的诺言。主动做出的承诺，无论是口头或书面形式，更有可能指引未来的行为。但需要注意，强迫是不可能维持长期合作的。

---

① 高茂源. 项目管理心理学[M]. 北京：机械工业出版社，2014.

因此，在项目前期，要尽可能多地取得各部门对于本项目投入的承诺。如有可能，把承诺以书面方式打印出来，悬挂在项目组内。让所有干系人都可以看到各部门的承诺，承诺很重要，签字就意味着牵制。最坏的情况下，项目经理也要取得各个部门在口头上的承诺。

2．以可视的方式明确干系人在各阶段的工作

多利用责任分配矩阵（Responsibility Assignment Matrix，RAM），明确各干系人在项目各阶段的工作。取得高级管理层的认可，并发给各干系人知悉。

可能的话，尽量建立一个类似于项目指挥办公室的地方。在这个地方把项目的进度及时张贴出来。

3．结构性矛盾常表现为对成员个性的攻击

要对项目过程中可能发生的矛盾有心理准备，时刻记住这是一种系统的结构矛盾，没有办法彻底化解。需求提出部门总是倾向于认为该项目技术上很简单，而技术实现部门则倾向于认为需求提出部门总是不能明确自己的需求并在过程中发生变更。

项目经理需要做的是，要理解这种矛盾并且利用之。对这种矛盾的预见性，可以帮助项目经理在矛盾发生时更加自如地应对。一个重要的问题是，两个部门在项目中的相互依赖性越强，他们在项目中的矛盾越激烈。

这种结构性矛盾的爆发形式主要表现为对其他部门人员个性的攻击，而时常不会注意到这是一种系统的结构性矛盾。对此，项目经理需要看戏不入戏，尽可能置身事外而不要陷入公司的政治斗争中去。当然，能真正做到这点实属不易，因为我们都是参与者，都是系统中的一个元素。

> 一个常见的实例，当我们生气的时候，我们会首先想到对方有多么令人讨厌，即使那个人没有问题，我也会反感他的，只是会换个讨厌方式而已。而不会直接去想——这是系统的结构性矛盾导致的直接后果。这就是人性！

记住，把目光从关注人的个性转移到关注矛盾的结构上来，这会让我们在真正遇到问题时更能够保持一份冷静和洞察力。

时刻记住：无关人品，系统使然！

总结起来，职能型组织下的项目和干系人管理的难点主要有两点：

- 相互推脱责任。
- 项目工作效率低下。

4.3.2　矩阵型组织下的项目经理最需要的是领导力

矩阵型组织结构试图在稳定性的职能型组织与临时性的项目型组织之间取得平衡。基于此，矩阵型组织结构的常见矛盾也恰是职能部门工作和项目工作间的矛盾。项目经理对来自职能部门的团队成员的影响力，是矩阵组织下项目取得成功的关键点。

在矩阵型的组织中，项目中来自职能部门的团队成员更倾向于服从职经理的任务安排。其本质原因是职能经理对团队成员在公司中的绩效考核和职位升迁的作用更大。项目经理几乎无力改变这个事实。因此，项目经理应想办法和职能经理达成共识，虽然这比较困难，因为其他职能部门往往会同时参加公司其他的项目，而且还同时承担着自己部门的任务。

融睿智捷公司是一家典型的矩阵型组织，TMT 项目是公司的战略项目，夏阳担任该项目的项目经理。项目组的核心成员春晓来自研发部，是关键的自控分系统负责人。该项目到了关键时期，根据计划，要开始为期 5 天的各分系统联调，这是项目的关键工作，各分系统负责人都必须参与。根据项目计划安排，该工作由春晓牵头并组织开展，今天是周二。下周一是客户验收项目的里程碑节点，不得突破。

临近下班，春晓接到研发部部长冬雪的电话，于是便有了春晓和冬雪的如下对话：

冬雪：“春晓，你现在能不能马上回部里一下？”

春晓正在与项目组成员讨论系统联调的安排，一下子很难走开，他想向部长说明一下情况：“部长，夏阳负责的 TMT 项目是公司的战略项目，我有点离不开……”

可是，没等他讲完，冬雪便轻轻将他的话打断了：“事情紧急，你赶紧回来一下！”

春晓立刻停下工作，气喘吁吁地赶回部里："部长，什么事？"

冬雪："咱们部门负责的北京××项目出现了点问题，你明天赶紧赴北京处理这个特别任务。"

春晓准备向部长汇报自己所在的战略项目的进展情况，试图说明该项目的重要性。

冬雪轻轻地说："那你看着办吧！"

结果会怎么样？

可想而知……

"看着办！"——你懂的，这是最有杀伤力的话。

春晓有脾气吗？没有，因为他知道对他来说，部长远比项目经理重要。春晓做什么取决于向谁负责，更直接一点就是谁给他发钱（也包括职业升迁）。可是，在矩阵组织中项目经理的权力往往比较有限，很少会为团队成员发钱；而项目团队成员的绩效考核和薪水发放往往是由职能经理来做的。

立马有人会问："如果夏阳和冬雪都给他发钱，怎么办？"

"看谁发的多！"立即有人会回答。

"发的一样多呢？"

其实，这是一个伪命题！不论夏阳发多少钱，因为项目是临时的，作为项目经理，夏阳领导春晓也是暂时的，项目结束了，二人的关系就结束了。项目经理做春晓的领导是因为项目存在，这是临时的。而作为职能经理，冬雪领导春晓是持久的。所以，不论夏阳发多少钱，春晓都会听冬雪的（除非春晓准备离职）。换句话说，项目的团队成员在关键时刻，会选择"出卖"项目，而绝对不可以"出卖"组织！——铁打的组织流水的项目！

只有一块手表，戴手表的人可以知道时间；而拥有两块或者两块以上的手表，并不能告诉一个人更准确的时间反而会制造混乱，这让看表的人失去对准确时间的信心。这就是著名的手表定律。同一时刻，团队成员同时受职能经理和项目经理的指挥使人无所适从，从而使得在矩阵组织中对项目管理的要求极高。矩阵组织形式的特点是"一个员工两个老板"。

正如拿破仑所言："宁要一个平庸的将军带领一支军队，绝不要两个天才率领同一军队。"项目经理必须为团队设置统一的目标、尺度，进行一元化管理，最忌产生多头管理。在矩阵型组织中，需要项目经理更高的协调能力。

矩阵型的组织结构在实际工作中最为常见。这种职能部门人员临时参与项目、项目结束时释放资源的方式，引发了项目中关于人的最常见问题：争夺对职能资源的使用。统计发现，关于项目人力资源管理的问题中85%以上来自矩阵型组织结构，而这其中的大多数问题又都与项目经理认为自身权力不足有关。

在矩阵组织中，常见的问题包括：

- 项目经理如何增强自己的影响力？
- 一个职能部门经理不配合，怎么办？
- 项目途中职能经理更换了自己职能部门的人员，如何应对？
- 其他职能部门经理推卸责任，怎么办？
- 如何制定项目的绩效考核体系？
- 项目的奖金要如何发放？
- 项目组成员分散过多精力给本部门工作从而影响了项目，如何应对？
- 未经项目经理同意，职能部门经理给自己部门成员放假，如何处理？
- 如何跟其他项目经理争夺一个关键核心资源？

为更好地应对矩阵型组织下的各种问题，项目经理最需要提升自己的领导力。实践中，有几个方面是行之有效的。

1. 明确目标，并让每个人知悉

一个明确的目标可以让每个项目成员有工作的动力。人做事都需要一个理由，哪怕这个理由并不一定经得起推敲。

实验者到图书馆，请在排队复印的人帮一个小忙：

第一种：对不起，我有5页纸要复印，能不能让我先复印，因为我有急事。

第二种：对不起，我有5页纸要复印，能不能让我先复印。

第三种：对不起，我有5页纸要复印，能不能让我先复印，因为我有几页纸要复印。

测试结果是：第一种情况下94%的人同意，第二种情况下58%的人同意，第三种情况下93%的人同意。

结果表明，只是加了一个“因为”，同意的概率就大为增加。事实上，人做任何事情都需要一个理由，这是人在社会生活中被人类规则训练出来的一种心智模式。

项目经理需要做的就是使项目目标成为每个成员工作的理由。大家并不一定会认真思考这个理由的合理性，只是需要一个理由而已。让项目目标成为理由的例子可以是：

- 这个项目很重要，对公司的发展十分关键。
- 通过这个项目我们每个人都会在技能上有所提高。
- 客户急需我们的产品，只有保证进度和质量才能不影响他们的使用。
- 如何达到项目目标对我们团队是一个考验，我们要证明我们的团队是合格的。

这里的一个关键点是，说这些理由时一定不要解释过多。过多的解释会触发听众的逻辑分析本能，而任何理由都不完美甚至是有缺陷的。

2. 制定一个可以短期实现的里程碑

过长的目标往往给人造成心理上的压力，有时项目需要人为地制造一个短期里程碑，虽然从业务上讲也许并没有实质性进展，但这对建立项目节奏，保持工作效率的帮助十分有效。因此，第一个里程碑要简单一些，让成员可以迅速达到。

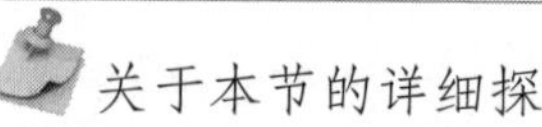

关于本节的详细探讨，请参考本书第7.2.3节。

3. 不要让团队成员闲下来

这听起来有点不人道，但事实就是如此。闲下来的团队成员会把注意力放在其他方面：浏览各种网页消息、开始试验各种新技术（未必与项目相关），更甚者还有人关注其部门内部的人员关系和政治斗争等。这不可避免地对还在紧张工作的人造成影响。要人为地为团队成员找一些工作，让大家保持忙碌的状态。

4.3.3 项目型组织下的项目经理要树立权威

项目型组织中的项目经理拥有很大的自主性和职权，是项目经理最喜欢的组织结构类型。在项目型组织中，团队成员全职参与项目，并且完全听命于项目经理的指挥。由于团队成员的职业前途与本项目密切相关，因此对项目均较为重视。但这也存在明显弊端，每个人都站在自己的角度看待项目，都想体现自己对项目的项目重要性，使得每个人都想对项目有更大的控制权。客观上，这导致团队成员对自己积累的知识、经验的共享意愿下降，特别是当项目中途发生人员变动时，后面接手的人难以接手。另外，在项目临近收尾时的去向问题也常引起团队成员的不安。

在项目型组织中，作为对项目全权负责的项目经理，树立自己的权威很重要。

有一个被我称为“盲人排项”的游戏，我在全国各地上课时做过多次。这是一个竞争性游戏。具体操作是，让6个戴上眼罩的成员组成一组，在最短时间内按照编号顺序站好队。活动开始之后，几个人自由移动，直到6人按编号次序站好。整个过程不许说话，获胜标准是在不犯规条件下用时最短。活动开始前，各小组有12分钟时间讨论行动方案。

众所周知，项目管理中缩短时间的常见方法是并行（Fast Track），也即6人按某种规则同时行动，而不要让人处于等待中。

统计多次活动的数据发现，迅速达成一致的组往往采用较为容易理解的串行方案（按照编号顺序依次工作）而胜出。而采用并行方案的组，由于方案比较复杂而难以达成一致，即便大家迫于时间紧张而同意这种复杂的并行方案，部分人心中也仍有所保留。

实践证明，最终胜出的往往不是采用技术上最优方案的小组，而是迅速达成一致的小组。在方案简单、迅速达成一致的小组，组员们在执行时毫不犹豫，速度也较快。而方案复杂的小组难以达成一致，执行中常产生衔接意外、行动迟缓和临时改变方法等种种问题，其结果常不理想。

在项目型组织中，建立项目经理的权威，让团队成员行动一致，比花很大气力制定合理流程更重要。

项目经理的权威性不单纯来自专业技能，做事风格和人格魅力等也很重要。有时，为达成一致甚至可以放弃所谓的合理流程，而采取一种看似很傻的方法。这就是管理人和管理机器的最大不同。

4.4 影响项目的治理与人际因素

在当今激烈竞争的环境下，从事任何项目都需要跨部门的协作参与。项目团队是由来自不同部门的成员组成的，有时常涉及来自外部机构的合作方（如咨询商或供应商），复杂的资源问题、组织治理结构与人际因素对项目的影响不可忽视。

4.4.1 项目之间的冲突："牛人"争夺战

> 做任何一件事都没有人能够投入100%的时间。
>
> ——项目管理谚语

资源约束是项目管控中不可忽视的问题，项目经理都希望项目组成员是一些"牛人"，这些"牛人"确实能对项目的效率产生重要的作用。但在一个企业中，"牛人"的个数是有限的，他们很难完全归某个项目所有。他们经常被迫在多个项目中充当救火队员或清洁工的角色。

欧凯公司有3个项目A、B、C在同时运作，现在遇到一个糟糕的局面：因为之前3个项目经理在做计划时没有互相通气，这3个项目从第二天起都需要公司"牛人"陈达才能完成，而且均需要陈达为其工作10天（见图4-10），麻烦的是找不到任何替代资源[①]。

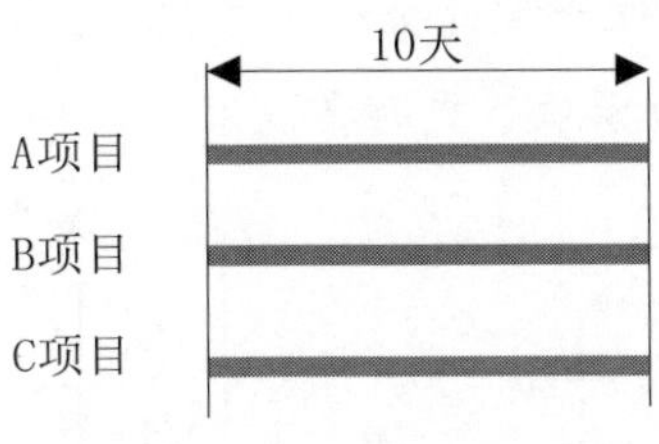

图4-10　对关键资源的需求

面对该状况，怎么办？

1．第一种“安排”

如图4-11所示，这其实算不上是安排，只能算是A、B、C 3个项目的期望，这将导致“牛人”陈达每天24小时的工作量，显然这是不可行也绝不可能的，更是没有人性的安排。

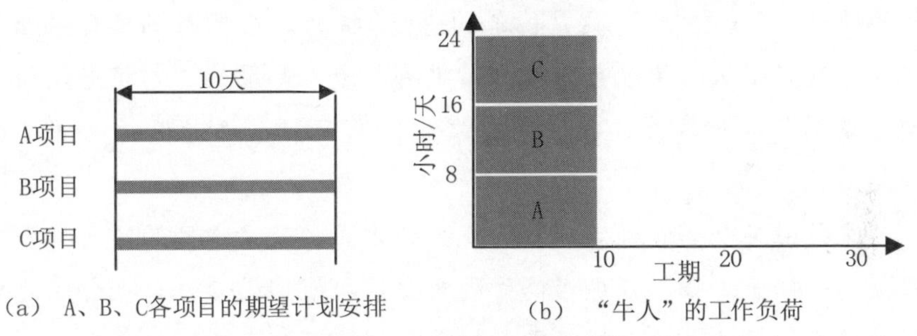

（a） A、B、C各项目的期望计划安排　　（b） “牛人”的工作负荷

图4-11　第一种“安排”

2．第二种安排

如果公司设有组织级的项目管理办公室（Project Management Office，PMO）这种专门机构，PMO可以依据组织战略基于可“明示”的标准进行优先级排序。假如排序为A—B—C，则可以安排如图4-12所示。其结果是：A项目按时完成，B项目拖期10天，C项目拖期

① 案例来源：丁荣贵. 项目管理：项目思维与管理关键[M]. 2版. 北京：中国电力出版社，2013. 有改动。

20天。

问题来了，PMO作为常设机构于国内企业尚不普遍，即便常设也往往处于支持性PMO层次，更时常没有明确的项目优先级评价标准。

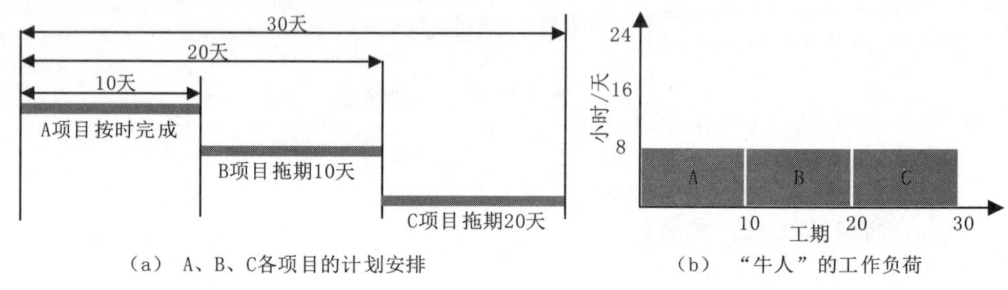

（a） A、B、C各项目的计划安排

（b） “牛人”的工作负荷

图4-12 第二种安排

最后的结果，往往是由老板来确定优先级顺序。假如老板给出的排序为A—B—C，试想B和C的项目经理会做何感想？自己或/和自己的项目“不重要”——这是他们的感受（特别是C项目的项目经理），其项目及其团队的状况可想而知。更有甚者，如果此二人将老板的安排“悄悄”通知客户，接下来会发生什么呢？也许老板的电话正在响起。

这种由某个高管确定项目优先级的方式，就是常见的“一把手工程”。“一把手工程”强调了高管的重要性和他们的责任，也会因为缺乏管理程序而造成“无事不需一把手”的情况。

3．第三种安排

这3个项目的项目经理均向公司管理层极力呼吁要优先将“牛人”给其负责的项目使用，互不相让。众所周知，“会哭的孩子有奶吃”。经过“研究”，管理层只好安排“牛人”到这3个项目轮流工作，如图4-13所示。即：

① 在项目A工作5天。

② 在项目B工作5天。

③ 在项目C工作5天。

④ 再赶到项目A“灭火”5天，完成项目A的工作。

⑤ 再赶到项目 B“灭火”5 天，完成项目 B 的工作。

⑥ 再赶到项目 C“灭火”5 天，完成项目 C 的工作。

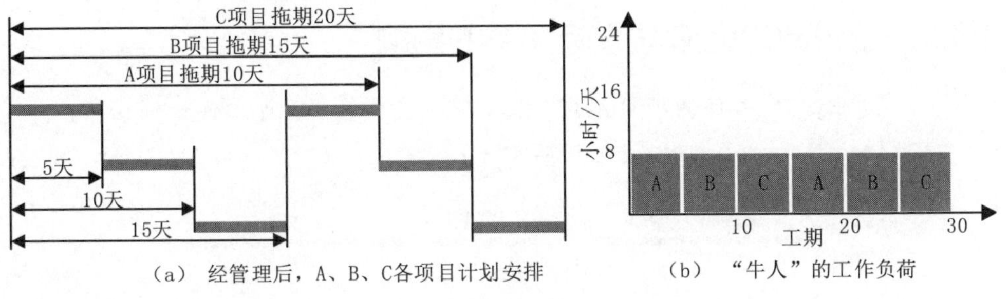

（a） 经管理后，A、B、C各项目计划安排　（b） “牛人”的工作负荷

图 4-13　第三种安排

经过“管理”后的结果：A 项目拖期 10 天， B 项目拖期 15 天，C 项目拖期 20 天。项目“牛人”的时间分散使用，造成 3 个项目工期均拖延。

第二种安排和第三种安排的结果对比见表 4-2，如果工作优先级排序 3 个项目还有好有坏，经过领导“管理协调”后 3 个项目都变坏了——正所谓“不患寡而患不均”吧！

表 4-2　经过管理前后的项目状况

项　目	A	B	C
第二种安排	按时完成	延期 10 天	延期 20 天
第三种安排	延期 10 天	延期 15 天	延期 20 天
前后对比	更坏了	更坏了	未变好

请记住，管理总是在“可行”与“合理”之间做选择。第二种安排“合理”，但由于容易导致组织政治及其稳定性问题，是不“可行”的；第三种安排不“合理”，但是是“可行”的。

管理者追求的是“可行”而不是“合理”，管理者说的话应该是以有效与否来区分，而不是以真假来区分。我们鼓励“先天下之忧而忧，后天下之乐而乐”，鼓励“舍己为人”，但在乘飞机时的安全须知却是“先戴好自己的呼吸面具再帮助他人”。

当然，这都是因为组织架构和组织级项目管理的缺陷在项目上的反映。如果公司设有有效的 PMO 同时又有稳定的组织战略，该问题就的解决就相对容易。

4.4.2 组织政治因素与人际关系的影响

夏阳是 A 项目的项目经理，根据项目安排，A 项目工作计划由甲、乙、丙 3 个部门来完成工作，如图 4-14 所示①。

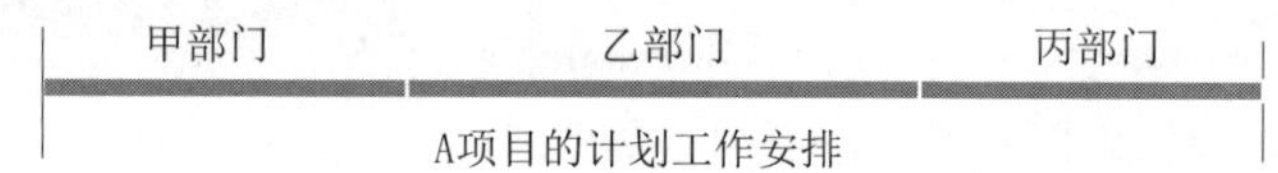

图 4-14　A 项目的计划工作安排

工作在各部门实施的结果如图 4-15 所示。

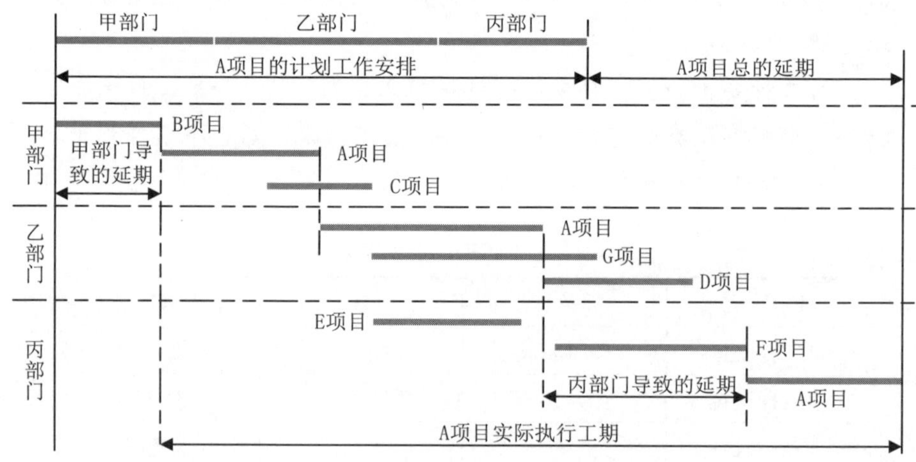

图 4-15　组织因素和政治对项目进度的影响

工作交给甲部门，待 B 项目工作完成后，A 项目工作方才开始。原因可以有多个：

- 内部工作优先级排序，资源做优先级高的工作。

① 案例来源：丁荣贵. 项目管理：项目思维与管理关键[M]. 2 版. 北京：中国电力出版社，2013. 有改动。

- 局部效益（资源利用效率）最大化。
- 甲部门经理与春晓的个人人际关系一般。
- 其他政治因素等。

甲部门工作完成后，乙部门可以开始工作了。乙部门经理和A项目经理关系甚笃，立马开始并全力支持，A项目在该部门进展顺利。

丙部门经理恰是冬雪(原来故事还有第二季)，上次为把春晓留下来，夏阳找到公司高层的行为令冬雪不爽，因为这次不愉快的合作经历，丙部门经理将A项目安排在自己部门工作的低优先级，还给了一个冠冕堂皇的理由“按照程序办吧!”。说实话，在某些地方“按照程序办”的话，连“你妈是你妈”你都证明不了!

事实上，各部门对项目A的工作安排理由，可以分为可明示的(可以放在桌面上的)和隐晦的（只可意会不可言传的，往往与组织政治或/和人际因素相关联)，具体总结见表4-3。

表4-3　各部门对项目A的工作安排、理由与结果

部门	可明示的安排理由	隐晦的安排理由	结　果
甲部门	内部工作优先级排序，资源做优先级高的工作。 局部效益（资源利用效率）最大化	甲部门认为项目 A 没有什么价值（有形的、无形的）	既没有置于最重要位置，也没有置于最不重要位置
乙部门	气儿顺了，还需要理由吗	“自己人”的工作是必须要支持的不说了……	马上干、全力支持
丙部门	按程序来吧	甲部门对A项目经理的个人成见。 哪个工作都是工作，凭什么就要先干你的? 组织中的政治因素，你懂的	其他工作完成后，最后干

请注意，各部门安排的结果导致了项目A的较长总延期并增加了失败的可能性。

4.4.3 影响项目实施的组织与人际因素

前文的 3 个实例，分别体现了影响项目实施的组织与人际因素：

- 夏阳与冬雪对春晓的工作安排，本质是项目与职能部门的冲突。
- A、B、C 3 个项目对“牛人”的争夺，本质是项目间的冲突。
- 夏阳负责的 A 项目的结局，本质是组织政治与项目经理人际关系的影响。

复杂的是，前两者貌似还可以通过绩效考核、组织结构调整等手段，放到桌面上来探讨解决，而项目管理者的人际关系和组织政治的影响是隐晦的，它在发挥着重要作用却几乎无法明示。可见，选择什么样的项目经理极为重要。

1．组织因素和项目经理的政治敏锐性

良好的组织因素和建设性的政治是项目成功的有力保证。谈起项目管理，人们会想到“项目经理负责制”，但实际上项目经理拥有的权限和资源很少，项目取得成功，不仅需要胜任的项目经理去完成项目管理，还需要胜任的企业高管去对项目进行有效治理。

在管理学上，“政治敏锐”是中性而不是负面的。作为项目经理，你必须要对企业内部的决策机制、管理流程非常熟悉，对各种表面的、潜在的影响决策的因素了如指掌，否则你是很难获取项目成功的。

如果你希望别人支持你，你必须先对对方有充分的理解，这个就是“政治敏感”，也是最为典型的“中国式的项目管理”技能。在中国的企业文化背景下，“政治敏感”还包括对各方利益的深刻理解。

2．对事要硬、对人要软，资源是要“抢”的

“抢”资源不代表项目经理不讲理，而是一种“气场”，是对项目的“责任感”。各职能部门没有什么理由就“应该”把你工作置于高优先级，最重要的是你要努力，你要让职能经理们感受到这种项目必须成功的“气场”。资源掌握在部门经理和高层经理手上，要学会同掌握资源的人打交道，不只是在你需要资源的时候，平时也要和他们始终保持良好的沟通。

更重要的是，你要让团队成员们都看到，你是在为大家努力争取资源，这样也会一点点地提升你在项目团队中的影响力。

一个好的项目经理，有时候显得很“强势”，因为你始终在争取资源。当然“强势”不代表“强硬”，要学会掌握好方法和火候。再次重申，对事要硬、对人要软。

第 5 章

选择合适的项目团队组织方式，让项目高效运转

> 总能看到这样一种人，带领着由一群个性张扬的人组成的团队在行业中取得了不可思议的成功。这是一类特殊的领导者，他们能高效地管理一支完全由陌生人组成的团队，并能发现最好的方式使这个团队表现得更强。
>
> ——唐纳德·特朗普

在当今激烈竞争的环境下，从事任何项目都需要跨组织的协作参与。项目团队是由来自不同组织的成员组成的，还时常涉及来自外部机构的合作方（如咨询商或供应商）。

没有人能保证你所需要的人力资源应有尽有，你必须充分利用团队的力量，达到事半功倍的效果。不管项目团队由多少人员组成，不管他们是谁，都需要以高效的团队模式运营，才能够既满足工期要求又能提供令客户满意的项目可交付物。

5.1 项目团队的组织方式

> 如果一个人单独旅行，今天就可以出发，但是如果和他人一同旅行，就必须等其他人也准备好才能出发。
>
> ——亨利·戴维·梭罗

除了要知道项目在组织中的地位和公司的项目管理模式外，对于项目经理而言，还必须了解项目团队自身的组织方式，知道不同项目团队组织方式的特点和适用情况，这对于选择满足自己需求的项目团队组织方式非常重要。团队、团队活力、团队绩效与企业成功之间的关系不言而喻，不管你的团队属于什么类型，最大的挑战是让每位成员做到既主动又高效，尤其对项目团队更是如此。

虽然存在多种项目团队组织方式，但基本上可以归为外科手术式、交响乐队式、爵士乐队式和足球队式 4 种[①]。

5.1.1 外科手术式项目团队

外科手术项目团队的典型场景是所有人都围绕着主刀医生，主刀医生及其副手构成了整个团队的核心，副手不是简单的打杂人员，而是主刀医生的后备和左右手，他们在知识和经验丰富后就可以升任为主刀医生。

外科手术团队的优点是关键任务由团队负责人亲自来动手、成功率较高。缺点也是非常明显的，团队核心负责人事必躬亲、较为劳累，也不利于人才培养和团队成员迅速成长。

在四大名著之一的《三国演义》中，魏、蜀、吴 3 家争霸天下，3 个团队采取了不同的组织方式。其中，以诸葛亮为核心的蜀国高层团队，其实就是一个典型的外科手术式团队。诸葛亮作为名垂千古的人

---

① 王世英. 演练式项目管理. 北京：经济科学出版社，2012.

物，他的座右铭是："鞠躬尽瘁，死而后已。"他的确做到了言行一致，"事无巨细，事必躬亲"。诸葛亮可以说是一个非常敬业的人，大小决策，几乎均出自孔明先生之手，像极了外科手术团队中的主刀医生。

西蜀团队的优点是，由于主刀医生孔明先生才能卓绝、做事风格谨慎、敬业并全身心投入，因此成功概率较高。但缺点是明显的，一则孔明先生辛苦至极，最终累死在工作岗位上；二则孔明先生亲力亲为，绝大多数决策自己决定，团队成员主要在于执行，没有决策参与机会导致其成长缓慢，终致蜀国人才梯队出现断层现象。"蜀中无大将，廖化作先锋"，蜀国成为首先被灭掉的一方。

外科手术式团队适用于以下情况：

- 关键工作必须由资深专业人员亲自操作的项目。与外科手术相类似的项目中，关键工作任务由经过严格训练和高资质人员完成。
- 一个资深的项目经理带领着一批新手的项目团队。当项目经理外的绝大多数人都是生手时，项目经理有必要在关键操作上亲自动手。这一方面保证了项目的成功，另一方面为培训项目团队成员，也要给项目团队成员提供演示学习的机会。

在组织或项目管理实践中到处都能够看到外科手术式团队在运作。有时按照这种方式运作实属无奈，但当团队已经可以转变运作方式时，如果项目经理仍不肯放手关键操作，其结果是团队领导很累，团队成员也不能迅速成长。

大多数固守外科手术式团队运作方式的项目经理，其潜意识中有一种假设——X 理论①。这个假设认为项目团队成员能力不足、积极性不够、责任心不强，如果让他们放手去做会将事情搞砸。

5.1.2 交响乐队式项目团队

交响乐队在演出时，团队成员都全情投入，陶醉在美妙的乐曲中。

① 道格拉斯·麦克里戈（Douglas M.McGregor）在其著作《企业的人性面》一书中提出的XY 理论。

“交响乐队指挥家手中的指挥棒是做什么的？”

“是发指令的，指挥棒告诉乐手什么时候演奏。”很多人会不假思索地回答，然而事实并非完全如此。

指挥家手中的指挥棒，在演奏过程的大部分时间里，主要起的是造型作用，而不是给每一个人发指令。明确的发指令只有一次，就是开始演奏的时候。指挥家是交响乐演奏过程的精神领袖，主要任务是把握节奏和展示乐曲的空间造型。乐手在演奏过程中，并不怎么去看指挥家手中的指挥棒，他们盯着的是眼前的乐谱。何时演奏、演奏什么，乐手在排练阶段已深谙于心，无须指挥棒的现场指令。

与 X 理论假设不同，还有一些项目经理，采用的是 Y 理论假设。他们假定项目团队成员都是勤奋的、能干的、积极的，他们会负责任地将事情做好。在这种情况下，这类项目经理大胆去使用团队成员，给他们压担子、强化工作授权。项目经理要做的事情主要是指导和鼓励团队成员。项目经理自己较为轻松，项目团队成员可以得到历练、迅速成长。这种团队就是交响乐队式团队。

交响乐队式团队是一种理想的团队组织方式，对团队成员提出了极高的要求，非一般组织所具备。交响乐队式团队对组织及其成员的要求如下：

- 组织有明确的工作任务分工体系，团队成员对整个组织及其成员了如指掌。组织成熟的分工与管理体系是团队的乐谱，团队依靠乐谱各负其责。在交响乐队式的项目团队中，整套项目管理计划就是项目的乐谱。
- 团队领导有大胆用人的气度、敢于授权，团队成员训练有素、自我指导、勇于承担责任，团队成员拥有良好的团队意识、配合默契。

在交响乐式项目团队中，项目经理是“脱产的”“不干活”的，非常潇洒，令人梦寐以求。对于工作超负荷的多数企业家而言，如果能够像交响乐队指挥那样潇洒，就达到了自己的目标。但这种境界是经过长期修炼才能达成的。

事实上，交响乐式团队是可遇不可求的！

5.1.3 爵士乐队式项目团队

爵士乐没有“脱产”的指挥，所有人都做事——参加演奏，这种团队是一个分工协作的团队，不同人演奏不同乐器，合奏出美妙的音乐。爵士乐队虽然没有一个“脱产”的指挥，同样有一个灵魂人物，一个项目协调人。这个人站的位置通常靠前一点。演奏开始时，一般都是由项目协调人给大家一个暗示，然后大家开始演奏。

在一些规模不大的项目中，项目经理一般不能够完全“脱产”，他要带领大家进行演奏，一马当先。爵士乐队式团队的要求是：

- 团队各成员都是专业的，能够熟练演奏自己的乐器，对乐曲了然于胸。
- 团队各成员熟悉项目情况，不仅能做好自己的工作还具备总体和系统意识，保持与其他成员的协调。

5.1.4 足球队式项目团队

足球队目标明确——自己进球并有效阻止别人进球。在足球队式项目团队中，成员有相对明确的分工，每场比赛有针对性的战略和战术，但不能规定在何时、由谁、在何位置、做什么，一切要随时进行调整，甚至有点“走着瞧”的味道！成员在相对分工的前提下，通过积极主动的灵活跑动去配合其他成员的工作。

足球队队式项目团队需要团队须具备以下条件：

- 团队成员之间有基本分工，但有一些中间地带，要求大家积极和灵活跑动去完成这些工作，团队成员之间高度配合和相互支持。
- 团队成员有十分明确且共同的目标，具有互相补位的意识，不计较个人得失。

实践中，一些中小型组织的中小型项目，可以采取足球队式的项目团队组织方式。

5.1.5 最适合的就是最好的

有个鲁国人擅长编草鞋，他妻子擅长织白绢。他想迁到越国去。友人对他说：“你到越国去，一定会贫穷的。”“为什么？”“草鞋，是用来穿着走路的，但越国人习惯于赤足走路；白绢，是用来做帽子的，但越国人习惯于披头散发。凭着你的长处，到用不到你的地方去，这样，要使自己不贫穷，难道可能吗？”

一个人要发挥其专长，就必须适合环境需要。如果脱离环境的需要，其专长也就失去了价值。同样，采用什么样的项目团队组织形式，要根据项目的特点、规模和团队成员对项目工作任务的熟悉程度等多个因素进行选择。

不能简单说，交响乐队式的组织形式就一定比外科手术式组织形式好。对于某个项目而言，最适合的组织形式就是最好的形式。

项目团队的组织结构没有一个普遍适用的模式，需要用权变的观点来考虑其结构的选择，特别是要充分考虑与项目目的性、独特性、约束性、项目规模、所使用技术的特点相契合。同时在结构设计中要注意团队成员的特点，他们的技术特长、成熟度、彼此间的信任和协作程度等因素对团队的影响是显著的。图 5-1 较好地诠释了一个高效项目团队的元素与特征。

“在开始前，我只想让大家知道我不是自愿做这个演讲的。”

图 5-1 一个高效项目团队的元素与特征

项目团队的 4 种组织形式，在一定条件下可以相互转变。外科手术式团队可以转变为爵士乐队式团队，爵士乐队式团队也可以向交响乐队式团队转变。

当一个新的小项目团队刚组建时，一般可以先采取外科手术式组织形式，主要任务由项目经理本人亲自操刀，但当团队成员已经比较熟悉项目的情况下，就可以转变为爵士乐队式团队。

当一个爵士乐队式项目团队规模不断扩大，到了一定程度时就应该及时转变为交响乐队式团队，这时，项目经理就必须从“不脱产”带领大家做事的爵士乐队协调人，转变为“脱产”的交响乐队指挥，不能再陷入某项具体事务中去。

在进行项目团队组织时，还需要和项目的承发包形式相匹配。比如，在设计—采购—施工总承包（Engineering Procurement Construction，EPC）模式下，承包方的项目团队组织方式最为复杂，但承包方的自主权最大，项目运作时受外部的干扰最小，在结构设计中对外部沟通、协调的要求相对较低。

大雁是一种候鸟，春天到北方繁殖，冬天到南方过冬，每一次迁徙都要经过大约 1~2 个月的时间。雁群由数百只大雁组成，当雁群以“人”字阵飞行时，速度要比单飞高出 22%。大雁有一种合作的本能，处于“人”字尖端的大雁任务最艰难，需要承受巨大的空气阻力，因此领头的大雁每隔一段时间就要轮换，这样雁群就可以飞得很远而无须休息。雁阵尾部的两个位置最为轻松，通常由年幼、病弱以及衰老的大雁占据。

雁群不停地鸣叫，这是强壮的大雁在鼓励落后的同伴。如果有大雁因为过于疲劳或生病而掉队，雁群不会遗弃它，而会派两只健康的大雁陪伴它落到地上休息，一直等到它能继续飞行，然后这三只大雁再组成一个“人“字阵继续前行。

如同企业在其不同的生命周期阶段会对其结构进行必要的调整以适应组织规模、行业特点、技术变化等带来的新要求，在项目生命周期的不同阶段，甚至同一阶段里投入的人力、任务类型都有很大差异，故在项目过程中，并不能简单使用某一种类型的结构，而需要根据需要适时调整。但是，在项目成立之初就应该对其初步规划，在项目过程中尽量减少较大的责权变化，以免调整带来的责、权、利交叉或真空。

5.2 组建项目团队，明确各人责任

选择合适的成员对建设高效的项目团队而言至关重要，找到合适的人就等于成功了一半。

5.2.1 选择合适的团队成员

根据对组织价值观的认同与所需能力，组织中的人可分为如图 5-2 所示的 4 类，对这 4 类人的使用见表 5-1。

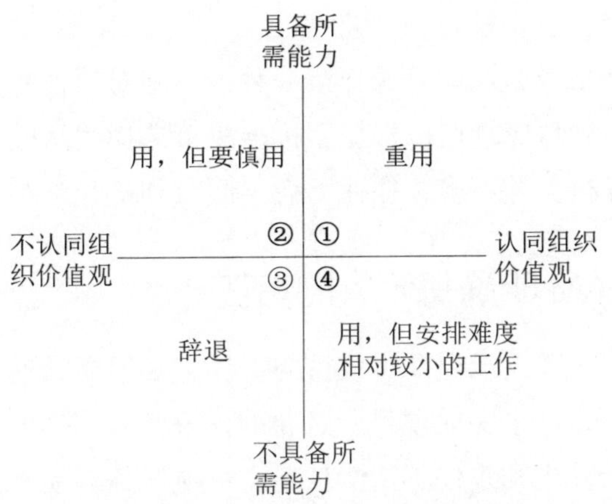

图 5-2　基于价值观—能力的员工分类

表 5-1　组织中的四类人及其使用

类　别	特　点	如何使用	代　表
第①类	认同组织价值观又具备所需能力的人	重用	组织中的贤人
第②类	不认同组织价值观但具备所需能力的人	慎用	新招聘来的员工、空降兵
第③类	不认同组织价值观又没有所需能力的人	辞退	

续表

类　别	特　点	如何使用	代　表
第④类	认同组织价值观但没有所需能力的人	让其发挥余热、安排一些难度相对较小的工作	组织中的老人

对待第①类和第③类人使用较简单：重用、辞退。然而，对于第②类和第④类人的使用则不是一件愉快的事。

老职工是第④类人的典型代表，他们忠诚、负责，但渐趋老化，其知识和能力已不适应组织的发展，但如简单地将其辞退会寒了众人之心。新招来了的“空降兵”是第②类人的代表，将他们挖过来当然要用，但他们未必与组织一条心，更麻烦的是重用这些“外来者”可能会产生“引来女婿气走儿子”的结果。对这两类人的使用，也许是一种“艺术”！

对于项目经理来说，应该只选择第一种人，即对项目有责任感又有完成项目所需能力的人。项目经理可以根据多标准决策选择团队成员，然而更常见的是项目经理的选择机会并不多，往往不得不面对和接受组织的事业环境因素。

5.2.2 使用 RAM 明确每个人的责任

为了确保项目干系人承担其对项目的责任，必须要做到以下 3 点：

- 任务落实。每一个完成项目所必要的任务都有明确的责任人。为了防止相互推诿、扯皮和责任不清的情况，每项任务必须有且只能有一个人对其负责。如果出现一项工作由两个人负责，其结果一般是没有人负责。
- 人员落实。项目干系人均应承担一定的项目责任。项目的干系人会对项目产生影响，必须确保具体工作责任落实到具体个人，避免是一个组织、一个部门、一个小组。不能让任何一个干系人对项目只有权利而没有义务。
- 组织落实。要为每项任务的成功实现提供组织上的保障。确保在项目组织和实施方面的人员、流程和使用管理平台/技术/工具之间的协调一致，建立相应的激励措施等。

项目干系人需要对项目尽责，但他们中的很多人不是项目经理的下属，不是项目发起人的下属，甚至不是承担该项目企业的员工，如何使这些人确实承担起对项目的责任是项目管理面临的挑战。

为了实现以上的“三落实”，在项目干系人之间建立责任分配矩阵（Responsibility Assignment Matrix，RAM）是很有帮助也是很有必要的。正确使用 RAM 可以明确项目活动负责人、制定干系人已知的项目责任，可以效降低项目工作无人负责的风险。

一般的责任分配矩阵是一个二维表格（见图 5-3），其中包含干系人名单、完成项目需要的活动或任务，以及每项活动或任务与各干系人的对应关系。在大型项目中，可在多个层次上制定 RAM。例如，高层次的 RAM 可定义项目团队中的各小组分别负责 WBS 中的哪部分工作，而低层次的 RAM 则可在各小组内为具体活动分配角色、职责和职权。RAM 能反映与每个人相关的所有活动及与每项活动相关的所有人员。

	活动					
这不是一个项目活动 →	活动 1					
OK（检查是否仅涉及一个责任人）→	活动2		R			
活动需要细分 →	活动3					
OK →	活动4	R	I	C		
错误！一个活动只能有一个责任人 →	活动5	R	A	R	C	I
	活动6	C	C	A	I	R

图 5-3　责任分配矩阵

RAM 的一个例子是 RACI，R、A、C、I 是 Responsible（负责）、Accountable（批准）、Consulted（咨询）、Informed （知悉）4 个英文单词的首字母。

编写 RACI 的步骤如下：

- 填写活动的代码和描述。
- 在其他各栏内，填写项目责任。
- 对责任分配进行讨论和审批。
- 作为选择，也可在不具有活动管理责任而是努力完成工作的职务处填写相应的注释。这有助于估算各项活动/各种职务的工作时间。
- 讨论和确定 RACI 后，项目管理人员必须将 RACI 传达给项目中（至少是组织内部）的干系人。

需要注意的是，每项活动有且只能有一个 R。如果不能对某项职务划分责任，则该活动需要进一步细分。如果项目管理团队成员在其栏内没有 R，那么他不是项目管理团队的真正成员，可能是扩大范围的团队成员（他不具有任何责任，因此他不实施管理，而是执行）。

另外，所有干系人须达成一致意见，同意向干系人分配特定责任。活动责任的承担涉及对时间安排、成本、风险等的保证。责任不仅是技术性责任，也包括管理责任。而且，所有责任必须落实在项目管理团队的范围内。如果项目管理团队之外的职务负责一些活动，那么项目经理必须承担该工作的管理责任，还要承担该部分工作与其他工作的接口协调责任（如需要）。诚然，项目经理负责整个项目，但不负责各项单独活动；此类责任分配给特定专员。

还需要说明的是，在责任分配完成后，项目负责人还需要完成以下工作：确保团队的工作优先级与客户的需求一致；确保将团队的工作适当地展示给管理层；让技术负责人为不懂技术的干系人解释技术问题；同时让开发团队了解一些必要的非技术问题。

表 5-2 是一个项目的责任分配矩阵的实例。

表 5-2　某软件项目责任分配矩阵（包含项目团队以外干系人）

阶　　段	A 君	B 君	C 君	D 君	E 君	F 君	G 君	H 君
重新定义问题	R	C	A	C	I	I		
可行性研究	A			I	R	C	I	C
需求分析	C	R	I					I
总体设计	R	I	C	A	C	I		
详细设计	I			C	I		R	C
编码与单元测试	C		A			I	I	R

5.3 顺利走过团队的生命期

> 让每个人来到你身边的人都带着微笑离开。
>
> ——特蕾莎修女

5.3.1 塔克曼团队发展模型

有关团队建设的过程，著名管理学家布鲁斯·塔克曼（Bruce Tuckman）团队发展阶段（Stages of Team Development）模型可以被用来识别团队构建与发展的关键性因素，并对团队的历史发展予以解释。团队发展的 5 个阶段是形成期、震荡期、规范期、成熟期（表现期）和解散期（休整期），如图 5-4 所示。

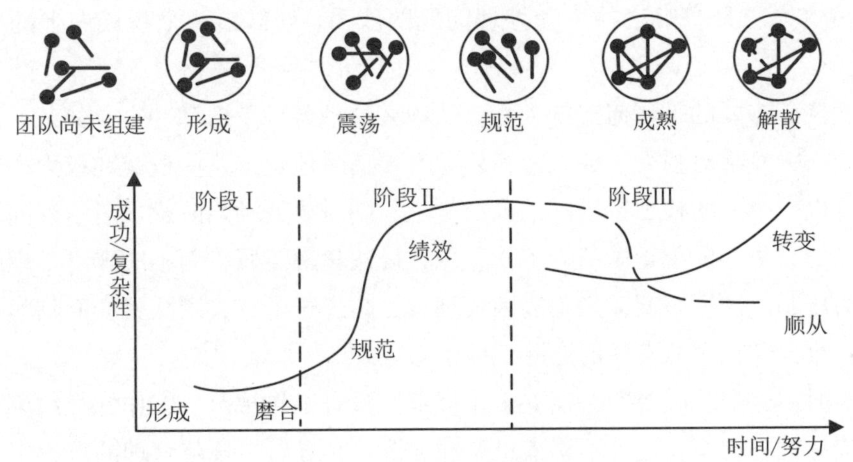

图 5-4　塔克曼团队发展阶段

1．形成期（Forming）

我们每一个人都有加入新团队的经历和感受。激动、困惑、矜持、观望是团队成员形成期的主要特点。形成期的团队缺乏清晰的工作目标，工作职责与标准不明确，缺乏顺畅的工作流程，成员间缺乏有效的沟通，个人的角色定位不明确，部分成员还可能表现出不稳定、忧虑等特征。

形成期的主要工作是明确方向、确定职责、制定规范与标准、进行员工培训。团队负责人一定要向团队说明工作目标、工作范围、质量标准及进度计划，并根据工作目标要求对团队成员进行技能和知识培训。团队负责人要让成员参与探讨工作计划，主动和他们进行平等而真诚的交流，消除团队成员的困惑与忧虑，确保团队成员之间建立起一种互信的工作关系，描绘出成功的美好前景并达成共识，以激励团队成员。

2. 震荡期（Storming）

团队经过形成阶段以后，团队获得发展信心，但同时也形成了各种观念激烈竞争、碰撞的局面，出现人际冲突与分化。团队成员面对其他成员的观点、见解，更想要展现个人性格特征，对于团队目标、期望、角色及责任的不满和挫折感被表露出来。团队成员间、团队和环境间、新旧观念间会出现矛盾，甚至负责人的权威都面临挑战，团队组建初期确立的原则受到冲击与挑战。作为团队负责人应具有解决冲突和处理问题的能力，创造出一个积极向上的工作环境。

震荡期首要的是如何安抚人心。认识并处理各种矛盾和冲突，如某一派或某一个人力量绝对强大，那么作为领导者要适时地化解这些权威和权力，绝对不允许以一个人的权力打压其他人的贡献。同时要鼓励团队成员对争议问题发表自己的看法。要善于做引导工作，想方设法化解矛盾，而不应置之不理或进行权力压制。这一时期，如不能因势利导，防患于未然，团队就会面临颠覆的危险，至少会在团队发展的道路上埋下隐患。

同时，这个阶段要准备建立工作规范。没有工作规范、工作标准约束，就会造成一种不均衡，这种不均衡也是冲突源，领导者在规范管理的过程中要以身作则。

3. 规范期（Norming）

通过震荡期的磨合，团队进入规范期，规则、流程、价值观、行为、方法、工具均已建立，团队成员的工作技能开始慢慢提升，新技术慢慢被掌握。团队成员之间开始建立起互谅互让互助的关系。成员的目光重新聚焦到工作上来，关注目标与任务，团队成员有意识地解决问题，实现组织和谐。他们开始关心彼此的合作和团队工作的进展，并逐渐适应环境、技术和各种规范的要求。

团队要顺利地度过规范期，最重要的是形成团队的文化和氛围。团队精神、凝聚力、合作意识能不能形成，关键就在这一阶段。这一时期的最大危险是团队成员对震荡期存在的问题心有余悸，害怕引发矛盾而不敢表达自己的声音。

作为团队的负责人，在这一时期的主要工作是通过激励来使团队成员放弃各种心理上的包袱，提高责任心和相互信任度，使他们将行为标准和工作任务紧密地结合起来。拿破仑说："在有效地管理下属问题上，荣誉比鞭子重要得多。"这也正符合马斯洛需要层次理论中尊重和自我实现的高层次需求，建议采用多种手段激励团队成员。

在规范期可以从以下角度进行团队建设：

- 鼓励建议，让成员在多提意见的过程中，感觉到团队发展与自己休戚相关。
- 实行参与制，让每个成员认识到自己是团队中的一员。
- 对成员进行工作授权，激发他们的责任心。
- 表扬和奖赏。

必须强调的是，实施激励应该在工作过程中，而不应只是在完成时。当然，除激励之外，规章制度的约束和惩罚是必不可少的辅助手段。

4．成熟期（Performing）

度过规范期，团队逐步表现出高绩效，这就进入了团队的成熟期。成熟期的团队呈开放、坦诚、及时沟通的状态，具备多种技能，协力解决各种问题，用规范化的管理制度与标准工作流程进行沟通、化解冲突、分配资源，团队成员自由而建设性地分享观点与信息，有一种完成任务的使命感和荣誉感。

"领导者要干自己的事，不干别人能干的事"，这是现代领导方法的基本法则。对于成熟期的高绩效团队，负责人应掌舵而不是划桨，团队负责人应集中精力关注进度、成本、质量、业绩和成员的教育培训等事关全局的事，其他工作应进行授权。同时，团队负责人要根据需要，随时更新工作方法与流程，推动经验与技术的交流，提升管理效率，营造高绩效的组织文化，凭借团队智慧做出高效决策，通过成员的集体努力追求团队绩效。

5．休整期（Adjourning）

天下没有不散的宴席，任何一个团队都有它自己的寿命，特别是对于项目而言，团队完成了项目目标后，就进入了团队发展的最后阶段——休整期。

休整期的团队可能有 3 种结果：一是解散；二是组建新的团队；三是因团队表现欠佳而勒令整顿。因项目而成立的临时团队，一般会解散。常规团队在企业发展到一定阶段，可能根据业务需要撤销、调整或重组。

在成熟期团队成员形成了良好的默契，不同的休整会对团队成员心理造成不同的影响，这个时期需要做好团队成员思想的引导，说明调整的必要性及意义，让员工认同组织调整决定。

布鲁斯・塔克曼认为，在团队建设的这 5 个阶段中，每个阶段的工作绩效和团队精神的水平存在很大差异。进行团队建设，就是要分析团队所处发展时期，了解其特点及规律对症下药，采用恰当的领导方式减少团队内耗、降低发展成本、提高团队绩效。

尽管项目和项目团队都有生命周期，但这两个生命周期的长度并不是一样的。项目生命周期的各个阶段、各个过程都可能是由不同的团队来完成，这些团队都会经历 5 个阶段，项目从头到尾均由一个成员固定的项目团队完成的情况是很少见的。团队停滞在某个阶段或退回到前一阶段的情况，也并非罕见。如果团队成员曾经共事过，项目团队建设也可跳过某个阶段。

5.3.2 强烈建议经常搞团队建设

团队建设予以恰当的关注是关键的，但它也是一个永无止境的过程。项目经理要不断地监控团队的功能和表现，以发现需要何种修正行动来避免或解决各种团队问题。

5 种团队功能障碍①，被认为是常见且最需要避免的：

---

① P.Lencioni, The Five Dysfunctions of a Team (New York: Jossey-Bass, 2002), pp.197-218. Reprinted by permission of John Wiley.

- 信任缺失。
- 害怕冲突。
- 缺少承诺。
- 躲避责任。
- 忽视结构。

可以使用表 5-3 判断项目团队的高效与低效。

表 5-3　团队高效与低效指标

高效团队可能的特征	低效团队可能的特征
①较高的业绩和工作效率 ②革新性或创造性行为 ③责任心 ④团队成员的职业目标与项目要求相一致 ⑤解决冲突的能力，但当冲突可以引起有益的结果时，鼓励冲突 ⑥有效的交流 ⑦较高的信任度 ⑧成员关系融洽 ⑨成果导向 ⑩充沛的精力和高度的热情 ⑪高昂的士气 ⑫变革导向	①较低业绩 ②完成项目目标的责任心低 ③不明确的项目目标及主要干系人不定的责任心低下 ④要花招，操纵他人，隐瞒感情，不计一切代价的冲突 ⑤混乱、冲突、无效率 ⑥蓄意的暗中破坏，担心，不感兴趣或拖延 ⑦拉帮结派、勾结和孤立团队成员 ⑧无生气、反应迟钝

我建议项目领导举行定期团队建设会议，评价项目执行的整体情况并处理团队职能问题。这些会议的重点可以是“作为一个团队我们在什么方面做得较好”及“什么方面需要引起团队的注意”之类的问题。

可以使用的团队建设方式包括利用人际关系技能、培训、制定基本规则、认可与奖励等。我不是这方面的专家，关于团队建设的知识和方法请参阅专业书籍，这也超出了本书的范围。

5.4 让团队成员发挥各自优势

> 没有完美的个人，只有完美的团队。人无完人，但团队却可以是完美的团队！
>
> ——梅雷迪思·贝尔宾

5.4.1 理解团队成员的类型

作为项目经理，应学会同现有的团队成员们打交道。根据组织行为学的研究，构成团队的人，可以分成 9 种类型：

- 创始人。这种人一般富有创造力和想象力，不循规蹈矩，善于解决疑难问题。他们身上有开荒者的优点和缺点，不过天才一般都不太善于和普通人打交道，这点缺点对于创始人和大老板来说，实在是可以忽略不计。
- 协调者。这种人成熟、自信、可靠、雄才大略，在公司中可以出任领袖，帮助团队澄清目标，推动决策的制定。他不一定是团队中最聪明的人，但他一定是最会用人的人。就像是不太会打仗的刘邦。
- 执行者。这种人相当于 CEO，他们是职业经理人，有职业道德、有纪律、可靠、有效率。善于将想法变成现实的执行者，多少不太灵活。
- 改革者。每个公司里必定都有这样一些人，他们性格活泼、外向、脑子灵活、对现实不满足，什么事情摆到他们面前，准能找出毛病。他们精神总是很紧张，喜欢勇于挑战困难、解决困难。不过，这些人要用得好能使团队锦上添花、更上一层楼，用得不好常常成为煽动叛乱的带头人。
- 团队工作者。这种人相当于工会主席、妇联主任。他们不在工作岗位上干活、不做报表，似乎不做什么具体工作，但是还挺忙。他们性格温和、容易结交、善解人意、随和；善于倾听、乐于实干，可以帮助消除团队中的摩擦。现在有些公司专门设置一个高级副总裁的职位，打理企业文化，这个说法就时尚得多了，不过忙的事情也差不多。

- 实干者。这种人是最容易被配偶埋怨、被领导忽略的人。他们勤恳、尽职，生命最大的意义就在于将工作做到尽善尽美，所以经常展开自我批评，寻找失误；崇尚按时完成任务。不过这些人有个缺点，不愿抛头露面，所以做了事情会被其他人抢了功劳，属于任劳任怨的老黄牛，经常吃亏。不过团队里这样的人越多越好，而且一个优秀组织一定将这些人视为“掌上明珠”。
- 专家。这种人思想单纯、自律，专注工作，能够为团队带来不常见的知识和技术。不足之处是只能对有限的工作做贡献。他们见多识广，有一套有效的工作方式和行为模式，只不过他们这套方式不一定是适合项目和团队特点的。
- 观察家。这种人清醒、有远见、有辨别力。他们了解所有选择并可进行判断，经常在报纸杂志上写专栏评点企业，写的多了还能写本书。
- 资源调查者。这种人相当于市场调查和行销分析人员，他们性格外向、热情、善言谈、眼疾手快，能发现机会。他们可能做的只是前期工作，后面一定需要实干者跟上，否则不容易取得成果。

5.4.2　识别项目团队成员的性格

迈尔斯布里格斯类型指标（Myers-Briggs Type Indicator，MBTI）表征人的性格，是由美国的凯恩琳·布里格斯和她的女儿伊莎贝尔·布里格斯·迈尔斯制定的。该指标以瑞士心理学家荣格划分的 8 种类型为基础，加以扩展形成 4 个维度（见表 5-4），这 4 个维度就是 4 把标尺，每个人的性格都会落在标尺的某个点上，这个点靠近哪个端点，就意味着这个人就有哪方面的偏好。如在第一维度上，个体的性格靠近外向这一端，就偏外向，而且越接近端点，偏好越强。

表 5-4　MBTI 的 4 个维度

维　　度	类　　型	相对应类型英文缩写（全称）
1	外向	E（Extrovert）
	内向	I（Introvert）

续表

维　度	类　型	相对应类型英文缩写（全称）
2	感觉	S（Sensing）
	直觉	N（Intuition）
3	思考	T（Thinking）
	情感	F（Feeling）
4	判断	J（Judging）
	感知	P（Perceiving）

1. 外向/内向

外向/内向是区分个体的最基本的维度。外向的人倾向于将注意力和精力投注在外部世界，外在的人，外在的物，外在的环境等；而内向的人则相反，较为关注自我的内部状况，如内心情感、思想。

两种类型的个体在自己偏好的世界里会感觉自在、充满活力，而到相反的世界里则会不安、疲惫。因此，外向与内向的个体之间的区分是广泛而明显的，并不像我们平时讲的“外向者健谈、内向者害羞”那么简单。表 5-5 是内向型与外向型的特征比较。

表 5-5　内向型的人与外向型的人的特征比较

外向型（E）	内向型（I）
与他人相处时精力充沛	独处时精力充沛
行动先于思考	思考先于行动
喜欢边想边说出声	在心中思考问题
易于“读”和了解；随意地分享个人情况	更封闭，更愿意在经挑选的小群体中分享个人的情况
说的多于听的	听的比说的多
高度热情地社交	不把兴奋说出来
反应快，喜欢快节奏	仔细考虑后，才有所反应
重于广度而不是深度	喜欢深度而不是广度

2. 感觉/直觉

接受信息的方式不同，这便有了感觉型与直觉型之别。感觉型的人关注的是事实本身，注重细节；而直觉型的人注重的是基于事实的含义、关系和结论。感觉型的人信赖五官听到、看到、闻到、感觉到、尝到的实实在在、有形有据的事实和信息。直觉型的人注重"第六感觉"，注重"弦外之音"，直觉型的人的许多结论在感觉型的人眼里，也许是飘忽的，不实在的。直觉型的人更擅长解释事实，捕捉零星的信息，分析事情的发展趋向。

感觉型的人对待任务，习惯于按照规则、手册办事；直觉型的人习惯尝试，跟着感觉走，他不习惯仔细地看完一大本说明书再动手。感觉型的人习惯于固守现实，享受现实；直觉型的人更习惯变化，突破现实。

简言之，感觉型的人注重"是什么"，直觉型的人更关心"可能是什么"。表5-6是感觉型的人与直觉型的人的特征比较。

表5-6 感觉型的人与直觉型的人的特征比较

感觉型（S）	直觉型（N）
相信确定和有形的东西	相信灵感或推理
对概念和理论兴趣不大，除非它们有着实际的效用	对概念和理论感兴趣
重视现实性和常情	重视可能性和独创性
喜欢使用和琢磨已知的技能	喜欢学习新技能，但掌握之后很容易就厌倦了
留意具体的、特定的事物；进行细节描述	留意事物的整体概况、普遍规律及象征含义；用概括、隐喻等方式进行表述
循序渐进地讲述有关情况	跳跃性地展现事实
着眼于现实	着眼于未来，留意事物的变化趋势，惯于从长远角度看待事物

3. 思考/情感

从决策的方式来看，情感型的人常从自我的价值观念出发，变通地贯彻规章制度，做出一些自己认定是对的决策，关注决策可能给他人带来的情绪体验，人情味较浓；思考型的人则比较注重依据客观事实的分析，一以贯之、一视同仁地贯彻规章制度，不太习惯根据人情因素变通，哪怕做出的决定并不令人舒服。据研究，大约 2/3 的女性偏好情感型，2/3 的男性偏好思考型。表 5-7 是思考型的人与情感型的人的特征比较。

表 5-7 思考型的人与情感型的人的特征比较

思考型（T）	情感型（F）
退后一步思考，对问题进行客观的、非个人立场的分析	超前思考，考虑行为对他人的影响
重视符合逻辑、公正、公平的价值；一视同仁	重视同情与和睦；重视准则的例外性
被认为冷酷、麻木，对他人漠不关心	被认为感情过多，缺少逻辑性，软弱
认为坦率比圆滑更重要	认为圆滑比坦率更重要
只有当情感符合逻辑时，才认为它可取	无论是否有意义，认为任何感情都可取
被“获取成就”所激励	被“获得欣赏”所激励
很自然地看到缺点，倾向于批评	惯于迎合他人，着重维护人脉资源

4．判断/感知

从喜好的生活方式来看，判断型的人目的性较强，一板一眼，他们喜欢有计划、有条理的世界，以比较有序的方式生活；感知型的人好奇性、适应性强，他们会不断关注新的信息，喜欢变化，也会考虑许多可能的变化因素，更愿意以比较灵活、随意、开放的方式生活。在做决策时，判断型的人较为果断，而感知型的人总希望获得更多信息后再决断。逛了两天商场，还决定不了买什么的人，多半是感知型的。大多数人兼具两种倾向，只是更偏向某一端。表 5-8 是判断型的人与感知型的人的特征比较。

表 5-8　判断型的人与感知型的人的特征比较

判断型（J）	感知型（P）
做了决定后最为高兴	当各种选择都存在时，感到高兴
有“工作原则”：工作第一，玩第二（如果有时间的话）	“玩的原则”：现在享受，然后再完成工作（有时间的话）

续表

判断型（J）	感知型（P）
建立目标，准时地完成	随着新信息的获取，不断改变目标
愿意知道它们将面对的情况	喜欢适应新情况
着重结果（重点在于完成任务）	着重过程（重点在于如何完成工作）
满足感来源于完成计划	满足感来源于计划的开始
把时间看作有限的资源，认真地对待最后期限	认为时间是可更新的资源，且最后期限也是有收缩的

通过对照4个维度的描述，你或许已经识别出自己在每个维度上的偏好，取每个维度上偏好类型的代表字母，即可以由4个字母构成你的性格类型，如ISFJ即内向感觉情感判断型，ENFP即外向直觉情感感知型。4个维度、8个端点可组合成表5-9的16种性格类型。

可以使用专业的MBTI工具测试性格每个人的性格特征。

表5-9　MBTI的性格类型

类型名称	相对应英文字母简称	类型名称	相对应英文字母简称
内向感觉思考判断	ISTJ	内向感觉情感判断	ISFJ
内向直觉情感判断	INFJ	内向直觉思考判断	INTJ
内向感觉思考感知	ISTP	内向感觉情感感知	ISFP
内向直觉情感感知	INFP	内向直觉思考感知	INTP
外向感觉思考判断	ESTJ	外向感觉情感判断	ESFJ
外向直觉情感判断	ENFJ	外向直觉思考判断	ENTJ
外向感觉思考感知	ESTP	外向感觉情感感知	ESFP
外向直觉情感感知	ENFP	外向直觉思考感知	ENTP

5.4.3　面对团队中的“刺头”

项目中，面对特殊员工（我经常听到有人将这类员工称为“刺头”，后文借用这一称呼）对项目管理者来说是一个挑战。

在开始处理与刺头的交流障碍或关系问题之前，应先建立有效的纽带联系；

与积极性不足的员工打交道时，应尝试诊断其“不爽”的症状，然后对症下药。

下面分别给出面对刺头的方法，这些内容来自笔者多年的实践。

1. “闹情绪”型

“闹情绪”型员工时常感觉自己受到公司或团队的不公对待，想“把吃的亏找回来”，常表现为好吹毛求疵，工作缺乏积极性，抵触或反对新事物，消极怠工，“不”“不行”“干吗是我？”等语言常挂在嘴边。

面对“闹情绪”型团队成员，项目经理应该想办法重建其对项目的好感：实事求是地指出其优缺点，尝试询问其为什么会这样，现在想怎么办，自己可以做些什么，鼓励其重建“我与项目和/或公司”的思路，倾听他的想法，努力建立信任和理解，鼓励他释放出来；提高其对现状的认知，使其理解行为的不良影响。

对于“闹情绪”型团队成员的基本对策是：

- 承诺往前看、旧事不提：“从今往后”。
- 明确指出发展方向和提供的支持。
- 强调依存关系：“我和项目需要你。”
- 促使其更多地关注未来的成长性。
- 提出切实可行、容易衡量的目标。
- 利用感谢性的话语（或其他标志性做法）进行“奖励”。
- 在团队中采取一定措施，使其感到自己是其中一份子。

2. “逃避工作”型

临近退休的员工常表现出消极特性，成为“逃避工作”型员工，这就是很多组织中“超过 50 岁的人”。他们对工作态度被动，常不遵守工作时间规定，感到无聊，提不起兴趣，绩效下降。“多一事不如少一事“是其行动的潜意识。

面对“逃避工作”型团队成员，项目经理应该强调其优点，清楚地告知他对于项目成功能够/必须扮演的角色。

对于“逃避工作”型团队成员的基本对策是：

- 明示其对项目的重要性：“我们需要你，你的经验是非常重要的。”
- 工作安排或进行决策前、召开项目会议时，咨询其意见和建议，使其感知到被尊重。

- 确认明确的目标分配责任。
- 提出自己职业的认知："为什么用这种方式浪费你在公司的最后一年？"

3．"潜能未开发"型

"潜能未开发"型员工是不懂得如何开发自身潜能的人，他们害怕犯错，对新事物莫名恐惧，刻意回避领导。

面对"潜能未开发"型团队成员，项目经理应该想办法使其放松，让其发挥自己的潜能：详细解释对其所表现出来的能力的评价，强调其正面影响；鼓励其根据周围人的表现对自身进行重新定位，增加对自身能力的了解，建立自尊自信。

对于"潜能未开发"型团队成员的基本对策是：

- 制造一些让他自我展现的小插曲。
- 制定精确、可衡量且递进的阶段性目标。
- 授权，令其放手去做。
- 鼓励个人坚持不懈地学习并完善自身，同时强调其所取得的每一个进步。

4．"优柔寡断"型

"优柔寡断"型员工思考的多行动的少，甚至总"摸石头"不"过河"，顾虑过多，也许是完美主义加训练过度导致的。

面对"优柔寡断"型团队成员，项目经理应该提高其承担/承受风险的能力，提高对错误和"重犯"的容忍度，并提供充足的信息，帮助该员工完成任务。

对于"优柔寡断"型团队成员的基本对策是：

- 找出明显可以"启动"的事件/情况。
- 同意"降低标准"。
- 时间上严格要求。
- 鼓励其多接触不同的人或群体。
- 公开表扬其成功之处。

5．“无条理”型

“无条理”型员工工作欠缺条理性，对轻重缓急认识不足，无法找到处理或解决问题的有效方法，常以“计划不如变化快”为借口。

面对“无条理”型团队成员，项目经理应明确指出已发现的问题，使其认可变化的必要性，清楚地解释不良表现的特征行为，鼓励其认识到做出这些改变对其他方面的作用。

对于“无条理”型团队成员的基本对策是：

- 提供支持和培训（如时间管理、计划管理……）。
- 安排他/她与条理性好的团队成员一起工作。
- 检查已约定的指标（计划性、成果……）。
- 强调进步，持续跟踪和检查。

6．“忙乱”型

“忙乱”型员工通常是业绩较好的“牛人”，但总是有点好胜心过强、野心膨胀、自尊心过度，轻视过去做法和他人经验，缺乏团队精神。

面对“忙乱”型团队成员，项目经理应在“牛人”的自身潜力与他人之间寻求平衡，鼓励提高对自身特质的认识，解释其对同事及组织产生的负面效应，商定改进步骤。

对于“忙乱”型团队成员的基本对策是：

- 从人生目标入手（如抱负、职业生涯等）。
- 说明自己期望看见更多的合作、互助、互补，包括他人和整个组织。
- 有针对性地组织集体活动，应使其感受到向他人寻求反馈的必要性，然后在讨论中重复这一点。

第 6 章

项目成功需要称职的职能部门

组织的成就是每个人共同努力的结合。

——文斯·隆巴迪

对项目驱动型组织组而言，组织中部门可分为两类：一类是完成特定任务的、临时性的项目团队，另一类是为项目团队建立机制、提供资源的部门。

6.1 跨部门项目团队协作存在的问题

绝大多数组织都由诸多职能部门组成，这可能会导致独立王国思维：人们倾向于先考虑单个部门的需求、利益和目标，而不是优先考虑组织的整体利益。这种态度往往是有害的。因为对某个部门最优的方案未必对一个组织、项目或客户是最好的。

6.1.1 项目是一个目标集中的组织单元

项目管理者面临的挑战是：如何把大家的职能利益观念改变为项目利益为先。从人性角度，每个人都生活在自己世界中，每个人都有自己更关心的事情。市场人员更多从市场分类和市场趋势的角度看问题；工程师从实用性和功能规格视角出发。就项目而言，一个常见的情况是，计划部门强调进度“要快”、财务部门要求“省钱”、质量部门挥舞“质量第一”的大棒、市场部门高举“客户至上”的大旗……你需要识别这些差异，让大家首先从团队最优的看问题。

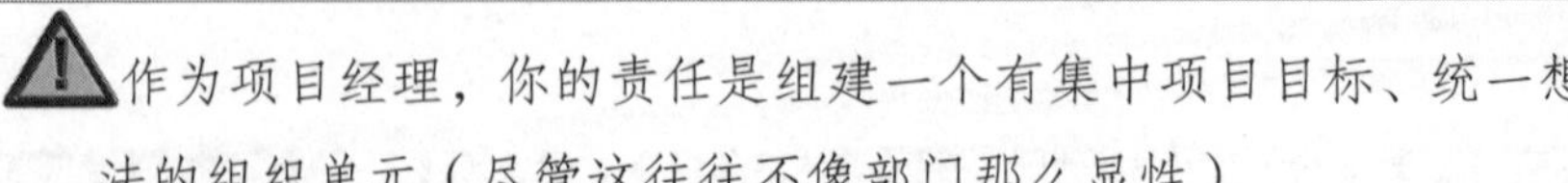

作为项目经理，你的责任是组建一个有集中项目目标、统一想法的组织单元（尽管这往往不像部门那么显性）。

项目是临时的，项目结束后团队成员会重新回到各自的职能部门中。不要忽略一个事实：你不是决定他们工资和福利的人。如果你不断强化“服务公司和客户对公司至关重要”的理念，改变大家的观念会变得容易得多……

如果大家同意选择或决策的方式，大家会更容易把他们个人的偏好放在一边。如果大家同意“必须提高客户满意度”是最重要评价解决方案好坏的标准，那么即使一个解决方案对他们个人来讲不是最优的，他们也不会反对它。

运用数据支撑项目的重要决策。如果你有标准化数据，支持那些只关注个人偏好而没有从项目或公司角度考虑的方案就变得十分困难。

尽力用程序梳理团队面对的问题。需要哪些输入？从哪里获取数据？有哪些步骤？有哪些输出？即使并非直接与团队决定的解决方案有关，如果你想要最后的结果跨越职能观念，鼓励程序思考至关重要。

6.1.2 项目团队跨部门协作的常见问题

跨部门团队协作的项目团队，存在的问题很多，总结出来大概有以下几种情况。

1.“屁股决定脑袋”的本位主义

“局限思考”或“见树不见林”是常见的“系统思考缺乏症”。而产生这些问题的原因，一方面在于组织系统的动态复杂性，另一方面也与人们缺乏有效进行整体思考的技能不无关系。

实际上，本位思考几乎堪称人类思维的天性之一。

第一，人的基本需求是生存，而与他们生存最为紧密相关的就是其身处的周边世界。因此，为了维持生存，人的本能是密切地关注自己本位周边的危险信号。离我们比较远的信息，要么不可得或信号微弱，要么没有那么迫切或重要，我们通常并不会优先处理。因此，本位主义、局限思考在某种程度上是人保护自我的本性使然。

第二，本位思考也与信息的对称、公开透明存在一定联系，是人的认知系统内一系列过程或要素相互影响和作用的结果。人们获取“本地”信息更加容易，因而对本地的认知更多，逐渐形成强烈的本地信念，从而更加关注本地信息[①]。与此同时，出于获取全局信息的局限性，人们获取不到足够的全局信息，无法建立全局信念，而本地信念的强化削弱了人们对全局信息的关注，使得获取全局信息的能力被削弱。逐渐地，人们形成了牢不可破的局限思考模式。整个过程如图 6-1 所示[②]。

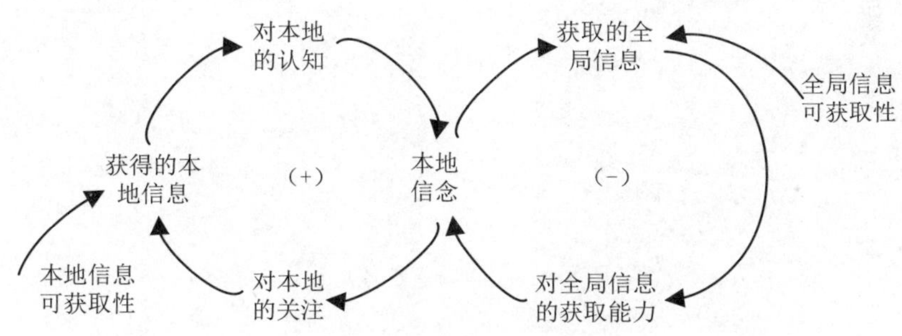

图 6-1　局限思考的成因

组织目标常被分解为部门目标，这对于仅需单个部门开展的工作也许并不是问题。项目往往是跨部门的工作，当每个部门都站在自己的角度看待项目时，情况就糟糕了——组织中的各个部门之间存在着利益上的冲突，很多企业的部门出现本位主义，于是，各部门“只扫自家门前雪，不管他人瓦上霜”。挂在大家嘴边的总是“我们部门怎么样”“其他部门怎么样”。

项目是互相关联的系统，项目问题绝不可能独立存在。如果每个部门均站在各自的局部利益角度看待问题，即使所有局部目标完成甚至超额完成，也并

---

① 在这里，“本地”指的是那些在时空上与我们更为接近的事物，即空间上“与我们紧邻”、时间上“在不久的过去和将来”的事物。

② 邱昭良. 如何系统思考[M]. 北京：机械工业出版社，2018.

不能代表项目目标的完成。即使是在形成了整体目标的情况下，片段思考、局限思考的现象仍然会存在，更何况是整体目标时常并不清晰呢?

2. 看待项目的角度不同

每个人都生活在自己的世界里。由于受心理、假设、思维方式等因素的限制，人们认识世界是有选择性、有自己所处的立场和角度的。

《青蛙与马》是一副有趣的图（见图 6-2），同一幅图旋转 90° 后竟看到完全不同的结果[图（b）是图（a）逆时针旋转 90° 后的结果]。

（a）青蛙

（b）马

图 6-2　青蛙与马

面对事物角度和/或位置不同的主体，会有不同的认知和结论，冲突产生了。

由于各个部门的工作内容不同，各部门对项目的看法也不一样，你认为重要的事情，我不一定认为很重要。不同部门的责任人不同，对项目的理解也不一样。

男生和女生去民政局结婚登记，工作人员问：婚前都检查了吗?

女生答：都检查过了，他家房子、车子和存折都有。

工作人员忙解释：我是问你们去医院检查了吗?

女生看了看男生不好意思地说：是个男生，已经检查了。

有时候，人们认为已经将一件事情表达得很清楚了，但对方却并没有真正理解，误解让人啼笑皆非。沟通、交流、确认，是项目管理过程中必须重复且需要认真对待的环节。

3. 片段思考和问责制导致的消极文化

在办公室的一处角落里，突然出现了一个小火苗。

销售部看见了，心想：根据公司相关规定，不归我管，多一事不如少一事，管不好还赖在我头上——继续自己的工作！

研发部看见了，心想：根据公司相关规定，不归我管，多一事不如少一事，管不好还赖在我头上——继续自己的工作！

质量部看见了，心想：根据公司相关规定，不归我管，多一事不如少一事，管不好还赖在我头上——继续自己的工作！

……

火苗越烧越大，各部门看不下去了。销售部、研发部、采购部赶紧向老总汇报：办公室着火了。

老总一听：什么？谁干的？

销售部：我们部门平时工作都很认真，也非常注意卫生，肯定不是我们部门干的。

研发部：我们部门平时工作都很认真，也非常注意卫生，肯定不是我们部门干的。

质量部：我们部门平时工作都很认真，也非常注意卫生，肯定不是我们部门干的。

……

老总：都在推卸责任！研发部，你们赶紧派人去把火扑灭。

当众人赶到现场的时候，一场火灾已难以避免。

问题刚刚出现时，只是一个小小的火苗而已，但没有人去处理，大家都只顾自己手头的事，于是小火苗变成了大火灾，小问题酿成了大灾难。片段化思考和日渐盛行的“问责制”导致了消极的组织文化，这正在跨部门项目工作中引发越来越多的困境。

4．不健全的程序和绩效考核

在面临压力时，人往往会选择逃避，这是人性。在一个没有完善考核机制的组织里，高效运转简直是妄想。跨部门规范协作程序的缺乏给项目工作制造了困难，这往往需要有高度责任感和积极性的员工。要求员工是圣人不光是奢望，更是不负责任的。

将跨部门的协作程序规范起来刻不容缓，公司要明确规定谁负责、谁参与、谁监控、谁配合、谁审批，只有责任明确，才能更好地指导相关部门高效工作。

缺乏跨部门的考核与激励体系，是影响跨部门团队协作的主要原因。很多国内公司的考核体系都是部门内部的，没有公司级的项目考核体系和跨部门考核体系。缺乏公司层面的统筹规划，这种考核体系形同虚设，在面对跨部门的项目合作时意义不大，甚至还会阻碍项目的正常运转。

6.1.3 沟通不足以解决跨部门协作的问题

跨部门协调是企业管理中一个比较复杂的问题，而项目管理团队几乎都涉及跨部门的问题。在这个问题上，很多管理者都会把跨部门协作理解为沟通技巧的问题。当跨部门之间协作不合拍，常认为是相关员工及部门领导在沟通技巧上存在不足，于是，让人力资源部组织沟通技巧培训，如何进行上下级沟通，如何进行跨部门沟通，如何换位思考，如何倾听，等等，不一而足。这种培训，在表面上看似见招拆招，实则没有真正解决问题。沟通技巧确实有利于更好地沟通，但项目的跨部门协作，不是简单的沟通技巧问题，更多是一个组织的系统结构问题。项目出现跨部门协调困难、不畅，是因为职责不清、利益不均、考核无序的系统问题。

当某一件事情并没有明确责任人时，很多责任心不强的员工会认为：这工作和我关系不大，多一事不如少一事，我还得跑去和别的部门同事进行沟通协调，如果他们配合还好，倘若他们不配合还说我多管闲事，碰一鼻子灰。在这种情况下，员工们对职责不清的工作都退避三舍，能远离则远离，能推托则推托，只要和自己没有直接关系的，就放任工作滞留在一边。

在项目职责划分不明确的情况下，大家不愿意有所作为，不愿意承担责任，担心被人误解，这都会导致跨部门协作困难。

可见，跨部门协作问题不是沟通技巧和沟通能力提升能解决的。

6.2 职能部门的有效支撑不可或缺

项目成功需要组织体系的保障，有效的组织体系需要称职的职能部门①。

6.2.1 项目驱动型组织中的职能部门为何常挨骂

项目驱动型组织中存在一个常见现象：职能部门的人经常挨高层管理者们的批评。更有意思的是（我可没有看笑话的意思），老总们批评下属时越批越激动，甚至会“陶醉”于其中——在批评下属的过程中老总们会不断产生新想法，导致越批越起劲。与项目有关的下属们常挨骂，下属们还得出了一个怪异的结论——干得越多错误越多，不干工作就没事了！

面对老总们的批评，下属们的表现各不相同，但应对措施最常见的方式是回避老板目光、低头记笔记。当然，他们并不是记录老板说什么，只是不想看老板而已！

必须说明，老总们并不是精神病患者，自然也没有骂人的嗜好，只是因为老总们恨铁不成钢。

项目成功需要组织体系的保障，有效的组织体系需要称职的职能部门。只有称职了才不会挨骂。当然，不挨骂的要求着实不够高。

6.2.2 关注项目问题本质，为高层提供真实、全面的信息

1. 在办公室内是无法发现项目问题的

“每个人都在忙，忙着掩盖事实真相”是项目驱动型组织的常见情形。

---

① 丁荣贵. 项目治理：实现可控的创新[M]. 2版. 北京：中国电力出版社，2017.

很多人之所以挨骂不是因为工作做得好坏，更重要的是因为高层管理者已经知道了项目中发生的事，作为分管人员却不清楚。

请务必要明白"在计算机前管理项目是不会得到真相的"。职能部门不应该成为"机关""衙门"，职能部门的人应该深入项目现场、深入项目一线，指望表格来"分析"项目状况是不会有好结果的。

2."独特性"不妨碍项目问题本质的探究

医生面对的病人各不相同，有男有女，有老有少，有体质强壮者也有体质羸弱者……这些个体差异并不妨碍医生对病情做出正确判断并开出有效处方，其根本原因是医学发展到今天早已建立了一套表征身体状况的指标，形成了一套科学体系。

常听到有人抱怨："项目是独特的，具体问题具体分析，很难把握每个项目的信息！"这话似乎有些道理，但本质上很可能是给自己找借口——项目管理的本质都是一样的（更应该关注问题的主要方面）。不能因感冒患者是一个 25 岁男性或 40 岁女性的不同，要求医生开出不同的处方！

> 2015 年 3 月，记者柴静推出一部关于空气问题的纪录片《穹顶之下》，结果导致了一番大讨论。然而，一部分人不关注环境污染本身，却追问："柴静是中国国籍吗？""柴静女儿好像是美国人！"对此，我不予置评，只想反问：柴静和她女儿是不是美国人跟环境问题相关吗？美国人就不能讨论环境问题？对于我们而言，环境问题才是问题的重点，至于柴静及其女儿的国籍与环境问题无关，也不值得关注。当然，提出此问题者的出发点很让人生疑。

项目管理的本质是一样的，如果不能透过现象看本质，没有度量项目运转状态的方式和指标，往往导致挂在口头上"具体问题具体分析"，在"独特"的项目面前扮演成"救火队员""事后诸葛亮"的角色。

职能部门如果不主动寻找问题及表征问题的现象，等问题出现了挨骂在所难免。

3．职能部门应该为高级管理层提供真实、全面的信息

由于有长期的工业化文化传承，西方国家的很多企业有度量的习惯，甚至“没有度量就没有管理”已成为它们的基本原则。

国人尚没有这个习惯，现实中，很多人仍习惯于使用“差不多”“少许”“大概”“原则上”“总体上”等词汇。我们的管理者们的行为像拿着鸟枪去打鸟，枪本身没有准心，里面装一把散弹，有时可能打一堆鸟，有时可能一只也打不着。

建立系统化的项目度量体系是一项必须完成又极具挑战性的工作，这项工作的主要责任是职能部门。企业的重要决策基于高级管理层的判断，管理部门不能代替高级管理层决策，但有责任和义务为决策提供真实、全面的一线信息。

6.2.3　把握项目问题脉搏，帮助高层提升工作效率

1．帮助高级管理层提高工作效率

高层管理者们总是很忙，忙着开会，忙着协调各方面关系，忙着请或被请吃饭……职能部门需要充当高管们的耳目手足，分担他们的工作，这已经达成共识。但职能部门的另一项重要义务却时常被忽视：帮助高级管理层提高工作效率。职能部门需要帮助高级管理层把握项目工作的重点和节奏，将有限精力集中在最应该使用的场合。

组织的各项工作是相互关联的，只会在最薄弱的环节断裂。换言之，项目甚至组织的主要问题很多，高级管理层只能集中精力在那些最薄弱的环节上，唯有此才能取得实效。否则，只会事倍功半。

“老板究竟应该管大事还是管小事”“向上司汇报项目工作时要谈细节吗？”是经常被提到的问题，我没有找到统一答案。道理很简单：你不是老板，是否过问细节是他的权力。如果需要，你可以对领导进行 MBTI 分析（见第 5.4.2 节）。当然，你还必须明白一个事实就是“领导对细节关注的多少常取决于他对你信任的程度”。

高级管理层就像是战场上的指挥官，必须根据战局变化来确定应该出现的位置。而职能部门必须有意识、有能力判断何时、何地、何种程度、何种方式

来用好老板这个他们最应该用好的资源。

2. “逆向授权”的本质是推卸责任

职能部门经常吵着要高级管理层授权，但他们又时常使用不好自己的权力。

一个常见现象：无论事情大小都在请示、汇报，而不是有效、有重点、有节奏地利用高层管理者这个资源。这就是“逆向授权”。

究其原因，遇到问题可以减轻自己的责任！这是一个“问责制”的社会，遗憾的是问责并没有导致问题的减少，却时常陷入“抓凶手”的囧境；自然，人们也就要时刻“留证据”，君不见机动车的行车记录仪如此畅销。

但这种“逆向授权”在客观上降低了高层管理者们工作的效率和有效性，而下属也丧失了自己在领导们面前的职业信誉。最终结局是，对下属最重要资源的可获得性减弱，因为老板们更愿意让自己的时间产生更多价值，他们更乐意帮助达成成果而不是提要求的人。

6.2.4 在更高层面上帮助项目团队解决项目问题

项目驱动型组织中的部门分为两类：实施项目的部门，为项目提供支撑和协助的部门。

1. 提炼知识是管理部门的责任

项目实施团队的“短视”是正常的，这是组织责任分工的结果，是他们的权力，甚至是他们的本分。他们需要做的是高效率地执行并实现项目目标——在限定的时间、费用内高质量地实现需求。至于从项目中总结、提炼出供其他项目使用的知识，自然会被放在第二位。

必须承认的是，这很正常，也必须接受。

请注意，从项目中提炼知识是管理部门的责任（特别是 PMO 的责任）。如果公司没有诸如 PMO 这类的部门，自然也就问题重重。不能因组织架构的问题，让人承担责任。这不仅不合理，也不符合人性。

2. 超越项目组本身的问题应在超系统解决

系统工程的一个基本原理是超越系统本身解决问题，即：n 维系统产生的

问题只有在 n+1 维的系统中才能解决。

哈曼特公司业发展迅速，但项目没有进度不拖延的，主管业务的副总经理祝宁江向我求助，请我为其讲授项目进度管控的方法。

我没有直接按照他的思路讲授项目进度管控方法，而是请他回答如下问题：

- 项目需求是否经常变更，每个项目的变更频次是多少？
- 项目组是否存在工作返工？
- 各项目之间是否只存在同一个功能模块重复开发现象？
- 项目团队成员是否存在被部门或其他项目占用的问题？

……

表面上看起来是进度拖延，很多时候是需求、质量、成本、组织等问题，头痛医头、脚痛医脚的解决方案，其结果可想而知。项目组遇到的很多问题常常需要在更广范围、更高组织层面上解决。正所谓“不识庐山真面目，只缘身在此山中”。如果将这些问题局限在项目组内部，往往难以找到问题的实质，自然也得不到有效的解决方案。

50 多岁的西安市民刘先生因为单位房子拆迁需要办理户口迁移，转入转出地都在西安新区内。没想到的是，派出所在听刘先生说要和父亲迁到一块时让他去办父子关系证明。为了证明“我爸是我爸”，刘先生不得不请 91 岁的老父亲回原单位开证明。终于，从 1963 年父亲的干部履历表中找到他是他爸儿子的“蛛丝马迹”。不过最悲催的是，拿到这份证明后，刘先生还是迁不了户口……

2015 年 5 月 6 日的国务院常务会议，李克强总理痛斥某些政府办事机构为人民办事设多道“障碍”，讨论确定进一步简政放权、取消非行政许可审批。

退一万步，如果职能部门不能有效帮助项目组解决问题，也不要给项目组制造麻烦。不幸的是，这种情况几乎天天都在发生，管理部门出台的很多政策错误地引导了一线部门的工作方向，降低了他们的效率。

与帮助老板提高工作效率和有效性一样，管理部门也有责任帮助一线部门提高其工作效率和有效性。

3. 培育和提供企业需要的资源

谈到项目组织，人们都不会忘记项目组的人员问题，但仅在项目组内谈问题并不是解决问题之道。

反观，当问起人力资源部门的责任时，得到的回答常是“招聘、培训”等职能，“形成和提高组织的生产力”这种真正使命却被忘记了。正因为如此，人力资源部门的关注点就常局限在招聘“能人”上，如果能提高并保持“牛人”的积极性算是很“积极主动”了！

其实，建设有效的组织环境、使普通员工产生优良业绩，才是以人力资源部门为代表的职能部门的真正职责。

管理者必须清醒地认识到管理的对象是优点缺点并存的普通人，他们表现出来的行为就是在企业结构下能够表现出来的正常行为。我们不能指望所谓的“能人”，更不能指望人的“劣根性”能够消除，只能通过建立系统、优化结构来促使人们更好地发挥其优点。

过度依赖个体人才的能力，人才和组织体系两者之间的失衡值得警惕。建立有效的组织体系是管理人员的本分，“缺乏高素质人才”是管理者逃避应尽本分的借口。

6.3 项目组织是一个复杂的社会技术系统

人们尝试过多种组织结构来管理项目，以职能型、矩阵型、项目型 3 种为主，显然这些组织形式都不够好，但在当今组织设计水平下，我们只能做到这种程度。本节的基本目的是让读者思考这些问题，至少可以提高对该问题复杂程度的认识。意识到相关问题，项目管理者会尽可能避免传统组织结构的一些问题，也许还能创造一些新的解决方案。

系统具有 4 个基本要素：输入、输出、将输入转换成输出的过程和控制转换过程的调解机制。如图 6-3 所示。

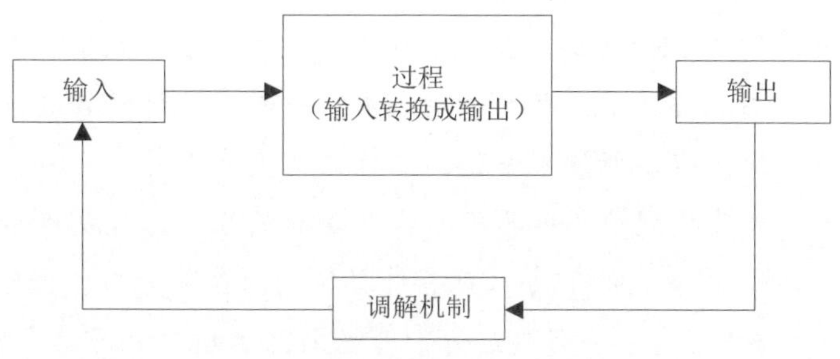

图 6-3　系统的组成

社会技术系统指由人员组件与技术组件组合而成的系统。在社会技术系统中，过程、输入、输出和反馈等 4 个要素都是由人员和技术组件（包括计算机、设备等）组合而成的。社会技术系统中的各组件相互作用，任何一个组件的变化都可能影响其他组件。例如，计算机的使用改变了人们的交往方式，影响了社会系统和薪酬系统，一些人认为用计算机工作是有益的，而另一些人则认为是对自己的一种威胁。

一个组织要提升组织效率，就必须使系统综合最优，这就是系统工程的基本思想。

6.3.1　提升效率的关键在于综合优化

实践中，总是有人过分强调组织内良好的人际关系、维持低水平人际冲突，这些过度“和谐化”的言行导致了某些组织的衰退。换句话说，他们要在工作场所建立“乌托邦”。不幸的是，这些并没能提高组织绩效，反而导致了不少麻烦。

另一个极端是，有些组织只优化技术系统。他们投资先进设备，使工作过程流程化，采用统计过程控制方法，但是它们忽视社会系统。由于缺乏组织内人际系统的平衡，冲突渐趋白热化。过度技术化、试图用技术解决非技术问题，这往往误入歧途。近年来，“跌倒老人扶不扶”导致人人自危，试图用行车记录仪解决此问题就是例证。这在本质上是人员组件被破坏（社会信任体系瓦解）的恶果！

公司启用了 ERP 系统，给老王配了一台计算机。之前，老王需要同老李（共同工作二十余年的一对老友）一起对统计资料进行面对面审查，现在他拥有了新技术手段，工作效率大为提升。

然而，老王发现他不能再经常找老李聊天了，工作明确禁止工作之余“闲谈”。现在，他们每人都有计算机，独自进行工作。老王和老李失去了社会交往，士气下降。他们开始向同事抱怨公司的冷酷无情，还经常这样“煽动民心”，导致低落士气在组织中蔓延。

经理们注意到了他们在“煽动民心”，警告他们停止。这进一步证实组织（以他们的老板为代表）已经变得冷酷无情，不把他们当人看。他们的反抗更甚……公司“忍无可忍”地把他们都开除！

综合优化实在不易，因为各要素是相互关联的。

某著名汽车集团总装厂决定将一台已过时的设备升级为一台机器人。操作这台设备多年的工人听说后，心神不宁：“公司不要这台设备了，我干什么？”

沮丧的心情、低落的士气，使得他的绩效直线下降。这引起了领导们的关注！最终，该员工被迫离开了公司——他对公司意图的看法最终成了一个自我实现的预言。

可悲的是，公司本打算在设备升级后，把他调到另一个岗位。公司一直认为他是一位有价值的员工，只是人力资源部门没有及时告诉他公司的计划安排。

不幸的是，这不是一个孤立的例子。

只有通过社会与技术系统的综合最优化，组织才能取得最优绩效。

6.3.2 寻找复杂系统的平衡

每一个复杂系统都包括两个基本元素，即正反馈回路（放大）和负反馈回路（缩小）。鉴于此，两个具有相同回路结构的系统，会以非常相似的方式运行。

18 世纪，英国殖民者把奶牛业带到了美洲大陆。个体畜牧主想："我拥有的奶牛越多，就会越富裕，因为放牧是免费的。我要尽快扩大牧群。"每个畜牧主都以同样方式思考，牧群快速增长。很快，一个问题出现了：牛吃草的速度大于草生长的速度。不久，奶牛们无草可吃，开始吃草根。后来，吃的东西没有了，牛群开始挨饿，畜牧主面临灾难。

如果不受限制，个体畜牧主饲养的奶牛（正反馈回路）会无限增长。对奶牛数量的限制条件是牧草供给。

细菌繁殖是一个简单系统的实例①。单细胞有机体以分裂的方式成倍增长，适当环境下，一个细胞半小时内会一分为二，在随后半小时内，2 个细胞又会分裂，成为 4 个细胞。继续下去，就得到 8，16，32，64，128 个细胞……整个过程如图 6-4 所示。

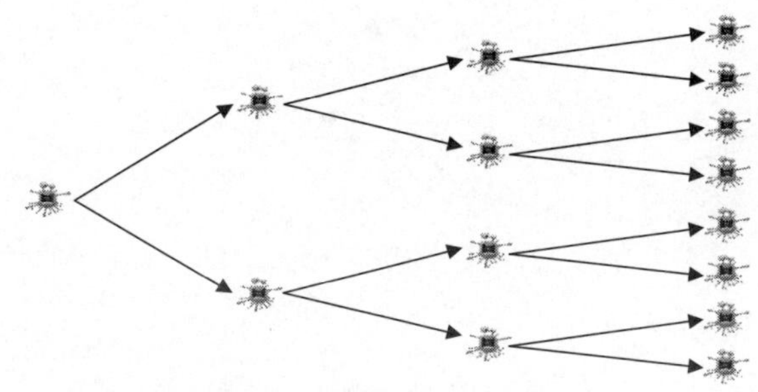

图 6-4　理想的细菌增长系统

上述情况的假设是没有细菌死亡。问题是所有生物有机体都会死亡，因此，要知道一定时间后的细菌数量，就必须考虑死亡率。

假如产生 10 个细菌，死亡 4 个细菌，则数量的净增长是 6 个。如果每产生 10 个细菌，就死亡 12 个，那么数量将逐渐减少。整个系统的情况取决于哪个回路更强或更具优势，如图 6-5 所示。

---

① 詹姆斯·刘易斯. 项目经理案头手册[M]. 雷晓凌，译. 北京：电子工业出版社，2009.

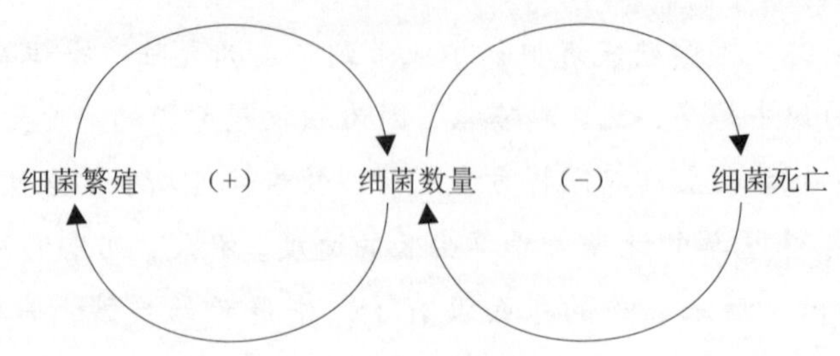

图 6-5　细菌数量的增长

这个模型也可应用于城市人口的增减考量；当然，除了生死以外，还应考量人口的迁入/迁出，这样便形成了如图 6-6 所示的四回路系统。

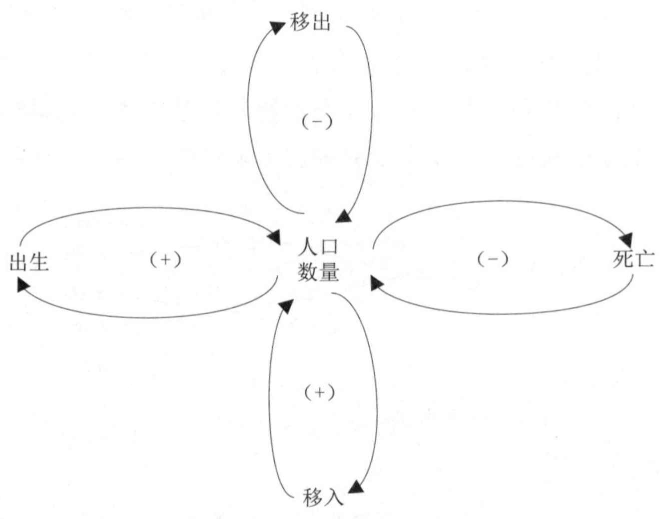

图 6-6　城市人口的增长

问题是影响人口出生和死亡的因素实在很多，比如出生率、食物供给、天敌、战争和疾病等，其中的任何因素都会对系统产生影响。图 6-7 仅讨论了食物供给对人口数量的影响。

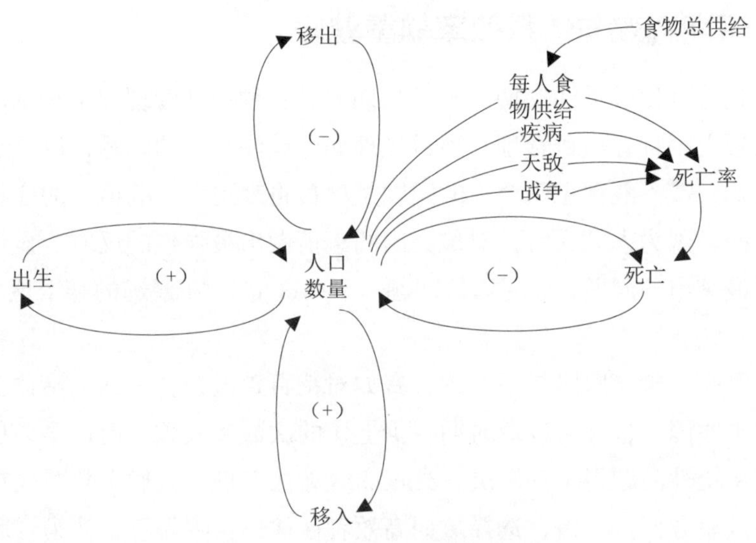

图 6-7 食物供给对人口数量的影响

人们有时候会干涉一个系统，消除自己不喜欢的负反馈回路，结果却发生另一个更坏的反馈回路。例如，如果医学发展使疾病减少，而又不对出生率采取任何限制措施，那么人口可能增长到没有足够食物供应的程度，发生饥荒，造成更多人死亡。即便食物供给不成问题，因医疗改善而长寿所带来的老龄化问题已不容忽视。

大多数系统在不受干扰的情况下会自我保持平衡，即使受到干扰也仍能回到平衡点上。对于复杂系统，寻找系统平衡点是重要的。通过了解正反馈和负反馈回路的性质，我们也可以区分哪些事情只是暂时影响系统，哪些事情对系统会产生持久影响。任何变化，不管有多大，只要不改变系统重要的正反馈回路或负反馈回路，都是暂时的。相反，任何变化，不管有多小，只要影响了系统正反馈回路和负反馈回路之间的关系，都将改变系统的长期行为。

从实践的观点来看，如果我们想要改变一个复杂系统，必须找到一种途径来改变保持系统平衡的不同回路之间的关系。否则，对系统所做的任何改变，都将遇到阻力，系统最终又回到最初的状态。

6.3.3 短期高效与体系效率孰重孰轻

中国式管理比较关注短期而不是长期，是一种被动管理而不是主动管理。同样的问题也困扰着项目管理。项目经理如此关注今天的问题，以至于看不到将来的问题，或不能预见到今天的问题是项目将来更大“病情”的症状。这是可以理解的，因为人们通常会对最突出的事情做出最强烈的反应。显然，现实的问题是最突出的问题，而明天的问题“不在这里”，在遥远的某个地方，是摸不着的。

头痛医头、脚痛医脚是不对的，有如对待百姓上访，一味地堵住上访者不能解决根本原因，也许可以短时期减少上访的次数和人数，但迟早会积累更多的问题。系统性问题得不到解决，真正高效无法实现！人们多数时候在短期高效与体系效率方面拎不清，选择短期高效者往往还自鸣得意，认为“聪明”的低成本实现了目的，很多宣传亦如此。

问题是时间紧迫性往往会放大问题本身。从今天的问题中摆脱出来，从短期的关注中跳出，看到“大局”，这需要真正的修炼和能力。也许还需要外部审计员的帮助。所以，建议进行周期性的项目审计，以便防范短视。

第 7 章

把握问题关键，提升研发项目团队绩效

为什么团队中每个人的智商高达 120，而团队的智商只有 62?

——彼得 · 圣吉（《第五项修炼》）

人是宝贵的资源，又是最靠不住的资源。对研发人员来说，这个话还应该加上一段：人是最难伺候的资源。

激励不能使团队的智商提高达到 120，但是，不进行有效的激励，团队的智商可能会变得比 62 还要低。

7.1 激励技术人员是老总们头痛的事

研发（Researchand Development，R&D）是企业成长的生命线，但企业的研发效率却常常低得让人头疼[①]。常听研发的朋友说自己经历的项目有多烂，他们的感觉并没有错——平均每 7 个研发想法只有 1 个获得商业化[②]（见图 7-1），

① 丁荣贵. 项目治理：实现可控的创新[M]. 2 版. 北京：中国电力出版社，2017.

② http://www.prod-dev.com/.

而且商业化的结果又不能善始善终。

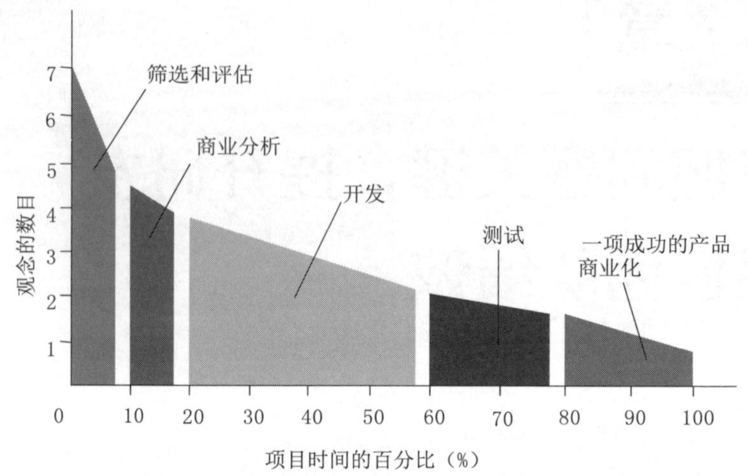

图 7-1　7 个研发想法只有 1 个获得商业化

曾经很“白领”的 IT 行业成了被人嘲笑的“挨踢”行业：“起得比鸡早，睡得比狗晚，挣得比民工少……”。研发项目不再是众人眼中的“高科技，有技术含量，聪明人搞的事情”。

各种新技术的出现，成了新的炒作点，让很多人应接不暇，大家的心思都花在如何赚快钱，或者说如何快速地通过某些技术手段大赚一笔！其结果是，我在创新工场和全国各地孵化器看到的——每天有一批研发和创新项目倒在路上，每天又有一批新的研发和创新项目被启动，着实令人痛心。

农民在种下土豆后会耐心地等待土豆生长，直到土豆成熟后才会将它们挖出来。试想，一个企业的总经理种土豆会怎样？他可能会每天将土豆苗拔起来，看看土豆长得有多大，然后叹息一声，再将土豆苗重新栽回去。说起来甚为滑稽，这是很多国内企业的现状！

激烈的竞争，快速变化的环境，挂在口边的“互联网思维”……所有这一切让企业股东和经营者们丧失了耐心。我们不能将这些简单地归于浮躁，惨烈的竞争会将响应慢、效率低的企业淘汰出局。

研发是企业成长的生命线，但组织的研发效率却常常低得让人心塞，其中很多原因并非在于技术方面，却与人的因素息息相关。

7.1.1　气儿不顺的研发人员让管理者无奈

“外行领导内行”备受国人批评，但对项目驱动型组织来说这种情况却难以避免——没有人能把多个专业都变成内行，而项目又常是跨专业的复杂工作。事实上，无论管理者是否具有专业背景，项目中总有一些技术问题他们不明白。一个现状是，技术方面外行的管理者，仍然在专业技术人员心中（或者潜意识中）是不愿意被接受的。

> 研发人员挖起“坑”来，恐怕真够老总们难过的。研发项目存在大量的不确定性，在这些外行的管理者面前，技术专家们可以随意拿出几个技术问题（甚至只是技术术语）说事，这只能令“老外”管理者们干着急。
>
> “创新嘛，总有很多不确定性，计划不如变化！”
>
> “牛顿能够预知他何时能够发现万有引力吗？”
>
> “爱迪生能事先知道何时能够发明灯泡吗？”

“技术问题”成了研发人员的免死牌。如果高管们本身就是技术高手，这些问题可能少一些；事实上，高管们都是技术高手的企业面临的问题常常更大。

7.1.2　好的研发人员是宝贝

文化和思维的局限导致国内的管理水平始终走不出靠“师傅”的窘境。

> 川菜馆是国内企业的典型代表。一方面，川菜馆开遍全球，麻婆豆腐世人喜爱；另一方面，企业效益的好坏，很大程度上由大师傅们决定。更有意思的是，这种手艺一般人学不来，或短期内学不来。更好玩的是，做出的菜肴好坏，不仅要确保食材等条件，师傅本人的手也极为重要——“少许”不是每个人都能找到的；当然，师傅的心情好坏也是一个重要条件！

国内的大多数研发企业同样如此，有能力的研发人员就是川菜师傅。企业在很大程度上受制于他们，这些人跳槽的空间很大，他们一旦离去，企业的损失就会很大。老板们对这些人虽然心里时刻提防，甚至有时恨得牙痒痒，但对他们无可奈何，表面上还得赔着笑脸，说着“尊重人才”这样的漂亮话。

除非企业有足够的知识积累和强大的技术平台，否则，如何有效激励研发人员就是管理者们不得不面对的问题。遗憾的是，我们的企业大多还处于靠“能人”的阶段。

7.1.3 激励是比惩罚更有效的措施

18 世纪，英国政府为了开发新占领的殖民地——澳大利亚，决定将已经判刑的囚犯运往澳大利亚。

从英国运送犯人到澳大利亚的工作由私人船主承包，政府支付长途运输费用。据《犯人船》记载，1790—1792 年，26 艘由私人船主运送犯人的船共搭载 4 082 人，死亡 498 人，死亡率很高。一艘名为“海神号”的船，运送的 424 名犯人死了 158 人。英国政府经济上损失巨大，在道义上更是备受谴责。

对此，英国政府实施一种新制度以解决问题。政府不再按上船的囚犯人数向船主支付费用，而是按实际在澳大利亚下船时的囚犯人数付费。

新制度立竿见影，据《犯人船》记载，1793 年新制度下的 3 艘船到达澳大利亚后，422 名罪犯只有 1 人死于途中。此后，英国政府对这些制度继续改进，如果罪犯健康状况良好还给船主发奖金。这样，运往澳大利亚罪犯的死亡率下降到 1%左右。

按照见招拆招的思维方式寻找解决犯人死亡问题的解决方案，一般可以形成两种做法：

- 对船主进行道德说教，寄希望于私人船主良心发现，为囚犯创造更好的生活条件。

- 政府进行干预，使用行政手段强迫私人船主改进运输方法。

但以上两种做法都有实施难度，同时也会收效甚微。然而，新的激励机制顺应了船主们谋利的需求，使得犯人平安到达目的地。这就是激励机制的重要作用。

动听的道德说教和严厉的惩罚都不如激励机制。如果别人给我们支付佣金，我们会更努力地工作；如果汽油价格上升，我们会减少开车。这就是亚当·斯密在《国富论》中提到的一个思想。

> 我们期望的晚餐并非来自屠夫、酿酒商或面包师的恩惠，而是来自他们对自身利益的关注。
>
> ——亚当·斯密

人们面对“爱护花木，人人有责”“请君自重，勿折花木”等类似道德说教的警示牌熟视无睹，以至于很多公园里写着“凡偷盗花木者罚款若干”，可是花木被窃的事还是时有发生。

面对顽固的人性，道德说教是软弱无力的，必须有一种保护花木的机制。一个植物园里写着“凡举报偷盗花木者，奖励若干”，结果花木生长得很好，从未发现花草被盗。

“罚款若干”是惩罚机制，“举报者奖励若干”是激励机制。可见，激励比惩罚有效。

7.2 让员工获得激励

专业人员（包括技术和业务人员）的工作动机大概可以分为两方面：一方面是看得见的，比如待遇、职位；另一方面是看不见的，比如尊重、个人价值观的实现、对具体技术路线和产品发展的理想等。很多管理者对后者的关注非常不够，这就导致了只要前者得不到满足，就义无反顾地离职。事实上，真正因为待遇和职位离职的人不是大多数。而且，尽管以待遇和职位为由提出的离职，最后发现其真正原因并非如此。

美国 Hewitt 公司（2002 年）对 20 000 名刚离职人员进行了调查，结果发现大多数人离职并非由于薪资，而是由于上司。调查中还发现，公司人力资源部和员工对离职原因的答案是不同的。

公司人力资源部提及的前 6 位原因依次是：

（1）发展机会。

（2）薪酬问题。

（3）主管问题。

（4）文化环境。

（5）得到肯定。

（6）工作的挑战性。

员工提及的前 6 位原因依次是：

（1）主管问题。

（2）工作生活平衡。

（3）工作中学到知识。

（4）文化环境。

（5）与同事的关系。

（6）薪酬。

7.2.1 没有钱是万万不能的

由于商业环境的快速变化，企业的寿命越来越短，猝死率越来越高，企业难以向研发人员提供职业安全的保障。

1. 用好激励事半功倍

获得研发人才对企业的忠诚度越来越难，而高薪是吸引人才流向的一个主要因素（见图 7-2）。

图 7-2　没有钱是万万不能的！

在工资总额没有较大增长的情况下，企业可以调整薪酬结构（即调整固定部分与浮动部分的比例）来激励研发人员，可以适当增加固定收入的比例，月度收入不与考核挂钩，使研发人员的当期收入与行业水平保持一致，以满足研发人员注重当期收入比较的心理。

在研发人员的薪酬结构中，固定收入和浮动收入的比例表明了风险由谁承担。固定收入占总收入的比例越高，说明风险由企业承担的额度越大，反之则说明风险由研发人员个人承担的额度越大。

> 电视剧《三八线》中的一个情节令人难忘，美军士兵在弹尽粮绝时会丧失战斗意志，而志愿军则不然。我不想对两个军队做评价，仅从管理角度看，在弹尽粮绝的情况下士兵投降是可以理解的，毕竟生命是珍贵的。弹尽粮绝是指挥官的责任而不是士兵的责任，管理者的责任不该转嫁到士兵头上。同样，我们不能强制研发人员承担管理者的责任。

只要他们有胜任工作的能力、积极工作的态度，并称职地完成了工作，企业就该给出符合市场行情的报酬。“厂兴我兴，厂辱我辱”等大而空的说法应该休了！否则人家就会“不陪你玩”。

找到对技术感兴趣、对企业忠诚的人是一种福气，不能将其视为正常。如何用好“重利”而不是“重义”的常人是管理者的永恒话题。

2. 好的激励不会增加企业成本

很多管理者担心谈激励就是涨工资、发奖金，会增加运营成本。这里涉及一个重要问题——项目奖金从哪里来？如果项目奖金从公司运营预算来，那可能会增加运营成本；如果项目奖金从减少项目的浪费中来，不仅不会增加成本，还会增加收益。当然，简单地用金钱去激励是最初级的激励措施，起不到长期高效的激励效果。

很多时候，员工的不满意不是来自对自己的前后比较，而是来自和别人相比较。好的激励应该建立在公正和公平的考核与评价体系基础上，而且考核与评价体系本身也是影响成本的重要因素。体系合理，项目成本就能很好地控制，从而大大节约成本开支。那些考核与评价体系不合理的公司，无一例外地发生了项目成本大量浪费的现象。

考核与评价体系的不合理，关键因素在于企业的老总们。

老师问学员：一个项目的预算是 1 000 万元，如果你实际只花费了 800 万元，剩下的 200 万元将奖励给你 50%，可不可以完成？

学员：可以！

老师又问：如果这个项目预算是 40 人，但是公司资源有限，只给你 30 人，这 30 个人都归你管，另外 10 人的工资作为奖金奖励给你们，50%归你，50%奖励给其他人，30 个人能不能保质保量完成？

学员：可以！

老师与该公司老总进行了对话。

老师：一个项目预算是 1 000 万元，如果这个项目团队节约了 200 万元，能不能拿出 50%的节约奖励给这个团队呢？

老总：他们拿了那么高的工资和奖金，就应该做那些事情，为什么还要拿更多的项目奖金呢？

老师：如果你不奖励给他们，他们可能会花掉公司 1 200 万元。

老总有点怀疑：是吗？

老师：如果你把节约的 50%奖励给团队，对你也没有损失，公司节约多少成本？

老总：公司也节约了 100 万元。

老师：你的项目团队收入和待遇提高没有？

老总：提高了！

老师：你的团队的积极性提高没有？

老总：提高了！

老师：企业的执行力提高没有？

老总：提高了！

老师：最后受益的是谁？

老总：嗯～

7.2.2　金钱不是万能的

成就感是指一个人做一件事情时，为自己所做的事情感到愉快或成功的感觉。从某种意义上说，一个人活着的目的和意义也是在追求一种成就感。

1．谁都需要成就感，谁都希望被激励

成就感对每一个人来说都非常重要（见图 7-3），它是现代社会中每个人的基本需求。

一个人与其有钱，不如让自己变得值钱

图 7-3　谁都需要成就感

稻盛和夫认为："一个人活着的意义是比出生时要完美一点。"基于此，每个人都希望做到日日精进。从本质上来说，稻盛和夫追求的也是一种成就感。正是因为他每天都在进步，觉得离自己心中理想的境界又接近了一些，所以产生了愉快或成功的感觉。从这个意义上来说，和尚修禅也是在追求成就感，通过修禅，他的内心境界不断提高，对人、对生活、对社会、对宇宙的认识也在不断地提升，由此内心获得一种愉悦的感觉。

你可能认为他们是圣人，他们的成就普通人难以企及。事实上，圣人和普通人在内心情感上也许没有太多差别。一个人的成就大小有差别，但成就感没有差别。

现在许多孩子沉迷于网络游戏不能自拔，这种状态是因为孩子们在现实生活中屡受打击，难以产生成就感，转而去寻求在虚拟世界中呼风唤雨带来的一种巨大成就感。

本质上，编程工作非常枯燥乏味，为什么程序员们却能长时间端坐于电脑前乐此不疲呢？一个重要原因就是程序员们控制电脑、解决问题所带来的成就感。

反之，很多人因为没有成就感，对人生的价值和意义产生了消极的看法，有些人甚至因此走上了绝路。在百度上查一下"高考失利自杀"，你会发现，仅仅因为没考上大学，每年都有很多人结束了自己的生命。

保护、培养并利用好成就感，可以将一个人的内在潜力充分激发出来，产生令人意想不到的力量。

2．不要过分强调金钱的激励作用

高薪、高福利可以留住员工、发挥员工的积极性，但也不要过分强调金钱的作用。

美国国际管理技术公司的著名培训师彭海利，在给企业高层管理人员授课时，出了这样一道题：请学员按照激励因素的重要性，排列出一张单子。许多人将高薪排在第一位，参与感放在最后一位。

此时，彭海利却公布了一份来自企业员工的调查结果：排在第一位的是承认员工的工作成就，参与感为第二，高薪则排在了第五位。

管理者必须保护并培养研发人员的成就感，只有获得成就感，研发人员才能更积极地工作，也才能够真正实现“快乐工作”。

很多老总认为：我们不怕研发人员挣钱，他们挣得越多，企业赚得也越多。果真如此的话，企业应想办法帮助他们成功、挣更多的钱。遗憾的是“你先帮企业赚到钱，企业才能给你更多的钱”却是老总们的事实逻辑！

企业赚更多的钱、研发人员挣更多的钱不应分谁先谁后，一起实现才是有效的方式。

7.2.3 让他感觉到你对他的态度

毛泽东说“你办事，我放心”，他深谙国人文化特性。事实上，中国人最喜欢听的话还有一句：“我支持你，你放手去做。”

事实上，很多人的行为通常都是这样的：如果部属看得起你，你就会照顾他；部属看不起你，你就会“公事公办”。上司看得起你，你就会多动脑筋，把事情做得更好；上司看不起你，很简单，你就会混，混到不被开除就好了。这也是国人文化里常被认为“人之常情”的。

我曾问过很多人：“你不过才领这么几个钱，干吗工作这么努力？”他们的回答如出一辙：“不行啊，我们老板看得起我，给我很大的面子，我只好争气呀！”

还有的人在公司看起来什么都不想做，甚至坐不像坐、站不像站，非常散漫。我就问他：“你这是干吗呢？年纪轻轻就这样！”他说：“老板根本就看不起我，我再怎么表现也没用，还是省点力气的好！”

项目管理者们，你一定要了解国人有“士为知己者死”的心态。

人对人是一面镜子，你对他笑，他就跟你笑；你骂他，他也骂你。想别人怎样对你，你就应该怎样对他，这都是我们老祖宗讲的。因此，想要让团队成员尊敬你，好好干项目工作，你就要看得起他，就对他好一点。只要你尊重团队成员的工作，他们就不会对你的项目不好。

7.2.4 提升研发人员的成就感

成就感本质是一个人内心的体验，既取决于其自身的体悟，又很容易受到外界评价的影响。管理者在培养员工的成就感方面，起着重要作用，同一件事情，由于管理者处理方法的不同，其结果会有天壤之别。

研发人员费尽九牛二虎之力，好不容易解决了一个技术难点，兴奋地向领导汇报。常见的两种反应如下：

- “这么简单，还做这么久？碰到问题怎么不向我汇报？”
- “做得不错！愿意跟我一起分享一下你的心得吗？”

前一种会大大地打击员工的积极性，如果他今后不配合你的工作也在情理之中——反正我干得再好也会被打击，没意思。后一种很好地保护和激发了员工的感就感，他会更加乐意与你沟通，也会因为你理解他、懂得欣赏他而更愿意服从你的指挥。

管理者的一言一行都对员工会产生正面或负面的影响，因此管理必须要谨言慎行，避免做出打击员工成就感的事情。

7.3 培养和保护员工的成就感

项目管理者可以参考米哈里激励模式（见图 7-4），培养和保护员工的成就感。实践中，有些方面必须重视。

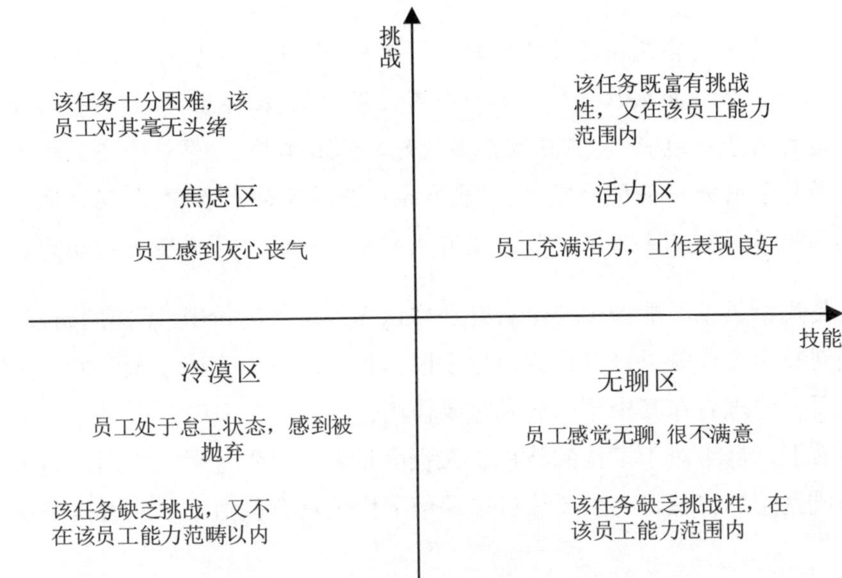

图 7-4　米哈里激励模式

7.3.1　让员工深信工作的价值

霍桑实验是心理学史上最著名的事件之一。这一系列在美国芝加哥西部电器公司所属的霍桑工厂进行的心理学研究，由哈佛大学的心理学教授梅奥主持，旨在研究工人的生产效率。

研究者在霍桑工厂开始访谈时的最初想法是调研工人对诸多问题的看法，这些问题包括工厂长期规划、政策、管理者态度、工作环境条件等。但这种结构性访谈计划在进行过程中大出调查者意料之外，得到了意想不到的效果。工人们想就访谈提纲以外的事情进行交谈，工人们认为重要的事情并不是公司或调查者认为意义重大的那些事。访谈者了解到这一点，及时把访谈计划改为事先不规定内容，每次访谈的平均时间从 30 分钟延长到 1~1.5 小时，多听少说，详细记录工人的不满和意见。访谈计划持续了两年多，工人的产量大幅提高。

霍桑实验取得极大成功，让人们开始重视人的心理因素对行为的影响，从过去的泰勒式管理思维中走出来。

彼德·德鲁克在《管理实践》一书中曾讲过“3个石匠的故事”。有人问3个石匠在做什么。第一个石匠说：“我在谋生。”第二个石匠一边打石子一边说：“我在做全国最好的琢石工作。”第三个石匠眼中带着想象的光辉仰望天空说：“我在造一座神圣的大教堂。”同样做的是石匠活，第三个石匠显然会更有成就感，他的工作也会更有动力。

不是每个员工都能像第三个石匠那样认识到工作的价值。不同的研发人员，同样面对技术工作既可将其视为谋生手段，也可以看成完成一项事业。研发人员怎么看，管理者在其中可以起到重要作用。

事实上，员工对于工作的认识很大程度是来源于管理者的导向。为了激发员工的成就感，管理者必须要让员工深信工作是具有价值的，或者具有重要的意义①。

项目经理老张接手了一个不被公司重视的项目，公司领导认为项目金额太小，对公司没多少价值，但碍于客户又不得不做，这样公司就难以把优秀的员工安排进项目组。由于领导不重视，导致项目组成员的工作热情也不高。但项目还是需要实施，老张对此感到甚是为难。

管理者们不要说项目不重要的话，更不能说事情很简单。对管理者而言，可能只是一句无心之言，但对于项目组却可能是毁灭性的打击。

7.3.2 及时表扬、真诚激励

有一种不需要花一分钱又可以随时进行的激励措施：表扬员工（或者称之为赞美）。

曾看过一个外国人制作的视频叫《盖章》，主角是一个停车场的管理员，他不停地赞美别人，通过赞美，使得周围的人生活变得更加美好，最后也追求到了自己心爱的女生。由此可见赞美有着巨大的力量。

① 高茂源. 项目管理心理学[M]. 北京：机械工业出版社，2014.

员工的士气就好像自行车的轮胎，骑久了自然会瘪下去。每次表扬相当于给员工打一次气，经常给员工打气，“轮胎”就会保持饱满的工作状态。

研发人员是一个非常需要及时表扬的群体，他们的工作比较单调，生活也比较封闭，一次真诚的赞美，对他们起到的激励作用胜过千百句语重心长的教导。

> 美国心理学家罗森塔尔在某学校做过一个心理实验，他随意从每班抽 3 名学生共 18 人写在一张表格上，交给校长，极为认真地说：“这 18 名学生经过科学测定全都是高智商型人才。”事过半年，罗森塔尔又来到该校，发现这 18 名学生的确超过一般，长进很大，再后来这 18 人全都在不同的岗位上干出了非凡的成绩。
>
> 你期望什么，你就会得到什么，你得到的不是你想要的，而是你期待的。这就是著名的皮格马利翁效应（Pygmalion Effect）。

管理者们应该注意给员工正面的期望，员工能感觉到你对他寄予的厚望，他也会因此加倍努力，希望不会辜负你的期望。在这个过程中，他的主动性、积极性和创造性都得以充分的发挥，这样他达到目标的可能性也就会大大增加。

对于项目中的新员工，有些项目管理者会认为“他水平很烂，什么也不懂，不能给他安排什么工作”，有的项目管理者则认为“他的潜力很大，很快就可以融入团队，胜任项目的工作”，这两种不同的期望，可能会导致截然相反的结果。前者可能会真如项目经理所说的，长期在项目中无所事事，无法融入团队，沦为给其他人打杂的闲杂人员；而后者则很可能迅速成长，成为项目中的骨干。

7.3.3　让员工参与项目管理

只有专制蛮横、自信过头的项目经理才会认为项目管理是自己一个人的事情。一个真正凝胶型的团队应该让员工参与到管理工作中来，这样才能真正发挥团队的智慧，并激发每个员工的主人翁精神、获得成就感。在重要环节让员工参与进来，听取不同的声音，也有助于做出科学的决策。

项目中要允许员工失败，允许达不到目标。对于员工存在的问题，不能一味批评，求全责备，而应该帮助员工分析原因，找到解决的方法，让下属在失败中学习成长。

当然适当批评也是必要的，批评员工前，应先对员工表现出来的亮点，比如工作态度、方法、已取得的成果等进行认可，保护他已有的成就感，然后再就事论事的进行分析。

7.3.4 拓展晋升途径，帮助研发人员成功①

> 卡内基梅隆大学大学软件工程研究所的调查表明，有75%的项目组处于混乱级，其重要原因在于管理人员不注意去建立好的流程。尽管大多数软件人员不是流程的拥护者，但在有明确流程的团队中，有60%研发人员的士气极佳或良好，而在没有明确流程的团队中，这个比例只有20%。

如果不了解企业的运作体系，会误认为改善人们的积极性、改善人们的敬业精神就等于改善他们的业绩。事实上，企业运作的系统及系统与人的互动，可能占绩效的90%或95%。

1. 帮助下属成功是管理者的责任

很多人尽管已经在企业的高层管理岗位上多年了，但对于什么是管理者他们并没有一个准确的认识。事实上，真正的管理者的要素包含两个方面：

- 要善于用别人去取得成果。
- 要帮助他们取得成功。

> 在你成为领导以前，成功只同自己的成长有关。当你成为领导以后，成功都同别人的成长有关。
>
> ——杰克·韦尔奇

不能帮助下属成功，只会要求他们干活的人不是合格的管理者。

① 丁荣贵. 项目治理：实现可控的创新 [M]. 2 版. 北京：中国电力出版社，2017.

2．为研发人员拓展晋升途径是必须解决的问题

管理工作与技术工作有很大的不同，不是所有优秀的研发人员都喜欢管理工作的，更不是所有的研发人员都能够胜任管理工作的。很多研发专家并不适合做管理工作，将优秀的技术专家提成干部时常会导致两个尴尬的结果：

- 公司少了一个优秀的技术专家。
- 公司多了一个糟糕的管理者。

> 有很多人愿意成为管理者，但他们中的大多数并不愿意去管理。
>
> ——詹姆斯·刘易斯

必须注意不要将所有的优秀研发人员都提升到管理岗位上，也不要使研发人员认为只有晋升到管理岗位上才能得到更好的发展，才能获得更好的待遇。

如果员工的利益只能通过晋升到管理职位才能获得时，研发人员就会被迫去抢夺管理职位，即使他们不胜任，他们也会利用技术专家的条件去保护、捍卫这些职位并且不让更合适的人得到这些职位。

“学而优则仕”这个观点应该摒弃了，对研发人员来说，应该给他们提供一个“学而优则仕”的空间，企业应建立“宽带晋升”体系。

表7-1是某公司岗位与级别的对应关系，体现这种方式的基本思想。无论是管理岗位、技术岗位还是销售岗位，在级别上都可能达到公司的很高位置。对于同一种头衔来说，岗位级差幅度较大。以部门经理为例，因为所有的部门都需要有负责人，因此，无论部门大小、对企业的责任高低，都要有人被称为部门经理。但是，有些部门的部门经理在工资待遇上却不如另外一些部门的部门副经理。这样，既给同一个岗位的员工提供了进步的阶梯，又摆脱了不同岗位员工都往管理岗位上挤的困境。

表 7-1　某公司岗位与级别的对应关系

职	级	4	5	6	7	8	9	10	11	12	13	14
管理类	部门经理		√	√	√	√						
	部门副经理			√	√	√	√	√	√			
	经理助理					√	√	√	√	√	√	√
技术类	主任工程师		√	√	√	√	√					
	工程师				√	√	√	√	√	√	√	
	技术员					√	√	√	√	√	√	√
销售类	区域经理		√	√	√	√	√	√				
	销售主管					√	√	√	√	√	√	
	客户代表								√	√	√	√

第 8 章

切实提高项目的执行力

个别员工执行力差是能力和态度的问题；公司整体执行力差就是管理的问题。提高执行力，请从老板开始！

——郭致星

在组织范围内的执行力，这几年被讨论得很多，几乎每个高层管理者都希望自己的下属能够像军人那样坚定不移地执行自己的命令，并且有能力克服任务中的困难，毫无怨言地完成任务，达到组织的要求。

然而，事实却不容乐观。

8.1 提高执行力，请从老板开始

项目管理是最典型的目标管理，项目团队对执行力的要求特别重要，团队执行力的缺乏或者削弱，将直接导致目标的实现低于期望，进度的延期和成本的超支，甚至项目的失败。

作为项目管理者，建立起团队对执行力的理解并让大家遵照执行，是非常重要的。

8.1.1 执行力背后的管理错位

下面是在跟国内企业做内部交流时经常听到的对白！

高层：推出的新政策总是执行不下去，你们中层要有执行力！

中层：老总们给的压力很大、变化太快，可是我们的员工素质跟不上！

员工：领导总是对我不满意，一会儿做这个一会儿做那个，领导们到底要干什么？

这背后的潜台词是：

- 高层觉得中层不行！
- 中层觉得基层员工不行！
- 基层员工觉得高层领导不行！

这种管理错位导致的结果是（见图 8-1）：

- 高层感觉中层不行，就替中层思考。
- 中层感觉基层不行，就替基层思考。
- 基层感觉高层领导不行，就替高层思考。

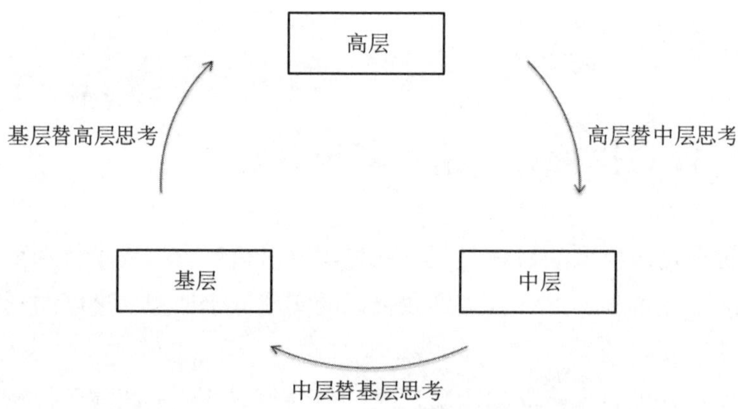

图 8-1　执行力背后的管理错位导致恶性循环

徒弟：师傅，为什么做项目的时候，一旦出现问题就容易引发吵架，引起斗争呢？

师傅：因为针对这所有问题的解释都会有一个共同点：都是其他人的错。所以，我们听见的都是相互攻击。

徒弟：那这种现象能解决吗？

师傅：难，很难，非常难。你会发现，员工的地位越低，矛头越是指向公司内部，而不是向外，这说明越是底层的员工越能发现公司内部的问题。反之，你就可以明白，越是领导层，越是容易忽略公司内部的问题。如果领导不认为管理上有问题，那么就没有解决这些问题的原动力，他们只会把问题归咎于员工，于是恶性循序就形成了。

必须说明的是，个别员工执行力差是能力和态度的问题；公司整体执行力差就是管理的问题！换言之，执行力差是现象，管理不善才是本质。

1．执行力的本质不在于个人，而在于企业的规范

人性最重要的需求就是被尊重和肯定。因此，对顾客保持微笑和不对顾客的反对意见予以否定成为沃尔玛的顾客至上准则。

服务行业待人接物很重要——从某种意义上来说，顾客从员工身上感觉舒不舒服本身就是买单消费的组成部分。很多老板喜欢讲，对顾客应该有礼貌，但每个人的家教和未来成长教育的环境都不尽相同，对礼貌的把握分寸也不相同，很多人就是喜欢冷眼待人，与人争执。

因此，你讲应该如何做是没用的，于是沃尔玛将其制度化：首先，当离顾客接近 3 米时，必须保持微笑——每个人笑的标准不一样，那好，统一标准，露出 8 颗牙齿；其次，遇到顾客不满，普通员工可能在解释过程中出现偏差，那就一刀切——顾客永远是对的——我不完全赞同这一说法。真有什么问题，有更善于沟通的经理人去解决。

我以前对沃尔玛的“顾客至上”原则一知半解，以为不过是小儿科的说教，现在才明白其制度设计的精奥。

2．不解决问题根源，要求执行力是舍本逐末

丰田汽车前副社长大野耐一发现一条生产线上的机器总是停转，原因都是因为保险丝烧断了。每次虽然及时更换保险丝，但用不了多

久又被烧断，严重影响了整条生产线的效率。总之，更换保险丝并没有解决根本问题，于是，大野耐一与工人进行了以下的问答：

一问："为什么机器停了？" 答："因为超过了负荷，保险丝就断了。"

二问："为什么超负荷呢？" 答："因为轴承的润滑不够。"

三问："为什么润滑不够？" 答："因为润滑泵吸不上油来。"

四问："为什么吸不上油来？" 答："因为油泵轴磨损、松动了。"

五问："为什么磨损了呢？" 再答："因为没有安装过滤器，混进了铁屑等杂质。"

经过连续五次连续不断地追问"为什么"，才找到问题的真正原因和解决的方法，在油泵轴上安装过滤器。

如果我们没有这种追根求源的精神来发掘问题，就会像以往一样，只是换根保险丝草草了事，真正的问题还是没有解决。

8.1.2 执行力不应成为管理水平低下的方便借口

1. 执行力不是"奴性"

过去几年，关于执行力的培训在世界范围内广为流传。遗憾的是，也出现了一些不好的趋势——某些公司把执行力的培训当成了培养员工无条件服从的活动，从而使得执行力等同于员工的服从性，提高员工执行力的培训变成了对员工进行的"奴化"教育；还有一些书籍也似乎在推销这种观点，例如《把信送给加西亚》《请给我结果》和《西点军校法则》等。值得警惕的是，执行力在某种情况下会成为某些高层管理者理水平低下的方便借口。

另一方面，很多企业"领导"很愿意听到"执行力"，很愿意听到"没有任何借口"这样的话。这些方面的书也很畅销，它们大多是企业老总购买分发给员工学习的。

2. 对方法不信任致使项目管理方法推行难

从事项目工作二十余年，特别是在近万多年来我常奔波于各地进行项目管理的传播、推广和咨询过程中，我接触过数万名项目管理者，他们中的很多人既了解 WBS、责任分配矩阵、项目章程（Project Charter）等现代项目管理方法，又有丰富的实践经验。如果与他们聊天，甚至看他们在培训课程中交上来的学习体会，这些方法的价值也会得到充分认可。可是，如果去观察他们的项目管理实践过程，却很难发现这些基础的且公认为最重要的方法被使用的踪迹。

为什么这些方法一方面得到认可，另一方面又难以得到使用？为什么提高项目管理的执行力这么困难？

众所周知，很多企业一方面花钱请人去帮助他们通过 ISO 9000，一方面又不信任它。很多企业在外审前编造文档、编造证据，已成为一个审查者与被审查者之间心照不宣的事实！

因为不信任这些项目管理方法，也就不会全力以赴去做；不全力以赴去做，就不会取得良好的结果；没有取得良好的结果，又进一步"证明"了不相信它是对的。这是一个恶性循环（见图 8-2）。

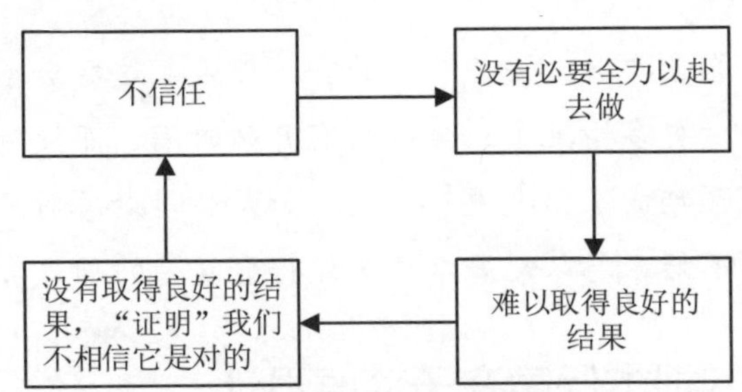

图 8-2 不信任方法导致的恶性循环

对 ISO 9000 来说，好歹它在很多情况下是客户要求的。因此，人们还不得不敷衍它！可是，推行现代项目管理方法不是一项必需的工作，所以，很多企业可能连敷衍它的兴趣也没有，落实项目管理方法的执行力也就无从谈起。

要提高项目执行力，提高现代项目管理方法在企业的应用程度，转变人们的观念是基础。但是，仅有观念转变还远远不够，还需要营造执行的环境，还需要做好配套的管理工作。

3. 提高执行力，请从老板开始

老总们忘记了这么一个事实：员工是很聪明的，他们不会轻信上司的话，他们更看重上司是如何做的。如果上司要求下属认真做好项目计划而自己则办事随意，如果上司要求大家填报项目日志而自己则行踪莫测，如果上司要求下属节省项目开支而自己则大手大脚，那么，就别指望下属能够执行有力。这种“领导”行为带来的结果必然是“上有政策下有对策”，必然是“人人忙着掩盖事实的真相”。我们不能否认，企业老总需要高瞻远瞩，但对中国企业来说，很多细致、枯燥的基础管理工作也需要他们以身作则。

要提高项目执行力，下面这句话送给组织的高层管理者们。

> 你首先必须变成项目管理的疯子，否则项目管理的问题会让你变成疯子。

切实提高执行力，老总们自身的执行力首先需要提高，否则就会“人心散了，队伍不好带”。一个典型实例便是开会。

> 一年中，企业要召开许许多多的会，但是，这些会很少能按时开始、按时结束。更多情况下，会议只有开始时间，而没有规定结束时间，会议没有预期成果，也没有结论。如果公司老总对开会这样简单的项目都控制不好，怎么能奢求员工能将更复杂的项目管理好呢？

8.1.3 执行力的根本保障在于顶层设计

在大多数组织中，似乎都存在这么一种观念：无论如何，只要结果不好，那么员工总是有罪的……

事实上，导致执行力不佳的最常见原因是不健全的程序和绩效考核体系。在面临压力时，人往往会选择逃避，这是人性。在一个没有完善考核机制的组织里，高效运转简直是妄想。不健全的程序和绩效考核给工作制造了困难，这往往需要有高度责任感和积极性的员工。要求员工是圣人不光是奢望，更是不负责任的。

另一个重要的问题是很多员工常得不到明确的指令，没有可行的方法，以至于不知道怎么干。外企的员工入职后一般都要经过严格的培训，国内企业则不然，常没有培训直接上岗，即便培训也常没有针对性和实操性。与此相对，励志、领导力、执行力培训却常被实施，员工热血沸腾却不知怎么干！

1. 影响项目执行力的因素

总的来说，影响项目团队执行力的因素有很多，正面的因素有：

- 明确的项目目标和每个人对目标的充分、正确的理解。
- 明确的角色、职责定义和在这些角色职责之外的相互协调与配合的机制。
- 计划的检查和执行结果的反馈与调整机制。
- 明确的激励措施及对额外工作的适当认可。

另外，也要防范一些负面的因素对执行力的削弱和降低，项目管理者必须小心谨慎地对待这些问题：

- 非正式的外部授权将会“干涉”团队执行力。
- 避免过多的任务驱动型管理而不是计划驱动型管理模式。如果团队总是感到疲于应付临时的指派和事件驱动的被动工作，慢慢地大家就失去了执行力。
- 奖惩不公。
- 团队能力不足，结果大打折扣，会损害团队的信心。
- 沟通能力不足，常引起情绪抵触，导致执行结果偏差。

在一个新成立的部门的一个项目中，该项目的业务特点是具有创新的产品设计和概念。团队的成员大都是比较年轻的，几乎没有开发产品的经验，也缺少对项目管理组织结构的理解。用他们当时的话说就是“只要比我资深的人就是我的领导”“我是来学习的”。因此，有意无意中，来自非正式的指派客观上影响着团队的执行力。

项目进入设计阶段，项目组内部在会议上定义了一个设计模板，并按照计划要求大家遵照做设计，但是一周过去了，几个技术人员并没有交付应该完成的工作。开会的时候，大家才提到说是另外一个资深的同事说这个设计模板不合适。其实这位资深的同事也是好意，告诉他们自己的意见，但是那些新同事将好意当作另外的指派——模板不合适，需要更新和讨论，因此设计的工作暂停。很明显，团队的执行力被外来的指派干扰了。

最后，讨论的结果不是设计模板的修改，而是角色职责和汇报关系的澄清。其实模板本身并没有错误。

2. 不要期望“把信送给加西亚”的人

网络信息查询的便捷及掌上设备的普及，使阅读进入碎片化时代，造成大面积的浅阅读以及浅思维——人们越来越习惯成为一知半解的“知道分子”。很多企业缺乏竞争力，个人职场成长缓慢，都源自于缺乏系统思维和对原理的探究，是急功近利的必然结果。

正因如此，人们不太愿意去“钻研”一些更本质的知识，喜欢那些看完之后只需要记住一两句话的故事性的书籍或者粗浅的网络鸡汤。

在这样的前提下，大多数管理者的思维也变得简单——他们更倾向于忽视过程，只要结果。于是，向员工要“执行力”成为很多企业老板和经理人管理下属的唯一途径——企业有问题，就是员工缺乏“执行力”。

很自然的，《把信送给加西亚》作为执行力的典范被疯狂再版，仿佛企业发展的济世良药就是员工都成为罗文那样不讲条件、不打折扣的完成任务的人。殊不知，罗文并不是一个被随意挑选的人——有人对总统说：“有一个名叫罗文的人，有办法找到加西亚，也只有他才能找得到。”——大家喜欢后面的结果，但都有意无意地忽略了这句话。

首先，这个人是有人推荐的，他的综合能力是得到了检验和认同的。我相信，如果从部队里随便挑一个士兵，即使他有强烈的意愿去完成这个任务，恐怕也难以达成目标。

其次，罗文在寻找加西亚的过程中，得到了大量的信息支援，并不是一个人毫无头绪地上路的。

而对于企业而言，我们刚好忽视了这最重要的两点。第一，我们难找到这样的人才；第二，我们没有给员工足够的指引。

我也承认“把信送给加西亚”是执行力的最高境界，但作为中小企业，别企望和依赖“把信送给加西亚”的人——我们需要让普通人也能完成企业的基本任务。

3. 执行力的根本保障在于制度设计

执行力的关键不是给员工讲“应该”。如果应该的事情对企业的生存和发展有重大意义，那就讲“必须”，并将它们制度化。不能盲目期待结果，要明确保障结果。

在执行力强的公司，他们把我们生活中经常说的“应该如何如何”变成了制度化的“必须如何如何”，也正基于此才成就了他们强大的执行力。

管理中的执行力不能过分依赖某个人——优秀的做得好，不优秀的做得不好；自觉的做得好，不自觉的做得不好。

执行力不是空洞的口号，不是依赖优秀的员工，不是奢望人人自动自发，而是靠系统、健全的体制设计：

- 执行力是设计出来的，执行力设计是有原理的。
- 执行力是培养出来的，执行力的培养是要把道理讲明白的。
- 执行力是检查出来的。执行力的检查是要有清单的。

战略决定成败取决于高层决策者的前瞻能力，细节决定成败取决于中层与基层的执行力。但执行力的根本在于制度设计能力。重点不在于如何一鳞片爪地模仿著名企业的制度，而是了解他们到底是基于什么原理或原则来设计出这些制度的，从而真正启发我们如何通过制度设计打造执行力。

好的制度设计，就是为了减少员工试错、犯错。

8.2 确保和提高执行力

管理者请别找借口，员工执行力不行，多数是管理者不行！提高执行力，老板们至少要做好以下 3 件事：

- 提升老板们自身的执行力。
- 用正确的方法部署正确且可执行的工作。
- 全过程的监督与管理体系完善。

从体系角度而言，提高执行力还需要做到以下 5 点。

1．目标明确

关于目标的 SMART 法则，在这里就不做赘述了。

2．方法可行

对于执行层来说，传授工具和方法远比传递思想更重要，励志培训不会带来多少业务增长，解决问题更多是靠方法而非热情；任何一个方法总有不足之处，在执行中通过 PDCA 循环来逐步完善。

3．流程合理

在大多数企业里，流程在形式上没有问题，而是在执行中表现出不合理。不合理的原因常有两个：外行管内行、责权利不对等。

4．激励到位

激励到位有 3 层意思：力度到位、描述到位和兑现到位。激励力度要做到市场上有竞争力、员工中有吸引力、公司里有承受力。激励的描述要简洁易懂，最好能够形象化。兑现到位就是公司说的话一定要算数，规则得到执行。关于激励的更多讨论，请参考第 7 章。

5．考核有效

考核有效要做到 3 点：一是考核要真正发挥导向作用；二是避免人为因素干扰；三是处罚措施要严格执行不能姑息。

8.2.1 下发指令的最小化可执行原则

管理者有时会遇到勤快的属下拖延工作，销售主管会遇到属下拖延不敢出门……

必须指出，这些问题的往往不是属下的执行力问题，大多数是管理者自身出现了问题。

管理者发布工作指令有两个前提，第一个前提是下发指令者对于工作任务的分解能力，第二个前提来自于传递命令者对于被指令者能力与背景的具体了解。下发指令的原则只有一个就是“最小化可执行”，意思是“你的团队成员究竟有什么样的能力，能做到什么样的工作？”，要确保你下发指令的每一条细节都是团队成员力所能及的。当发现下属无法达到时，管理者必须要将这个环节进行细节分解，一直分解到下属力所能及。当下属能力提升的时候，布置任务就不必再分解到如此细节。

公司招聘了一名新编辑，他上岗的第一天，管理者应教会他如何发布一条资讯，必须细化到资讯的题目是什么，图片应该如何处理，标点符号的规范是什么。这位编辑工作一到两年以后，他的能力已经足以策划一些专业内容，这个时候就只需要告诉他最近工作的目标是什么就可以了。

一个大型公司，董事会只需要告诉总经理“下一季的任务指标是什么，收入水准是多少”。

当管理者娴熟利用“最小化可执行原则”去发布工作指令的时候，就能够切实保障指令的完整执行，同时也不会被团队成员笑话成“婆婆妈妈”。

8.2.2　规则是天，是不可碰触的线

我的一个学生是某公司的信息部经理，给我微信说：工信部信息系统项目管理师考试成绩刚出来了，他的论文成绩是 44 分①。他吐槽：44 分与 45 分，到底有什么区别？也许，只是少写了一句话，或者拼错了一个字母。

思来想去，我没有很好的话来回他！

纠结半天，我给他发了一个连自己都无法说服的答案：这世界上的事，总得有个标准，这标准是人为的，不一定准确、不一定合理甚至不一定公平；但没标准，是断不可行的！为了照顾 44 分而降低标准，也不可行，否则，得 43 分的人该掀桌子了！

---

① 工信部信息系统项目管理师考试的论文满分 75 分，合格的标准是 45 分。

一周后，我的一个女同事怀孕27周早产，结果她的孩子没有诞生在世间。医学常识告诉我，怀孕28周即便早产也可以保住胎儿——7个月大的孩子就能保住。

44分与45分有什么区别？27周与28周有什么区别？

突然之间，我似乎找到了答案：生死之隔。

8点与8点过1分有什么区别？如果你乘坐的火车是8点的，区别就是要么你站在车厢门口一边喘粗气一边庆幸，幸福感爆棚；要么你在站台上狂奔，眼冒金星，眼睁睁听它呜呜几声，看它绝尘而去，欲哭无泪。

这一秒与下一秒有什么区别？如果你在“卡桑德拉大桥”（同名电影中的灾难场景）上，这一秒你成功地冲过了大桥，你就活下来；下一秒大桥被炸毁，你会瞬间灰飞烟灭。你要去向谁抱怨不公平，跟谁诉说没区别？

烈火炎炎的火炉本身并不会主动烫人，但只要有人敢于触摸就必被烫，不论触摸者的身份、地位、性别，而且立即处罚，没有“下不为例”。同样，对待规则应该如同对待火炉，不能忽略制度的存在，否则就会受到让人刻骨铭心的惩罚。我将其称为“火炉效应”，其特性如下：

- 警示性：一个火炉放在那里，熊熊火苗告诫人们不要触碰和跨越，自然具有威慑力。规则应具有警示作用，以事前约束与预防。
- 及时性：一个红彤彤的火炉，如果有人去触碰立即被灼伤，而不会感觉到热之后才受伤。违反规则者要立刻得到相应惩处，承担相应责任。
- 必然性：有人触碰火炉必然会被灼伤，而不会“下不为例”。在规则面前的“下不为例”和“既往不咎”，或许是国人漠视规则、契约意识无法建立的重要原因之一。
- 平等性：不管是什么人，触碰了火炉都会被灼伤，火炉不会因人而异。规则面前，人人平等，违反者必须得到惩戒。

规则是天，是不可碰触的线，尽量让自己远离它，好司机从不压线。竭尽全力，让自己靠近上限，像孕妇足月分娩，像高考状元从容在清华、北大间任选任挑，而不让自己落到底线外——我的这个学生应该庆幸这只是一次信息系统项目管理师考试，给了他很多次重来的机会。在绝大多数情况下，我们连一次越线的机会都没有。

规则是天，是不可碰触的线，尽量让自己远离它。既然是规则，遵守它。

8.2.3 小心过度理由效应

俄罗斯方块、弹球打砖块、植物大战僵尸、愤怒的小鸟等几款电子游戏，很多人都玩过，这些游戏的共同点是情节十分简单（简直是无聊）、有多个关卡；当然，也需要一些技巧，一不小心就会失败。

调查发现，几乎所有玩过的人都有连续玩几个小时的经历。遗憾的是，当被问及为什么会玩那么久时，几乎没有人能说清楚原因，反正就是停不下来①！

如果游戏过关可以准确预测、步骤确定，这个游戏很快就会让人失去兴趣。实际上，这些游戏的上瘾机制值得项目管理者认真思考。

有一个犹太老人喜欢午睡。一段时间的中午，不知从何处来了一群孩子在他的楼下踢空易拉罐游戏。老人忍无可忍，出来驱赶、训斥这些孩子，非但没有效果，孩子们反而踢得更起劲了。

老人想了一个办法，他对孩子们说如果每天来踢易拉罐可以每人每天得到 1 美元的奖励。

第一天，孩子们很高兴，努力地踢。每人拿到了 1 美元。

第二天，老人说钱不够，只能给每人 0.5 美元，但仍希望大家努力踢。孩子们不太高兴了，踢起来的劲头有所不足。

第三天，老人以孩子们前一天没有好好踢为由，告诉大家今天没有奖励。孩子们："没有钱谁给你踢！"

老人终于又可以安心睡午觉了。

---

① 高茂源. 项目管理心理学[M]. 北京：机械工业出版社，2014.

当外在动机出现时，人们会将注意力更多地放在外在动机的奖励上，而减少了对活动本身的享受和对满足感的关心，这就是过度理由效应。过度理由效应将人的动机转化为外部因素，削弱了本来存在的内部动机，降低了内在满足感。

老人的反对，无形中变成了孩子在“踢”这个行为上的内在成就感。所以，大人越反对他们踢得越欢。当老人巧妙地把“踢”这种行为的反馈转移到物质奖励上时，行为本身和外在的物质奖励建立起了联系，加以渐变理论的应用，孩子们顺利“中招”。

一旦项目团队感觉到自己不断地在进步，内在的成就感就会建立起来，如果此时项目管理者把这种反馈直接和物质奖励相联系的话，那么成员的内在成就感就会降低，反而会削弱他们的努力程度。

8.2.4 利用好安慰剂效应

治疗关节炎的膝盖手术不仅流行而且昂贵，接受了该项手术的人坚信他们的疼痛得到了明显的缓解。休斯敦退伍军人医疗中心和贝勒医学院的研究人员发现，接受了假手术的人也相信有同样的疗效。更有甚者，研究者发现，手术两年后复查膝盖功能时表明，手术对改善功能丝毫不起作用。

假手术对骨关节炎也起作用。我们给人做手术，但这是假象。

——巴鲁克·布罗旭（贝勒医学院医生）

病人虽然获得无效的治疗却“预料”或“相信”治疗有效，从而让病患症状得到舒缓的现象被称为安慰剂效应（Placebo Effect）。在心理咨询中，咨询师利用安慰剂效应，向来访者提供“安慰剂”，促进心理障碍减轻或病情好转。这些“安慰剂”包括心理病理性药物、生物意义上的中性物质、咨询者的形象、咨询者的言语和非言语技术等，咨询人员通过“安慰剂”来引导来访者对自己的改变和发展。

有人说，赌博上瘾的人都是因为贪婪的心理在作怪。但研究表明，大多数人第一次去赌场之前都不相信自己会赢，是理智的。因为从概率上讲，这毕竟是极小概率。而进入了赌场之后，尤其是无意中赢了一次之后上瘾机制启动了。很多人难以逃脱，成了真正的赌徒。

为了让团队成员工作上瘾，有时项目管理者需要人为地控制任务的成功。安慰剂效应在此时可以发挥作用了——“骗他过第一关”。

秦朔是达泰集团刚从竞争对手处请来的资深项目经理。某进出口贸易平台研发项目是为广大进出口企业提供进出口贸易的管理系统。系统由进出口的业务专家进行业务设计，融进了许多国外资本参与这个项目。该项目启动之后，第一任项目经理因迟迟拿不出像样的系统设计方案被换掉。第二任项目经理也由于和业务部门的配合问题被换掉。秦朔临危受命，成了这个项目的空降兵。

此时，项目组成员身心俱疲、人心涣散、士气低落。同时也伴随着某些说不清、道不明的政治斗争，相互推诿、各怀心事。秦朔还从不同方面耳闻技术总监和营销总监对该项目的态度对立。一次项目会议上，技术总监和营销总监吵得拍起了桌子，公司总经理出面请二人吃饭才缓解了关系。

接手后，秦朔和技术总监一起重新梳理了项目的已有成果，做了一些方案微调，更重要的是重新制订了项目计划。新计划安排了一个周期为一周的每人都能完成的任务，并宣布为新阶段的第一个里程碑。一周后，项目发布了第一个内部版本——内部框架版。秦朔还组织了公司高层参与的里程碑会议，总结这个里程碑的意义，同时制订了下个阶段的工作计划。会议结束后，把这个作为项目的一个重大新闻，发布到公司网站。

这个里程碑其实没有实质上的进展，界面、数据库和开发接口都有待进一步明确。其主要目的是“骗他过第一关”。

一个月后，项目组又发布了第二个里程碑。“骗他过第一关”的作用开始显现了。项目组成员开始出现了这样的感受：

终于来了一个认真做事情的人！

项目终于有希望了！

找到了久违的激情！

……

半年后，该项目顺利通过了测试，正式上线。

我见过许多想通过体育锻炼减肥的人最终都放弃了，因为这需要长期的坚持才能达到效果。如果利用安慰剂效应你可以这样做，在她/他经过一段时间锻炼之后，你偷偷地修改一下体重计——“骗他过第一关”，你会发现当你的朋友看到减肥的效果后，锻炼的积极性大大提高。

8.3 警惕影响执行力的陷阱

一个人受雇于一个富人，他的任务是在 3 年之内教会富人的狗说人话。在那 3 年中，他每天都在祈祷要么狗死掉要么狗的主人死掉。

8.3.1 颇具迷惑性的“首问负责制”

近年来有个很时髦的词，叫作“首问负责制”[①]。试想，如果在一次战争中，哨兵发现大队敌人冲上来，于是去报告指挥官，而指挥官对他的指令是：“告诉我这个干什么？你去把他们消灭掉啊！”那么，哨兵会怎么样？他要么牺牲，要么逃跑，要么叛变，他能够成功消灭敌人的可能性极小。

---

① 丁荣贵. 项目治理：实现可控的创新[M]. 2 版. 北京：中国电力出版社，2017.

在企业中，我们也常常碰到这样的情况：谁提出问题，解决这些问题的责任也落在他们头上，图 8-3 所示的观点在社交媒体中被广泛传播就是例证。久而久之，大家明白了一个道理，既然“首问”要负责，那么我们就尽量不要成为首问者。

图 8-3 遇到问题首先想好 3 个解决方案再敲门！

首问负责制是保证不让工作掉在空里的一种办法，这种办法背后隐含着职责不清的无奈。更有甚者，谁能干就调谁去解决更棘手的问题。这是一种谁能干就让他增加失败的可能性的做法。无论“勇挑重担”“奉献精神”等说法如何好听，员工就是不上当，他们会尽量做一些讨巧的、雷声大雨点小的事情。“猫抓老鼠，老鼠戏猫”是普遍的管理现象，可笑的是，管理者和被管理者都是天生的演员，都觉得自己演技高明。

要提高项目执行力，必须使员工认可项目管理方法并奖励按照方法执行项目工作的人。如果员工认为有其他事比提高项目执行力更重要，或者员工觉得这超出了他们的职责范围，他们就会找出千般理由来按照自己的想法做事情。

一个常见的情形是，项目组忙着完成任务，由于工期、费用的压力，他们完成任务的方式可能会像泼妇打架，没有任何招式，一通胡抓乱扯，只求能将对方制住。这时候我们不能要求他们学习、使用正规的武术招数，如果我们这么做，反而会被人嘲笑。因此，必须有人专门研究适合本企业的项目管理办法，在闲时训练员工使其养成习惯，这样在战时（即在项目中）才能派上用场。

研究、提炼适合本企业的项目管理办法，以及训练员工等职责主要落在相应的职能部门（比如公司级 PMO）身上，如果只指望项目组，不仅难以提高执行力，反而会弄得不伦不类，使人们丧失对项目管理的信任。

8.3.2 知识个人化严重伤害项目的执行效率

人才的重要性广为人知，而知识资源的重要性却时常被忽视。不容忽视的是，专业技术人员为了自身的职业安全感，时常不愿意将自己的知识贡献出来以形成企业的知识，他们一般不愿意将知识和人分离，客观上造成了知识的个人化，也降低了项目的执行效率。将技术、知识从员工分离，提炼总结并建立组织的知识库是提高整个企业的项目执行效率的必由之路。

人善变但不愿意被改变。如果我们要改变人们的工作习惯，必须先给他们以安全感，如果变革给人们带来不安或恐惧，那么变革的阻力就会很大。在竞争激烈的职场中，任何给员工带来职业不安全感的事情都会被他们敏感地察觉到。当他们料想到做此事的负面效果，他们要么会想方设法地让别人去“踏雷”，要么会想方设法使这件事情办不成。

尽管“磨刀不误砍柴工”这句俗语人人皆知，但具体到一个项目，“磨刀”则很可能会暂时误了“砍柴”。如果这种误工可能使自己受到惩罚，人们就不会去“磨刀”，而宁愿将“钝刀”交给别人让他们受罪。老总希望员工采用现代项目管理方法，但是，他们一般不会允许暂时的“误工”。如果谁听从指令反而受到惩罚，执行力一说便成了痴人说梦。

> 鲁国有一项政策：如果鲁国人在其他国家发现本国人被当作奴隶使用，可将其赎回，政府报销费用。因此，很多在外沦为奴隶的人被赎回。
>
> 一次，子贡在国外赎回了一个奴隶，但他并没有找政府报销费用。
>
> 他得到了很多人的赞赏。可是，孔子知道后却对其进行了批评。孔子的理由是：我们不报销费用得到赞誉，这样别人就不好意思找政府报销，长此以往就没有人愿意去掏钱赎回奴隶了。孔子不愧是圣人，他看到了表扬个别违反规则的人将会带来整个规则的毁坏。

反思老总们的言行，是否存在一方面强调规章制度，另一方面又会表扬那些取得了良好结果但破坏了规章的人呢?

由于知识、技术和人员不能分离，专业技术人员成为很多项目的瓶颈。一个常见现象是，“牛人”们在多个项目中间疲于奔命，成了救火队员（见第 4.4.2 节）。这既造成了企业研发效率的低下，也对专业技术人员自己的发展不利。

关于本主题的更多探讨，请参考第 10.3.2 节。

8.3.3　急于量化管理是一剂毒药

项目问题错综复杂，都用一些常规方法来解决；急于求成、走捷径的结果往往是原地打转，问题照旧。很多企业恨不能一天就具备高超的管理水平，他们引进了很多管理新概念，结果是消化不良，肥了咨询公司，反而伤了自己。对于管理而言，只会有错误的答案，而不会有正确的答案。换言之，**对管理，不应用正确与否来判断，而要用是否合适、是否有效来判断**。

ISO 9000 在中国的经验教训告诉我们，如果生搬硬套，其结果只能适得其反。就好比进补，人参虽是大补，有益于人，但如果人体质太弱或症状不对，人参就成了杀人毒药。同样，因急于引进 ERP 而使企业破产的事情已不是新鲜事了。

要提高项目执行力，提高现代项目管理方法在企业的应用程度，转变人们的观念是基础。但是，仅有观念转变还远远不够，急于求成更不足取，还需要很多路要走。

现代项目管理方法在企业的推行可以先从改良组织方式和流程人手，如果从培训等开始，则效果太缓，老总们等不及；如果直接进引入关键路径法（CPM）、挣值方法（EVM）又会欲速则不达，不仅起不到作用，反而会使人们对现代项目管理丧失信心。

特别需要一起注意的是，**不要急于将提高项目执行力、引进现代项目管理方法与考核和利益分配挂钩，而应该从改革项目会议方式入手**。在项目会议中，可以强化项目计划的评审、计划与实际结果的偏差分析、改进措施的制定等，这样既有利于项目绩效的改进，又避免由于与利益挂钩而引起的责任推诿，那样就很难发现问题的真相。这并不是说要放弃绩效考核，事实上，如果有人经常完不成计划，他们在项目会议上的日子会很难过，以后调整他们的岗位等也会有众所周知的依据。

第 9 章

领导互联网时代的创新型团队

> 活着就是为了改变世界，难道还有其他原因吗？
>
> ——史蒂夫·乔布斯

互联网技术（Internet Technology，IT）颠覆了既有的商业秩序，改变了竞争规则，也使得我们的工作和生活每天都发生着令人眼花缭乱的变化。在惊叹于网络时代带给我们的各种变化的同时，作为项目管理从业人员，我们也一直在思考，新技术究竟会给项目和项目管理带来怎样的影响？

9.1 互联网时代的创新型团队

互联网时代的创新型团队面临的项目场景通常如下：概念定义不清，进度不断变化，范围不断改变（增加），资源经常变动。更重要的是，项目团队充满了创新型人员，他们不愿意把项目的任务规定死，因为担心禁锢创新型或失去最后时刻改变项目主要特征的能力。

表面看来这种项目似乎应该与“混乱”画上等号，但是换个角度看，这正是创新型项目的独特性。循规蹈矩鲜有创新，“混乱”的碰撞，不确定性的激荡才是创新的源泉。从量子理论的角度看，正是量子层级的不确定性构成了我们所看到的日新月异的世界。

“管理”项目已经不能满足创新型项目独特性的需要，人性的回归、个性的张扬，让项目从业者不得不重新定位创新型项目该如何应对。是时候换个说法了，我们认为用“领导”项目及其创新团队或许更符合其特点。

9.1.1 实现创新更应关注团队

关于创新可能有千百种定义，如果不限制使用语境的话，就是“做点跟以前不一样的事”。如果从企业竞争角度而言，主要体现在产品的差异化上。迈克尔·波特在《竞争战略》一书中指出企业竞争主要体现在两个方面：差异化和降低成本。最终企业是否能生存下去，差异化起着决定性作用。要做到竞争的差异化，唯一的解决思路就是创新。

一般认为差异化主要体现在产品上，但这是不全面的，企业竞争的差异化体现在交付价值的各个环节上，至少在如图 9-1 所示的各个环节都可以实现差异化，我将其称为差异化链条（创新链条）。

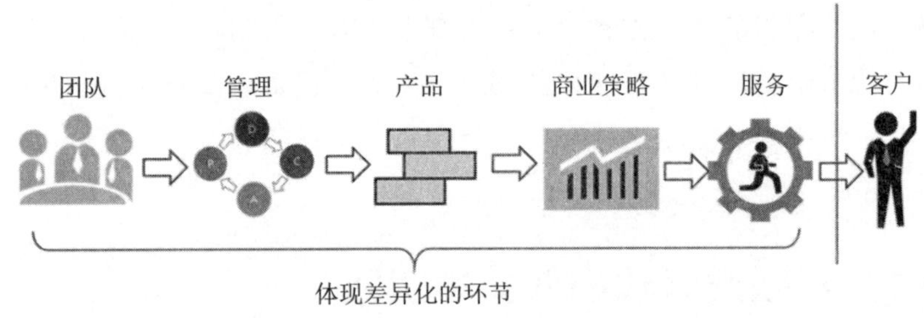

图 9-1 差异化链条

在差异化链条上，产品差异化只是整个价值链的一环，也仅是承载差异化的载体。实际上，真正产生差异化的源泉不是载体，而是团队。没有创新型团队，产品差异化只能停留在梦想阶段，甚至连种子都称不上。在组织中，往往将产品差异化作为关注点，而忽略作为主体的人。无疑，这是令人遗憾的！这就好比人们期望获得金蛋，但忽略了下金蛋的鸡。

红杉资本的一位著名投资人在一次访谈时说，他投资项目首先看团队，其次才看产品是否有前途，如果团队不行，产品再好也不会投资。后来接触投资界的人多了，我发现他们几乎都秉承这样的理念，即团队是最重要的，原来他们投资的是金鸡，而非金蛋。

在互联网时代，获取信息、激发创意变成了一件并不困难的事情，随便一个智商正常的人都可以短时间内给出几个有创意的点子，在这个时代缺乏的不是“创意”，真正缺乏的是能够把创意变成现实的人，以及由这样的人组成的创新型团队。

9.1.2　认识创新型团队

理想的创新型团队是这样的：

团队成员充满使命感，为自己的工作感到由衷的骄傲，他们认为自己的对他人有巨大的价值，可以让人们的生活变得更加美好。团队成员不需要坐班打卡，可以自主选择要承担的工作。这意味着团队成员不只是团队的一部分，还是一个独立个体，都有权选择如何开展工作，而不是听命于所谓的“权威”或“管理者”，因为他们正在创造历史，而不是重复历史。他们总是乐于做自己擅长的事情，团队成员自主选择和谁、在什么时候交付工作成果，共同的使命激励团队成员并肩携手共同追求工作目标圆满完成。

团队领导由管理者转变为服务者和导师。团队领导善于倾听、知人善任、学识渊博、经验丰富，总是能够在团队最困难的时候，拨开重重的云雾，显露光明；总是在团队经受打击之后，给予鼓励和安慰，让团队重新鼓起勇气，迎接明日的挑战。他/她为团队所取得的成绩骄傲，他/她为团队的前进提供最大的支援，他/她为团队屏蔽不必要的干扰并信任他们。

按照通常的经验，这样的团队管理似乎很松散，没有监督，没有考核，最后肯定是混乱的。这就是问题的关键，任何管理理论都离不开一个基本假设，即人性的善与恶。这就是著名的XY理论。

X理论假设人的本性是懒惰的，工作越少越好，可能的话会逃避工作。大部分人缺少进取心，只有在指导下才愿意接受工作，因此管理者需要对他们施加压力；他们对组织目标不关心，因此管理者需要以强迫、威胁、处罚、指导、金钱利益等诱因激发人们的工作原动力。

Y 理论假设人的本性是善良和勤奋的，人们在工作上体力和脑力的投入就跟在娱乐和休闲上的投入一样，工作是很自然的事，大部分人并不抗拒工作。即使没有外界的压力和处罚的威胁，人们一样会努力工作以期达到目的——人们具有自我调节和自我监督的能力。人们愿意为集体的目标而努力，在工作上会尽最大的努力，以发挥创造力和才智——人们希望在工作上获得认同感，会自觉遵守规定。在适当的条件下，人们不仅愿意接受工作上的责任，并会寻求更大的责任，许多人具有相当高的创新能力去解决问题，而在大多数的组织里，人们的才智并没有充分发挥。

创新型团队的定义正是基于对人性“善”假设提出来的，但这种善并不是容易获取的，需要悉心培育、正确领导才能激发出来。获得一个创新型团队的关键在于领导，而非团队成员。

一旦使命感和成就感被激发出来，团队将变成自组织团队，领导将变成教练和服务者，团队相互协作，共同努力取得高绩效。这种团队并非不需要管理，需要把管理上升为“领导”。这种团队并非不需要考核，只是考核不再围绕 KPI，而是团队成员的互相认可——最大奖励是仍留在团队中，最大的惩罚是让其离开团队。

一个高绩效的创新型团队应该：

- 高度灵活，高度柔性。
- 快速响应，迅速变化。
- 高效率，高产出。
- 积极思考，超前思考。
- 积极主动，善于协作。
- 富于活力，自我组织。
- 意志坚强而且坚韧。
- 珍视荣誉，忍受寂寞，享受成就感。

9.2 创新型团队成员的素养

由于工作性质的原因，创新型团队不太适合毫无经验刚踏入职场的新人。刚参加工作的职场新人应该接受更多的规范化训练。创新型团队就像军队中的特种部队，并非用于执行常规任务，而是用来攻坚克难、应对高度不确定性工作的。所以，对于创新型团队的成员有一些特殊要求，这主要涉及性格和能力两个方面。

9.2.1 创新型团队成员的性格特质

1．对工作充满热情，视挑战为激励

比起金钱，工作热情对创新型人员的激励作用更大。他们非常信仰自己所做的工作，经常把工作带回家去，不停地思考，甚至吃饭时也在思考。也正是他们的工作热情，创新型人员比较容易把别人的批评和意见看作是针对自己人身的，即便他们愿意面对批评和意见，也时常带有较强的个人情绪。

2．喜欢无限制性发挥

创新型人员不愿意对最后期限和要求做出承诺，因为他们担心失去创新型或者把他们的创新型局限于预先设定的参数上。他们认为，这些条件会妨碍创新型使他们不能做得最好。

> 软件工程师时常希望包含尽可能多的功能，他们很难告诉你哪一个功能最重要。在他的脑海中，所有功能都是重要的，删掉任何一个功能都会直接影响软件的创造愿景。

问题是，如果他们的创新型受到项目进度和范围的限制，他们就无法实现这些愿景。创新型团队需要认识和理解这些限制的作用，认识到这些限制并不是要阻碍他们的创造力。事实上，必要的限制经常导致最有创新型的工作，因为克服限制本身就需要创新。

3．以混乱为荣

创新型人员宣称混乱激发创造力，激励他们想出独创性的方法来克服各种问题。但事实时常并非如此。

创新型人员喜欢混乱工作环境的一个重要原因是，他们在项目过程中没有编制计划并按计划推进的压力。他们可以把工作拖到最后一刻，想当然地认为可以通过加班来完成所有本该用时 6 个月的工作。如果项目中的每个人都这样，项目的管理就很差，每件事情都会急剧恶化。结果，在项目晚期，整个团队要进行大量加班来弥补以前欠下的工作。这通常导致必须缩减工作范围或降低工作质量，因为已没有足够时间来完成原计划中的所有工作。

创新型人员喜欢混乱状况的另一个原因是，混乱使他们不必承担具体的责任。如果混乱导致项目的工期延误、质量低下或预算超支，人们可以给出许多借口来说明不是自己的责任，如“你没有听我的意见”“我告诉过你那种技术没有用”“你没有及时做试验”“你的进度安排完全不符合现实”等等。

创新型人员也趋于认为混乱就等于创造自由。如果项目各方面都没有定死，事情总是不断发生变化，他们总会有机会在项目最后几个月中挤进一个额外的功能或者完全重新设计某个东西。他们不知道或不承认，组织得当实际上可以给他们提供更多自由。如果项目管理得好，范围得到正确确认，资源得到合理分配，那么每个人都可以将时间用于研发上，而不是花在“救火”上。在软件和硬件被集成后，他们会有更多自由和时间来调整、优化产品，甚至可以做变动和更改。这也可以使团队能准确评价项目的当前状态，对能否增加新功能或者重新设计做出合理决定。这还可以让团队的每位成员都知道项目的进展情况，而不允许少数几个人在其他人毫不知情的情况下对项目增加功能。

4．敢于挑战权威

总体而言，创新型人员不信任那些有权做出项目变更（尤其对创新型工作的变更）的管理人员。创新型人员认为管理人员对技术细节了解得不够，做不出有效的决策。另外，他们也不尊重管理人员的创造能力。他们认为管理人员多是技术白痴、外行。当然，他们也时常纠结，因为他们不得不考虑管理者的意见——因为他们掌握着项目经费。因为创新型人员质疑管理人员，他们自然就会质疑管理者制定的政策或程序。他们不想因改进或增加新功能而经历“官僚的”审查程序的麻烦。

创新型人员害怕管理人员会破坏一个伟大的想法，把它完全改变，或者指定项目愿景，要求团队去实现。应该通过一些方法尽量减少这种情况的发生。必须提醒人们，管理人员和团队都想开发出能赚钱的产品。管理人员也应该为这样的团队成员转变风格，由管理团队提升到领导团队，因为这样的团队值得你这样做。

9.2.2 创新型团队成员的能力素质

从经验和能力要求来看，创新型团队是由技能为 T 型（见图 9-2）的成员组成的。T 型技能一竖代表本职专业的深度，也就是自身从事的职责、学科或者特长方面造诣深度。例如，苏芮是一个很不错的客户体验（UX）设计师，这是她的特长和她喜欢做的工作。T 型技能的一横代表知识的广度，也就是团队成员不仅要胜任本职工作，还要可以接受超出其核心特长的工作。例如，苏芮比起擅长测试或者文档的人，她可能不够优秀，但如果团队需要迅速完成工作而紧缺测试或文档工作人员时，苏芮可以承担测试或文档工作。在这种情况下，苏芮拥有广泛的技能使她可以做其核心领域外的工作。

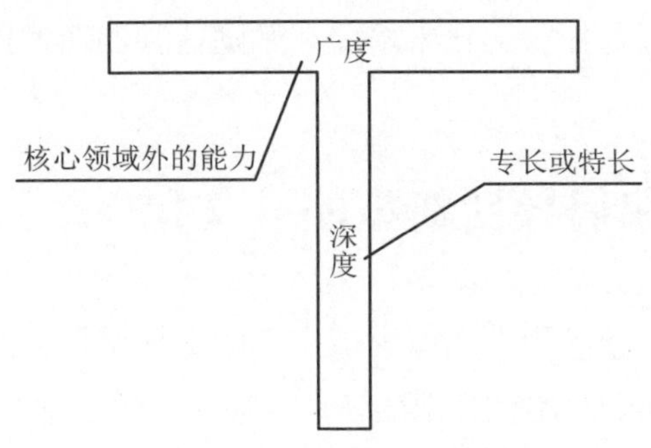

图 9-2 T 型技能人才

当然，团队中不可能每个人都胜任每项任务。

一个视频游戏开发团队可能拥有美术师、动画师、音频工程师、人工智能（AI）程序员和测试人员，期望每个团队成员可以做各项工作就很不合理。例如，刘冰玉负责人工智能和部分测试工作，就不能给她分配艺术设计任务。当然，项目本身也不允许这么做！然而，刘冰玉仍可以帮助美术师从事一些非艺术性工作，比如使用 Photoshop 转换文件格式或创建操作多个文件的脚本。

领导应该专注于把现有人员组成最好的 T 型团队。然而，期望一开始就找到想要的团队技能组合是不太可能的，理想的技能组合需要假以时日在项目过程中日益成熟。因此，重要的是要有一个促进学习和增加技能组合的环境，不论是领域知识、专业知识、思考技能或者其他能力。管理者要支持团队成员花时间学习和试验。

总结一下，我们的目标是组成这样一个团队：团队成员拥有各自专业的技能，覆盖各个专业领域，并且总体上技能有一些重叠，团队有额外的灵活性。为了达到这个目标，许多团队成员应该具有 T 型技能，不过团队仍然需要搭配一些专家，尤其是这些专家属于稀缺人才时。

我们指导具有创新型特质的团队成员，他们只需要拿出少量的智慧就可以解决温饱问题，他们剩余的智慧，就像一股蓬勃欲出的能量，需要找到释放的地方。传统的以事为本的管理方式，很容易压抑和限制了他们的创造力，我们需要思考应该创造一种什么文化来培养和激励这种创新型团队。

9.3 建设和倡导创新型团队文化

文化是一个既熟悉又陌生的概念，广义的文化是指人类创造的一切物质产品和精神产品的总和。人在有意识的任何状态下（包括睡梦中），文化都在起着作用，如果说意识是生物学现象，那么文化就是依附于意识的灵魂。文化是人类时时刻刻都无法离开的东西。

焦点再次回到创新链条上，差异化竞争的源头是团队的差异化，那么造就差异化团队的动力是差异化的团队文化。什么样的团队产生什么样的产品，什么样的文化造就什么样的团队。尽管世间的万物千差万别，但仍有一些共同的规律；同样，对于创新型团队也有一些共同的文化元素。

互联网、软件以及 IT 等市场竞争瞬息万变，不确定性和模糊性无处不在，客户只要轻点一下网站就可以瞬间切换服务提供商。所以，创新型团队不得不采取快速开发以跟上市场的步伐。快速开发必须依赖于个体的积极主动、充满勇气地解决所遇到的问题，因为变化实在太快，如果等待命令和指示再行事，必然错失良机，进而导致产品和服务质量缺失，市场份额下降，团队士气和创新精神日渐低迷。

信任和责任是创新型团队文化的核心。其目标是持续激励团队和员工的潜能，终极目的是建立活力与创新的工作环境，效率达到同行最佳。创新型团队成功的标志是提升企业市场竞争优势并提供给客户更多价值。

在团队中，信任是自下而上的，信任程度并不决定于团队成员，而是决定于团队领导。另一方面，领导的信任是希望团队成员能够主动承担责任，并以解决困难为成就感之源，如果团队成员没有责任感，领导的信任就无法落地。信任和责任并非天生和谐，从人性趋利避害的角度看，他们是一对矛盾，要将这对矛盾处理好实属不易，需要较高的水平。一不小心，会走向一个没有活力的极端。

9.3.1　信任—责任矩阵

波莉安娜 · 皮克斯顿（Pollyanna Pixton）等人在《敏捷文化》①一书中提出了信任—责任矩阵（见图 9-3），对创新型文化进行了探讨。在信任—责任矩阵中，纵轴代表领导对团队的管理方式，横轴代表团队承担责任的意愿高低。团队与领导的责任—信任博弈导致了的 4 种结果组合，也就构成了 4 个象限：失败象限、命令与控制象限、冲突象限、活力与创新象限（也称为绿色象限）。

---

① Pollyanna Pixton，Paul Gibson，Niel Nickolaisen. 敏捷文化 [M]. 方敏，译. 北京：清华大学出版社，2015.

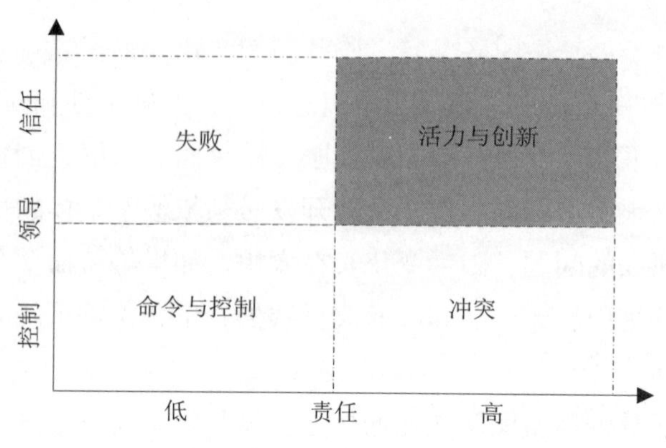

图 9-3　信任—责任矩阵

团队处于哪个象限决定于领导而非团队成员。塔克曼团队发展理论把团队的发展分为 5 个阶段：形成、震荡、规范、成熟和解散。团队能不能发展到成熟阶段，起决定作用的也是领导，团队的每个阶段都离不开领导的主动觉醒、有意识的指导和指引。

1．失败象限

失败象限的特征是，领导已经把责任交给团队，但是团队觉得对结果没有责任，他们还在等待领导的指令。没有人表现出强烈的兴趣和责任感来主动克服困难完成任务，他们只是听命于领导，在领导没有告诉团队成员如何做之前是没有人愿意动手尝试的，最好的策略是等待，哪怕进度已经延迟。

表面上，团队没有人“管”，享受着自由自在、没有压力的工作环境；其实每个人心里都清楚，也非常担心前途。他们知道一旦有人注意，自己肯定会遭殃。

领导也非常危险，没有一个领导希望失败，当领导发现团队辜负了他的信任之后，首先得出的结论是：这样的团队不值得信任，如果再这样下去，我就死定了，任务铁定完不成。于是为了确保自己不失败，领导会重新掌控大权，让一切处在控制之下。所以，失败象限是不稳定的，很容易回到命令与控制象限。

2．冲突象限

冲突象限的特征是，团队和领导之间连续发生冲突。团队成员不安分，有责任心，也很想做出成绩，但是领导一直不放心让他们去做。

团队不会在冲突象限停留太久。要么领导学会放权，并让团队拥有责任，状态转向活力与创新象限；要么团队成员放弃，任凭领导拿回责任，进入命令与控制状态。现实中，领导们时常担心失败和对团队缺乏信任，最后还是把责任收了回去。可以想象，那些有想法、有责任感的团队成员不久就会离开团队。不幸的是，这种情况非常普遍！

3．命令与控制象限

在命令与控制象限，领导的思维可以像下面这样描述：

- 团队没有我敬业，我为企业工作十几年，他们才来几天。
- 我是老板，我知道该做什么，还用你教我。
- 就凭你们，我走过的桥比你们走的路都长；我填过的坑，比你们见过的事都多。
- 特别喜欢公开批评失败，通常的口头语是“你看不听老人言，吃亏在眼前吧”。

为了体现自己的权威，也因为对团队的不信任，领导们通常喜欢：

- 要求每件事都有详细的计划。
- 严格规定团队做什么，如何做。
- 要求团队定期提交详细的进度报告。
- 抽查和检查流程中的每一个方面。
- 替团队做出所有重大决定。

于是团队成员几次三番之后，也学聪明了，终于搞清楚了如下几点：

- 没有必要懂业务，有老大负责。
- 多做多错，只做领导交代的任务就行了。
- 实在完不成，也与我无关，反正有领导负责，我就是一个小兵而已。
- 创新和冒险那是找死，除非不想继续混下去了。
- 多一事不如少一事，对问题假装看不见。

- 出了问题就抱怨其他人，开场白是“那不关我事，都是……搞的”。

在命令控制象限，虽然创新不强，但是却是一种稳定的状态，因为这种状态一旦形成，几乎没有人愿意打破它，因为这里没有创新的氛围。

4. 活力与创新象限

领导和团队都希望处在这个象限，每个人都做得又快又好。团队清楚业务要求和客户需求，大家齐心协力迅速解决客户的问题。领导对团队有信心，腾出精力研究方向和策略，帮助团队释放活力，以更高的效率做事情。

没有人喜欢在别人的监视下工作，又不是咸鱼。人总是有梦想的，只要环境事宜，都想做点有成就感的事。要想解放生产力，先要解放思想，一个解放了思想的团队：

- 致力于完成项目、交付可以满足客户需求的产品和服务。
- 知道该怎么干，也愿意尝试。
- 懂得项目的重要性，知道工作的意义。
- 值得信任和托付责任。

有这样一个团队领导也会做得更好，因为领导清楚他的梦想将会被团队实现，这是他的成就感的来源。于是领导：

- 帮助团队，赋予他们责任，而不再收回这些责任。
- 以团队能够理解的方式传达上级的愿景、价值和紧迫感，指引团队努力的方向。
- 帮助团队梳理工作，排列工作的优先级，关注当下的重点工作。
- 积极地做客户和团队的沟通桥梁，以便团队更好地满足客户的需要。
- 激发团队的潜力，为大家取得的成就喝彩。
- 留出时间，从战略和方向上思考问题，而不必整天关注具体问题的解决。

创新型团队应该处于活力与创新象限。

9.3.2 走向活力与创新象限

如何从失败象限、命令与控制象限、冲突象限发展到创新与活力象限是每个领导者都应思考的问题，下面这些建议希望对正在领导创新型团队的管理者一些启发。

1．走出失败象限

从失败象限进入冲突象限，几乎不可能。

如果不幸处在失败象限，首先应进入命令与控制象限并停留。接着，领导者帮助进入活力与创新象限，管理者变成领导，帮助团队取得所有权，确认团队理解企业、团队、项目工作的“为什么”和“做什么”，所有一切都在领导信任的大环境中。

还有一种可能，就是自发进入活力与创新象限，团队自己领悟工作的“为什么”和“做什么”的问题，直接接收了所有权。这种情况极其罕见。

2．走出冲突象限

引导团队加强信任，不要控制，否则冲突更加激烈。注意，必须允许犯错，不抓“凶手”。

何全灵给我们看了他电子邮箱里大量积压的采购订单，它们都在等着他的审批。

“看到这些订单时，是否了解这些订单背后的原因？”我问。

“有时我是知道的，其他情况下则是给提交申请的经理打电话，让他解释。”

“你用多少时间阅读和批准那些订单？

“我通常留到星期五下午统一处理，趁此机会处理完积压下来的申请，”何全灵回答，“这样，审批购买申请不会打扰我一周的工作。“

“有多少申请被你驳回过？”

他想了一下说：“没有。”

“为什么？如果你批准所有的申请，是否还会阅读和审查它们？”

“哦，”他又想了一下，“如果我审阅每一个申请，人们就只会申请他们急需的东西。”

“你为什么不雇一个你可以信任其判断力的人？”

我的问题有些尖锐，所以他停顿了好长时间之后才说：“你说得有道理。我实际上是不信任他们，没有我的审查，他们会做出错误的决定。”

正如这个例子所说的，增加信任和减少控制完全取决于领导，不论控制是来自领导本人或是来自领导设置或掌控的过程。所以，如果团队从冲突变到活力与创新的状态，领导是那个不可缺少的关键人物。

应该承认，即使领导是诚实正直的，团队文化的转变也须假以时日，逐步取得成效。即使是领导的一次小的负面表现，也会损及这种努力，一旦团队认定领导和公司不可信任，需要很长一段时间才能重新建立信任关系。

一旦有了公开、公正、诚信，就会形成一种自动维护的组织文化。它产生的热情和能量是对全体团队成员的回报，使其能够最大限度地交付商业价值。

3．走出命令与控制象限

如前所述，命令与控制是一种典型的模型，即领导（或过程）做决定，所有人都得遵守。如果这个状态是稳定、占主导地位的，当然也不会达到最佳工作效率。随着市场和环境的快速变化，其危害会变本加厉。而众所周知的是，今天的市场变化速度一直在攀升。

增加信任和责任听起来不错，但有一个挑战，主要是因为团队已经接受和适应了命令与控制。如果想沿着对角线上移，领导和团队就都要改变现有的做法。

毫无疑问，这要求人们的行为发生改变，然而行为改变是很痛苦的。有抵触情绪的人对变化会表现出难以想象的抗拒。在改变行为和文化时，其不确定性难以想象。人们不知道把所有权移交给他人后会有什么反应，也不知道人们对增长的信任度有什么回应，更不知道人们是拥抱变化还是反对变化。换言之，在与有抵触情绪的人打交道时，随时都有意想不到的不确定性。

9.4 领导创新型团队

事实上，创新型人员不一定难以共事，如果对他们加以有效引导和管理，与他们共事就有很多乐趣，项目工作也会成为每个人的愉快经历。

9.4.1　如何领导创新型团队

1．倾听并考虑每个人的想法

作为项目管理者，你最重要的事就是倾听每个人的想法。在创新型项目上，不要轻视每个人对项目的任何反馈、建议和想法。使雇员不满的最快捷方法就是忽视他们的想法和感觉。如果有可能，在团队网站或项目记录本中专门开辟一个区域来追踪和回应所有反馈意见。

如果有人告诉你关于项目新功能的一个想法，而管理者发现它完全是荒诞的、没有商业价值的，请不要在他结束陈述之前打断他，也不要做出一副心不在焉的样子。如果某人在表达想法时受到消极对待，他会不高兴，可能成为影响整个项目团队的负能量之源。

大多数人都理解不可能每一个想法都被采纳，但至少他们想知道自己的想法被考虑过。一定要通知他，为什么没有采纳他的想法，要具体说明原因，如不符合项目总体愿景、成本太高、时间太长等。永远不要对创新型人员说，之所以没有采用，是因为我们不喜欢他们的想法。

2．不要独占创新型决策权

创新型团队最常见的抱怨是，管理人员事实上掌握着所有的决策权，他们只向团队发布命令。这很不利于创造健康的工作环境，导致创新型工作者觉得自己只是轮子上的轮齿，丝毫不能直接掌控自己的工作。创新型人员对工作充满热情，他们坚信自己的想法能发挥作用而被激励；如果没有了这种激励，他们就会很受打击并怀疑工作的价值。因此，团队如何制定创新型决策，是极其重要的一个问题。

创新型项目的管理者可以提出创新型意见，但不要自己制定所有创新型决策。

第一，指定你管理项目是因为你的管理专长，而不是你的创新型技能。这不是说你不能为项目提出创新型意见，只是不要把自己的意见看成比其他任何人的意见更高明，否则，你会极快地被团队疏远，团队士气也将很快失去。

第二，如果团队成员知道每个人都在履行各自的项目角色，团队就更加可靠，更具生产力。这意味着项目管理者是在管理团队、进度和资源；技术专家们则集中精力为团队和项目制定出最好的创新型方案。当然，这不是要阻止管理人员做出创新型决策，而是要保证在团队层次上仍有一定的创造自由。

3. 管理风格因人而异

领导创新型人员，最有效的方式是针对不同对象调整管理风格。每个人都有自己偏好的工作方式，如果你能迎合他们的偏好，就可以从团队得到最多的回报。

> 一些人喜欢接受任务，自己去做，做完后再回来报告；另一些人可能对指定任务提出许多问题，需要更多的指示；还有一些人仍然不能独立工作，你需要给他们派指导员，每天检查他们的工作。

有效的管理风格应该是实用的。在创新型项目上，不要担心没有平等对待每个人，因为这不是平等对待的问题。当然，每个人都要遵守一些共同的政策，如每天工作 8 小时、尊重同事等。

9.4.2 创新型团队引入项目管理需要循序渐进

我发觉很多创新型团队（特别是小型企业的创新型团队）的员工，对项目管理都有一种天生的排斥心理和轻视心理。项目管理本质上是在一个目标下，所有的项目成员围绕项目目标来进行工作，而一般的小公司，尤其是创业公司的创业者如果没有在大型企业工作过，很容易就随心所欲地工作。

创业者本就个性比较开放、头脑比较灵活、思路比较敏捷，这使得单个或几个人工作效率比较高；但人数超过 5 个以上工作效率就直线下降，因为项目管理者并没有承担起项目管理的责任，导致很多项目成员无事可干，或做了很多无用功。项目管理要解决的就是为了完成项目目标，团队成员该干什么的问题。

1. 变革需要循序渐进

事实上，团队成员不愿意对项目强加命令或控制，通常是因为他们不了解项目管理，不知道项目管理能帮助他们。他们误解项目管理只是更多的文档工作，使工作更加麻烦。他们过去有一些不愉快的经历，如进度失控、范围蔓延，导致他们在项目最后几个月每天必须工作 10 小时以上，又似乎不可能对这种状况做更好的管理。

人们对变革是既喜欢又抵制，喜欢别人改变、却抵制自己改变！变革需要循序渐进，以便人们感到舒服一点，并有时间来适应新事物。你永远不能指望立即全面实施 PMBOK®的体系，以免团队不安甚至抵制。

> 程序员白天不断地受各种问题干扰，等别人都回家后才能更有效率地工作，所以他可能更喜欢晚上工作到深夜。实际上，他只有一般的工作量，但是因为不断有人打断他，他不能很好地利用白天的工作时间。

没有人不喜欢快乐工作，也没有一个程序员喜欢天天加班到深夜。要在创造性团队中使用基本项目管理技术，就必须确保人们乐意接受做事情的新方法。应该鼓励团队成员积极参与，来讨论如何提高团队的生产效率，因为他们与变革有密切关系。创造一个有益的环境，使人们能公开讨论以某种方式做事的理由，以及如何改进工作。

最好在项目开始之前，就对团队开展项目管理教育。但是，同一个项目经理自始至终负责一个团队的情况很少见。很多创新型项目开始时没有项目经理，而是由创新型团队来决定采用什么想法和概念。当项目经理就位时，团队已经养成了一些项目管理的坏习惯，如没有进度计划和范围界定，只有许多好想法和对工作的热情。因此，你可能不得不对某些已形成模式的东西进行组织。这种情况下，你很难引进新的做事方法。

没有人可以一夜之间就补上项目管理的所有技术，因此你必须选择最有用的那些方面。在互联网项目团队中，这是个严重问题——你有不断迸出想法的创新型人员，他们很善于提出概念，但不知道如何及时地选择一个概念并加以实施。

互联网项目的会议就是这种情况的一种缩影。每个人都围坐在桌子周围讨论哪里出了问题，却不知道或不想确定一组行动来解决这些问题。

2. 经简化后的敏捷方法是个不错的选择

在互联网软件行业，项目管理有两大分类，一类是传统的软件工程方法论——瀑布方法，另一类就是敏捷方法。简单来说，瀑布方法就是由项目经理总控，事先计划好进度、风险、资源，然后按计划来推进项目；敏捷方法则是先确定项目目标、资源，每个迭代周期确定该迭代周期的小目标、要做什么、每个成员成员做什么，将项目周期切成一个个短的迭代。

不能说敏捷方法与瀑布方法谁更先进，这是两种不同假设的产物；瀑布方法基于需求基本不变的假设，而敏捷方法基于需求多变的假设。另外，敏捷方法在软件开发上有优势，瀑布方法对于硬件开发和超大型软件开发有优势。

敏捷方法时常能取得不错效果的关键因素是简单。一个简单方法，它的推广学习成本、执行成本会比较低，而完整的项目管理体系因为复杂，需要专业的项目经理，在华为、微软、诺基亚，专门有一个独立于产品和研发的部门叫项目管理部，项目管理部的项目经理负责管理各个项目的进度、风险，体系的复杂性要求必须有专业人士才能确保项目流程的规范化。但敏捷方法就简单了许多，基本上经过 1 天的培训就可以上手。

3. 可视化项目管理技术可以快速见效

如果你要引导团队迅速接受项目管理方法，WBS 是一个有用的工具。工程师们可能没有认识到晚两天完成数据结构设计会严重影响测试人员的工作。为有效使用 WBS，让所有与该项目有关的人一起来创建 WBS，并在 WBS 中使用不同色块标明每个工作的状态（见图 9-4），还可以把各工作的责任人标明，如果可能给出各工作的时间计划就更好了。WBS 完成后，将其粘贴在公共场所，将其可视化。

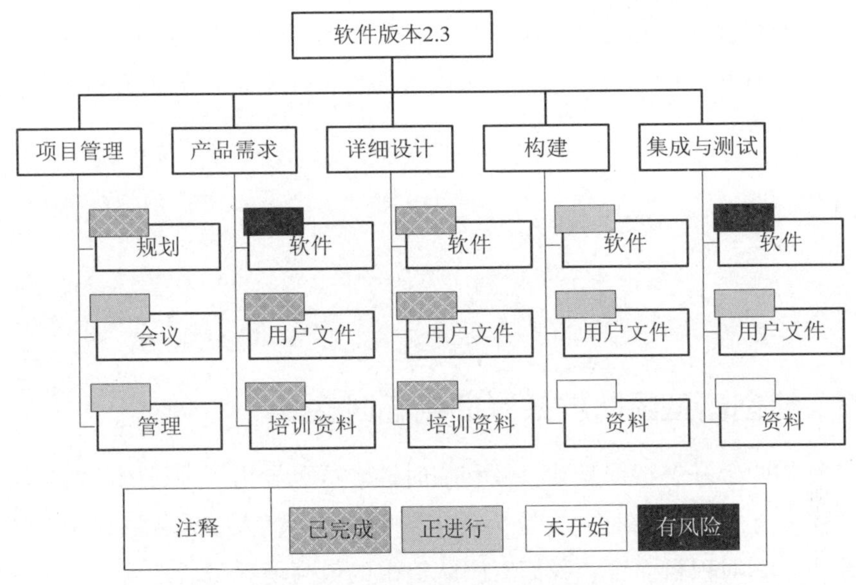

图 9-4　用 WBS 进行管理的实例

这种方法能够清楚地告诉大家项目的进展情况，深受项目团队的喜爱。每次的团队会议上，都让不同的团队成员花几分钟时间讲讲他们的工作状况，这是一件令人愉快的事情。这样做，可以加强成员之间的彼此依赖。很快你会发现，作用真的显现了。

看板等可视化工具之所以能发挥不错的作用，其根本原因是它抓住了项目管理的核心——信息沟通问题。很多项目效率低下是因为团队成员不知道自己该干吗。遇见问题不及时沟通，耽搁了很长时间形成了短板。项目中的信息沟通不畅，直接的结果就是苦乐不均。

在创新型环境中，可视化的工作安排、角色定义证明是非常有用的。如果人们真理解项目的整体状态和自己在项目中所承担的责任，他们就会相应地调整自己的工作心态，整个团队的生产效率和士气就会提高。敏捷方法的一个思路是将一切暴露在开放的环境，谁干什么，谁没干什么，都在白板中体现，这在客观上实现了可视化。从这个角度而言，对创新型团队来说敏捷方法的确是一个不错的选择。

项目管理往往并没有那么复杂，绝大部分都是普通人能够胜任的。一定不要把项目管理整成一套复杂、晦涩的文档。要善于使用图表、插图等可视化工具，以最短时间、最小篇幅，把复杂内容简化，让干系人迅速了解真实情况，把握关键要点。

> 只有不安定、神经紧张的经理人制造复杂，他们担心自己简单了，会被别人认为他们是头脑简单。
>
> ——杰克·韦尔奇

9.4.3 让创新型团队弱关联项目临时性

项目的两个基本特征是独特性和临时性。这也导出了项目团队的临时性本质：大家聚在一起完成一个（些）事，事情做完了，大家就各回各家，各找各妈。换言之，对项目而言，我们对团队追求的最高境界是“来得了、干得好、走得成”。

1. 传统项目因事设人

项目实际上就是我们对于要做的事以及如何把事做好的一种认识，基于实践总结了一套完成这些事的知识体系。传统上（或经典上），我们如何看待“找一些人来完成一件事”的呢？

> 传统的项目过程大概可以这么简单地描述：有个事很好，跟以前不一样（独特性）做完了可以有好处（交付成果）；既然要做事，总得找一些人来做（启动），为了把事情做好，咱们需要仔细合计合计（计划），人算不如天算，不怕一万就怕万一，真做的时候还得看着点（执行与监控），好不容易做完了，咱们还得说道说道、论功行赏，以后能不能干得更好（收尾总结）。事情做完了，下次什么时候再搞一次，还不知道，大家就先各回各家，有事的时候再叫你们（收尾解散资源）。

所以，传统上我们看待项目是这样的，**先有事、再找人，事情做完了，人解散**。也就是先有坑，再种萝卜（见图 9-5）。从项目的角度来看，重在做事而非养人，既然事情做完了，那么人也就应该解散。养人的工作由组织来承担。

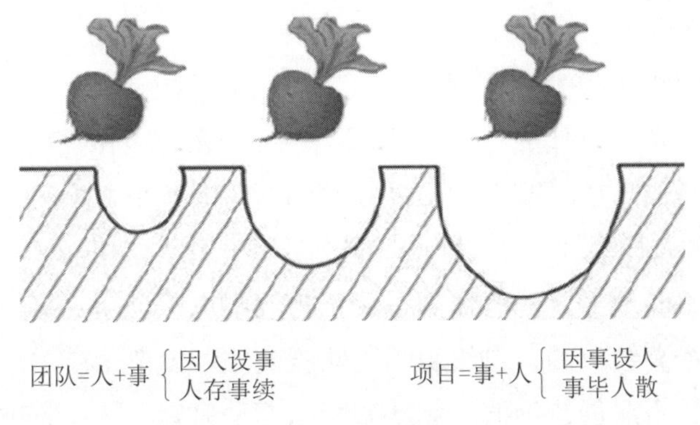

团队=人+事 { 因人设事 / 人存事续　　项目=事+人 { 因事设人 / 事毕人散

图 9-5　因人设事还是因事设人？

2．让创新型团队弱关联项目临时性

项目实际上是不太关心事情是怎么来的，主要关心如何把事情做好。虽然在现代企业中，每天都在忙着做各种各样的项目，似乎企业本来就是这样。但是，看一下项目的发展史就可以了解，企业或者组织一开始做事的形态并不是项目，而是基于职能分工的运营，也就主要应对重复性的工作。对于那些创新型的工作，大家发明了“项目”来应对，因为这种新鲜事不常有，所以项目往往是一个一个地做，不像运营是持续地做。

传统项目管理中，项目结束，项目团队也要随之解散，这样做的目的是避免浪费资源。然而，在互联网时代，很多组织生存的基本方式并不是完成运营工作，而是完成项目工作，也就是说他们不愁没有项目做，项目工作变成了很多团队的常态，原来基于职能分工方式发展起来的项目管理方法也需要应对这个变化。在这种情况下，一个高效的创新型团队就像一部高效率的需求加工机器，一边输入客户的需求，另一边以可预见的速度和质量输出有价值的产品和服务。因此创新型团队的生命周期应该和项目的生命周期耦合，这样才能充分发挥其价值，降低管理成本。

高绩效创新型团队来之不易，这就像军队上的尖刀班、突击连是经过实战检验的、能攻坚克难的队伍，自然就不应该轻易解散这样的队伍，否则就是对组织的极大浪费，除非公司业务已经不需要这样的团队了。解散团队的一个理由是避免资源浪费，事实上，养人的成本项目不出组织也要出——养团队的成本是省不了的。而且，产品的生命周期越来越短，企业已不可能像过去依靠一个产品吃上几十年。

在创新型组织中很少会特别提项目，而只提团队，这并不是说项目概念消失了（其实消失了也没什么，“项目”本来就是人们发明的概念而已）。这着实是用心良苦，我们希望提醒人们，高绩效创新型团队来之不易，为了继续团队价值，更提倡“人存事续”，也就是高绩效创新型团队在相当长一段时间内不解散，而由企业不断地为其找事情做，反正企业中也不会缺少事情。

因此，这个高绩效的、自组织的团队就变成了价值生产单位，可以持续不断地、高效地为企业创造价值。创新型团队不是只有团队没有项目，而是修改了项目定义。

第10章

厘清项目组织与人员管理乱象

> 当人们不再一起做同一件事情，而是各司其职地负责某一任务时，他们才认识到各自的优势。
>
> ——弗朗西斯·培根

组织高效快速地完成项目的重要性不言而喻，然而，管理水平低下导致的人力短缺与人才浪费并存现象，在国内却时常并存，亟待解决。

10.1 项目组织与人员管理乱象令人担忧

2014年，美国的财务软件公司Intuit来中国大陆寻找合作分包商。经过多轮考察和筛选后，该公司决定从两家国内重点软件企业中选择一家。商务谈判过程中，Intuit谈判代表提出了一个问题："贵公司的系统分析员一小时的报酬是多少钱？"面对这个问题，两家公司均无法提供可靠的数据！

真实情况是，国内公司普遍都没有这方面的可靠数据①。有人说，将系统分析员一个月的薪水除以一个月的工作时间即可得到所要的答案。问题是我们

① 丁荣贵. 项目管理：项目思维与管理关键 [M]. 2版. 北京：中国电力出版社，2013.

不得不面对一个残酷的现实——组织并不知道一个系统分析员一个月究竟干了多长时间系统分析员该干的工作！

在国内的常见情况是，项目组成员既承担系统分析任务又做系统设计工作，还可能直接参与编程、测试和安装等。这些“复合型”人才尽管大部分时间在编码，但他们的级别却常是“系统分析师”“系统设计师”。而且，他们拿的也常是相应级别的薪水。

更甚者，组织还常不知道员工们一个月究竟工作了多长时间！

另一个现实也不容忽视，项目组成员常被“铆”在项目中难以脱身——项目结束了，项目组成员却被迫去处理一些遗留问题——文档缺乏或知识积累不足导致的后遗症。

可见，我们在对有限的人力资源的使用上是很奢侈的。

10.1.1 “高素质复合型人才”是难以自拔的陷阱

和国内企业家论道，感慨最多的常是执行力问题，可见项目执行效率的重要性；当项目的执行效率不那么令人满意时，“员工素质不够”是老总们最常挂在口头的词汇。寻找“高素质复合型人才”成为解决项目效率的捷径——高素质员工成为国内企业的紧俏品。

事实上，没有比这种提法和做法更具迷惑性的！过度依赖高素质复合型人才会使组织忽视积累属于组织的知识/技能，反过来又会使企业更加依赖高素质复合型人才。当企业没有属于自己的核心知识/技能时，“缺乏高素质复合型人才”是我们最好也最没用的借口。我将其称为“正确的废话”。

高素质复合型人才具有广泛的市场需求，因此他们常常会跳槽或被其他企业挖走。而培育这些人需要较长时间，又加剧了这些人才的日益紧俏，反过来他们越发不愿意将个人的知识/技能贡献出来（此所谓“教会了徒弟饿死师傅”——多么可怕的说法），这也加大了形成企业的知识/技能的难度，使企业更加依赖这些“人才”，从而使企业陷入恶性循环。该过程可以用图 10-1 表示，我将其称为高素质复合型人才陷阱。

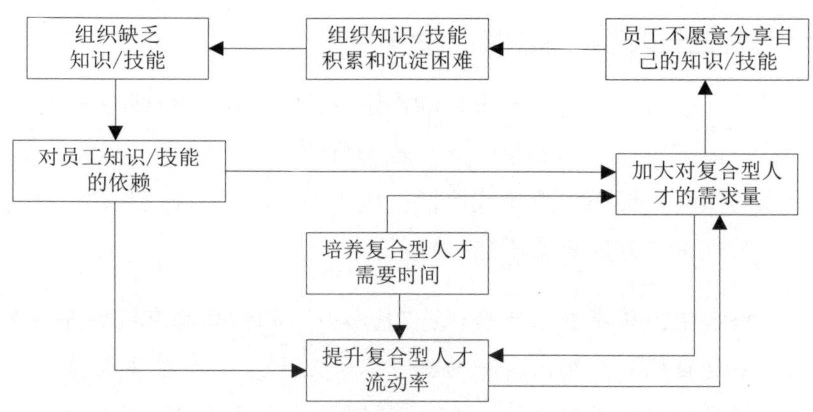

图 10-1　高素质复合型人才陷阱

10.1.2　“技术问题”成挡箭神器

尽管大量的统计结果表明，项目失败的原因大多来自组织、管理方面，单纯由于技术原因造成项目失败的比例很低（见图 4-1），但是在大量的项目实施过程中，技术问题却是大家最经常用以说明问题的理由（没有之一）。

7.1.1 节曾专门讨论了“外行领导内行”的问题，尽管备受批评，但对项目来说这种情况却难以完全避免。确有部分管理人员是某些问题的“外行”，造成自己底气不足，面对技术人员的“技术问题”神器，即使有所怀疑也难以分辨，不得不接受这个“事实”。当然，组织的高层管理者很难有时间关注或深入关心技术细节，面对下属所言的“技术问题”也就无可奈何。

久而久之，“技术问题”成了项目中常见的挡箭神器（见图 10-2），其效力之大、使用面之广令人叹为观止！

图 10-2　“技术问题”挡箭神器

10.1.3 经验主义愈来愈像“圣牛”

项目经理在项目中起着至关重要的作用，国内的项目经理一般都出自较好的技术背景，他们对自己的经验、能力较为自信。不幸的是，这些经验多半来自他们个人的体会、经历、直觉或悟性；更为不幸的是，他们可能只信任自己的经验，而对理论、方法等常不屑一顾。

> 娃哈哈集团董事长宗庆后说：“我向来不相信那些市场调查公司，我的办法是自己到市场上转一转就可以拿定主意。”对很多成功（准确地说是到目前为止成功）人士来说，很难让他们改变自己的工作方式、工作习惯。尤其当他们大权在握时，更是如此。看看我们的许多企业，老板的名气往往比企业还要大，这些“神人”很难相信那些不如他们成功的人提出的理论和方法。

请不要过分迷信自己的一点点经验，经过科学总结得出的知识不同于朴素的个人经验，无论个人经验怎么成功，都无法代替被众人验证过的知识。

国内经验主义盛行，然而在项目这个行当中如果过度相信经验，事实证明效果并不好。还有一个不容忽视又自相矛盾的问题是，我们“做的多而总结的少”。相关数据积累的不多，缺乏分析与总结以至于同一个错误反复发生。一方面强调经验之法力，另一方面又不做总结与提炼。这绝对有些滑稽！

> 人们都知道每天慢跑 50 分钟不仅有助于减肥，更有益于身体健康。但是，大多数人并不这么做，反而会花很多的金钱去买些减肥药物（所谓捷径）。一次次对减肥药物不满意，一次次受到减肥药物副作用的伤害，一次次花钱去换新的减肥药，而慢跑反而被遗忘了。

我们一次次对现行的项目管理办法失望，一次次承受管理失败造成的损失，一次次求助新管理办法，而忘记了我们早已知道的有效方法。这就是人性？尽管有效管理项目的答案很明显，实施起来也不困难，但这却是现实！

10.1.4　“企业文化”是一只无底的桶

> 20世纪70年代中后期，大量高品质、低能耗的日本产品涌进美国，日本人开始在美设厂，甚至大有买下整个世界之势。面对日本这个“后来居上者”，美国企业陷入了茫然，不知以何取胜。
>
> 美国管理学家开始对日本企业进行研究，结论是日本企业文化是其制胜的法宝。武侠小说把绝世武功分为两个部分：招式和心法。招式得其形，而心法传其神。全面质量管理是招式，企业文化是心法。日本企业的成功说明，管理方法、工具等的招式层面的东西可以从外部学习、引进，但心法的层面的东西一定是组织内生的。

企业文化在企业发展中的作用是不言而喻的，以至于当我们解决不了存在的问题时，常将其归结于企业文化，特别是面对种种说不清的问题时，企业文化成了一个包治百病的药方，简直就是一个“没有底的桶”——什么都可以装（见图10-3）!

图10-3　企业文化是个“没有底的桶”

改革开放40年来，我们从西方引进先进的管理理念和方法，这其中就包括从日本引进的“全面质量管理”和“企业文化”。令人困惑的是，同样根植于东亚文化，在日本甚为成功的东西在国内却屡屡碰壁！

时至今日，企业文化在国内企业是被提及频率极高的词汇，但也是一个被极端误解了的概念。

饲养员在一只笼子里养了5只猴子，笼子顶上挂了一串香蕉，香蕉周围设置了高压水龙头。猴子们争先恐后地跳起来抢香蕉，可是只要有猴子跳起来，高压水龙头就喷水。多次重复的猴子们吃尽了苦头，它们达成了共识——香蕉是可怕的祸源，绝对不能碰！

后来，饲养员从铁笼中放走一只猴子，放入一只新猴子。这只新猴子看到笼子顶上的香蕉，就跳起来取。它刚一跳，其他4只老猴子上去就将其摁住暴揍一顿。新猴子莫名其妙地挨了打，几次下来，明白了一个道理：不能跳起来取香蕉，只要跳就挨揍。饲养员又从笼中抓走一只老猴子，放入一只新猴子，暴揍的事情重演了一遍。

就这样，5只老猴子一只只被请走，5只新猴子一只只放进去，每只新猴子除了挨了顿揍，没有任何收获，甚至动手揍的猴子自己都不清楚为何要揍！

企业文化是在长期过程中慢慢积累下来的，甚至是不成文的。很多盛赞企业文化的人并不一定懂得什么是企业文化，想当然地定义出一种“企业文化”，或从企业若干成功/失败的故事后总结出所谓的企业文化，这对企业未必是有益的。很多人之所以将企业文化抬到前所未有的高度，是因为长期以来作为企业管理支柱的刚性制度常无法满足国人口中的“特殊情况”，而企业文化刚性弱、适用面宽泛，给自己例外行为一个冠冕堂皇的理由——不得不说国人“灵活运用”的能力是老外们所无法企及的。事实上，制度管理存在例外的情况下，靠企业文化管理例外情况的事，在欧美企业并不多。

华为技术有限公司是一家总部位于深圳的成功科技公司，业务遍及世界各地，海外员工比例逐渐上升。2015年，我为其负责非洲业务的项目经理们上课，这些项目经理们来自尼日利亚、摩洛哥、埃及等。他们负责的项目人员从几人、几十人到上万人，项目团队成员人来人往，经常在不同的项目之间变动工作，很多人甚至从来没有到过公司总部，在这种团队建立企业文化简直是不可想象的，这在客观上要求在不依靠企业文化的情况下有效管理项目。

华为技术有限公司在项目管理领域的团队问题是普遍的，项目的组织、人员是动态的，这种流动性趋势越来越明显，且难以避免。在项目驱动型组织中，企业文化显然不应成为包治百病的偏方。

10.2 科学规律与市场规律孰先孰后

提高组织的研发效率，必须按照科学规律和市场规律办事。但对于二者孰先孰后、孰重孰轻却一直公说公有理婆说婆有理。专业技术人员强调“尊重科学规律”，而经营者则强调“尊重市场规律”（见图 10-4）。

图 10-4　科学规律与市场规律孰先孰后?

对企业而言，市场规律永远是第一位的，否则企业就不成为企业，而变成其他类型的组织了。研发企业应达成共识，坚持“在市场规律的前提下尊重科学规律”的原则。

10.2.1 研发项目是以客户为导向的

技术人员大都很热爱自己的技术，技术牛人更是如此。然而，这些人懂得专业技术性工作常常并不是他们对项目最大的优点，反而有可能是他们最大的缺点。技术人员是实干家，只要是在做他喜欢的工作，他就感到幸福。他对项目的兴趣不在于项目的商业成果，而在于项目过程的刺激，在于对项目成果技术先进性的追求。对项目基于业务、以客户为导向的事实时常置若罔闻。

对于一个软件工程师来说，永远没有完美的项目。只要时间允许，他总能发现可以进一步修改的地方。实践表明，缺乏商业专家参与的项目所产生出来的东西一般是能力过剩的、不适用的甚至是完全不能用的。

一个现实的误区是，很多企业的选人和业绩评价方式也在不自觉地鼓励研发人员不断提高自己的技术水准，而不是鼓励他们更多地去熟悉业务、了解客户。换言之，具有很高的技术水准比了解客户、挖掘需求更能够提高研发人员的身价，更让他们有职业的安全感。在客观上强化了“教会徒弟饿死师傅”的狭隘想法，企业培养出一个个“技术牛仔”——不懂知识分享、难以团队协作的技术“专家”（知识专属于自家）。

持有这种意识的研发人员常会成为企业的“技术牛仔”，他们会难以与团队协作，开发出来的产品可能是功能过剩的、不合理的，一般难以成功地变成能给企业带来收益的商品。

10.2.2 建立评价研发项目进展的合理方法

传统经济条件下“大鱼吃小鱼”的竞争规则在新经济常态下更多地体现为“快鱼吃慢鱼”。知识经济时代，客户需求往往具有模糊性、不确定性和易变性，而市场观念的转变和市场竞争的加剧，“以不变应万变”的思想必将导致产品、技术落后于市场，最终被市场淘汰。对于研发型企业而言，适应市场变化、研发出符合客户动态需求的产品与服务，是企业的核心竞争力。知识经济时代的研发企业要做大做强，遵从市场规律是首要且必需的。

对于研发项目驱动型企业，高额的人力成本与费用支出是组织最主要的负担之一，也往往决定着企业之间竞争成败的关键。建立以项目为核心的高效研发管理体系，企业需要找出衡量研发项目进展的科学方法。

从科学研究的角度看，新的发现常常是难以预期的，甚至是需要灵感的。但遗憾的是，在市场竞争中，不能可靠预期的活动常常意味着失败甚至死亡。正因为研发项目的创新型，“摸着石头过河”在现实中难以完全避免。

研发项目必须进行是否启动的决策，基于认真、科学、可信的分析，（美国）项目管理协会（PMI）将其称为商业论证，通过专业的业务需要和成本效益分析，论证项目的合理性。在国内，这个过程被命名为“可行性研究”，不得不说这个名字有点创意——为可行而进行研究嘛！

狂热启动项目是一场企业承受不起的赌博。对于那些难以预期的研发项目可以采取与科研院所合作的方式进行，节省企业内部研发投入，降低研发风险。还必须强调的是，终止或取消一个不可预期的研发项目对企业而言就是提高了研发效率。

10.3 依赖人才还是依靠体系

过度依赖个体人才的能力，在人才和体系两者之间的失衡是值得警惕的事。建立体系才是管理人员的本分，仅仅去找到一些能人然后就把完成项目的责任交给他们是逃避管理者应尽的本分。

10.3.1 尊重人才不是依赖“牛人”

为提高项目的研发效率，很多企业花费大量资源吸引技术人才，找到“高素质复合型人才”成了事实上的捷径。于是，高素质复合型人才被当作企业的“宝贝”，不仅管理者宠着他们，企业的其他员工也给了他们很多宽容，因为大家对这些人才充满期待。

事实上，没有比这种提法和做法更具迷惑性的。过度依赖这些人才，会让企业陷入高素质复合型人才陷阱。尊重人才的企业是有希望的企业，但依赖少数“牛人”的企业却必将难以持续且脆弱的。

近 10 年来，在我接触过的数百家研发企业中，普遍存在把“宝”押在“牛人”身上的现象。这些企业常常疏于（甚至不懂）对人才进行管理，更有甚者因为害怕人才离去而对他们不敢严格管理，“牛人”成了非常特殊的一群人。要提高企业研发效率，必须处理好“尊重人才”与“依赖牛人”的关系问题。

通过吸引人才而制胜的企业事例时常见诸媒体，但拥有人才并不等同于拥有成果。企业需要提高的是研发能力而不是增加对专业人才的拥有量，前者是目的，后者只是达到目的一种可能手段。

10.3.2 以人为本不是知识个人化的借口

人才的重要性广为人知，而知识资源的重要性却时常被忽视。对研发项目管理的要求可以定义为“四快”，即：进入角色快、发现问题快、给出解决方案快、交付项目成果快。应该对研发过程中的经验教训予以提炼形成企业的知识财富，唯有此才能提高研发效率。

企业拥有属于组织的知识越多，对专业技术人员的个体知识和能力的依赖性会越少，研发效率就会越高，抵抗人才流失风险的能力越强。将员工的知识/技能转化为组织的知识/技能，是组织长远发展的必由之路。

不容忽视的是，专业技术人员为了自身的职业安全感，时常不愿意将自己的知识贡献出来以形成企业的知识，他们一般不愿意将知识和人分离，客观上造成了知识的个人化。

“需要时，需要的人来得了；不需要时，不需要的人走得成”[①]是研发企业人员管理的目标。但是，由于企业知识管理的欠缺，导致“需要时，需要的人来不了；不需要时，不需要的人走不了”。由于知识、技术和人员不能分离，专业技术人员成为很多研发项目的瓶颈。一个常见现象是，“牛人”们在多个项目中间疲于奔命，成了救火队员（见第 4.4.1 节）。这既造成了企业研发效率的低下，也对专业技术人员自身的发展不利。

尽管我们提倡“以人为本”，但如何减少对人（特别是“牛人”）的依赖更重要，以人为本不能成为知识“牛人”化的借口（见图 10-5）。

图 10-5　以人为本不能成为知识“牛人”化的借口

① 丁荣贵. 项目治理：实现可控的创新[M]. 2 版. 北京：中国电力出版社，2017.

10.3.3　研发项目的根本是开发出目标产品

研发包含研究和开发两种不同的活动。前者指对新技术、新工艺、新方法等的研究，后者指对新产品、新服务等的开发；前者主要是创造性活动，后者多是研究成果的集成性、应用性活动。没有研究，企业就没有未来的竞争力；没有开发，企业眼前就难以生存。

于研发企业而言，常按研究工作和研究线路划分为若干专业研究所、研究室，而将新产品开发工作作为项目对待。但是，这种安排时常是研发项目效率低下的导火索。

专业技术人员大都很热爱自己的技术，内心里更看重研究工作，技术牛人更是如此，因为“有技术含量”“有挑战性”。技术人员是实干家，只要在做他喜欢的工作，他就感到幸福。他对项目的兴趣不在于项目的商业成果，而在于项目过程的刺激，在于对项目成果技术先进性的追求。甚至研发部门的负责人也同样持这种态度。“重研究、轻开发”“重技术、轻工艺”是企业的常见病。

请注意，**研发项目的根本是“开发”，没有开发出产品的研发项目就是失败的项目**。

10.4　有效项目治理和知识管理是保证

尽管商业环境的变化速度越来越快，但我们在很多方面却依然受到思维惯性的影响。

岗位指在组织架构中的某个职位，指在有效时间内赋予员工的任务及责任，岗位一般是稳定的。角色指在项目中的身份和地位，规定在项目范围内项目成员的权利和义务，是组织对特定位置的人的行为期待，角色是多变的。对于项目驱动型组织而言，临时性的项目团队是动态且易变的。因此，也许“角色”这个词比“岗位”更值得我们关注①。

在项目失败的原因中，项目组织和人员的问题占到 40%以上（见图 4-1）。

---

① 丁荣贵. 项目治理：实现可控的创新[M]. 2 版. 北京：中国电力出版社，2017.

对于项目驱动型组织，人力资源是最重要的资源，实现人力资源的有效管理不仅是重要的更是必需的。

10.4.1 实现人力资源的“分类分级”管理

> “5 个人干 3 个人的活，拿 4 个人的钱”是国内企业对项目人力资源使用的典型状态（我称其为“534 困局”），系统分析师既做系统分析又兼做设计、编程、测试等工作就是例证。项目人力资源管理的理想境界应该是“3 个人干 5 个人的活，拿 4 个人的钱”。

破除“534 困局”的有效方法是对人力资源进行分类分级管理。所谓“分类分级”是指将企业员工划分成需求分析师、系统分析师、设计师、编码工程师、测试工程师和 QA（Quality Assurance）等，并界定其不同等级，以做到对各类型、各层级人员的单位时间价值（价格）的界定、测量。这种价值（价格）是制定项目人力资源预算和成本控制的基础。资源分解结构（Resource Breakdown Structure，RBS）是按资源类别和类型而划分的资源层级结构，是资源分类分级管理的有效工具。图 10-6 是 RBS 的一个实例。

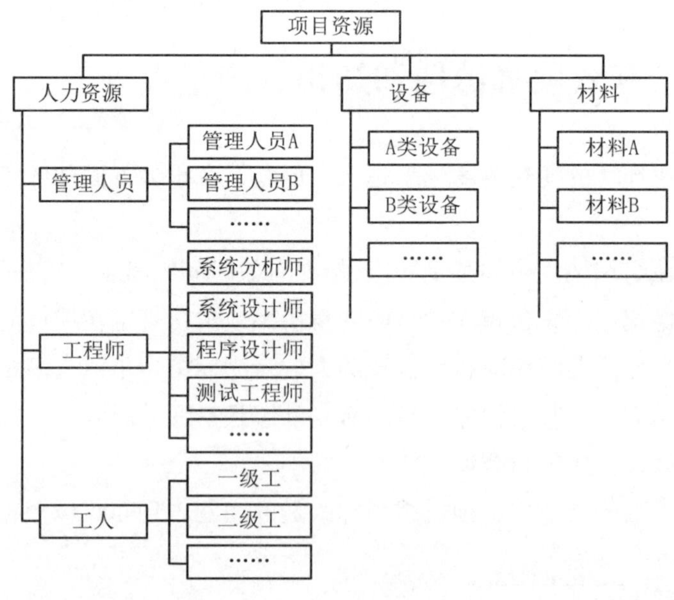

图 10-6 一个 RBS 的实例

“高素质复合型人才”的提法极具迷惑性，加剧了“534 困局”。从项目角度而言，这一方面降低了项目效率，另一方面又提高了出错率。站在组织角度，“534 困局”一方面提高了人员成本，另一方面又降低了员工满意度。

10.4.2 人员“来得了、干得好、走得成”是项目治理的责任

项目组是一种临时性的、动态的组织，由于它不应该有冗余人员，因此，资源调度的有效性基于资源调度的动态性，理想的状态是“需要时，需要的人来得了；不需要时，不需要的人走得成”。只有既能聚焦于项目目标的实现，又能充分、有效调度组织资源的项目组织方式才是合理的。

然而，要做上述要求，必须具备以下条件（不限于）:

- 人员已经“分类分级”。
- 各职能部门建成了“资源库”。
- 项目计划具有适当的提前量。
- 有多项目资源协调的机制（如 PMO 等项目治理机构）。

必须说明的是，对人力资源进行“分类分级”极为重要，但定义、划分和培育具备各种专业技能的人员是职能管理的责任，而不是项目管理的责任。当然，项目管理需要对资源需求进行有效策划，包括需要什么人员、何时需要、需要多少、何时释放等。

显然，这并不在项目管理的范畴，更应该是项目治理的职责。只有对职能管理和项目管理进行有效治理，才能够使项目人力资源“来得了、干得好、走得成”，人力资源使用效率才能提高。

10.4.3 研发项目成功需要组织体系的保障

很多国内企业对研发项目的管理侧重于技术层面，更关注进度、费用等指标，殊不知对专业技术人才使用不力也在事实上造成了研发效率的低下。要提高研发能力，除了拥有一定数量的人才以外，企业还需要做好研发项目体系建设。

研发项目的成功需要与组织各职能部门的密切配合、通力协作。显然，各

部门的支持对研发部门而言是必不可少的，但对研发项目支持的工作往往只占各职能部门工作的一部分，甚至是极少的一部分。事实上，各部门总是优先安排对本部门关键绩效指标（Key Performance Indicator，KPI）贡献最大的工作，这在客观上导致各部门未必会积极提供必要的支持活动。这也许对于各职能部门业绩的评价影响不大，但却加大了组织研发项目的实施难度。

研发驱动型企业的一个最常见难题就是对各职能部门的考核，特别是在对研发项目的支持性工作上。通常做法是将组织目标分解为两部分：一是各职能部门的目标，二是各研发项目的目标。目标分解意味着责任和压力的分解，为实现目标，人们需要资源。因此，研发项目与职能部门之间存在资源竞争。研发项目是临时的，职能部门则是相对稳定的。职能部门内部的工作，不需要跨部门协同，内部可控性高，因此容易实现；研发项目对各职能部门而言，属于配合性工作，居于协同性地位，内部可控性差，不容易实现。另一方面，由于销售、组织结构等方面的原因，职能经理们优先安排资源给对本部门 KPI 贡献最大的工作，而项目于各部门的 KPI 贡献往往并不那么直接，其结果可以想象，最终形成了“每个人都在忙，但组织目标实现不了”的局面。这个过程如图 10-7 所示。

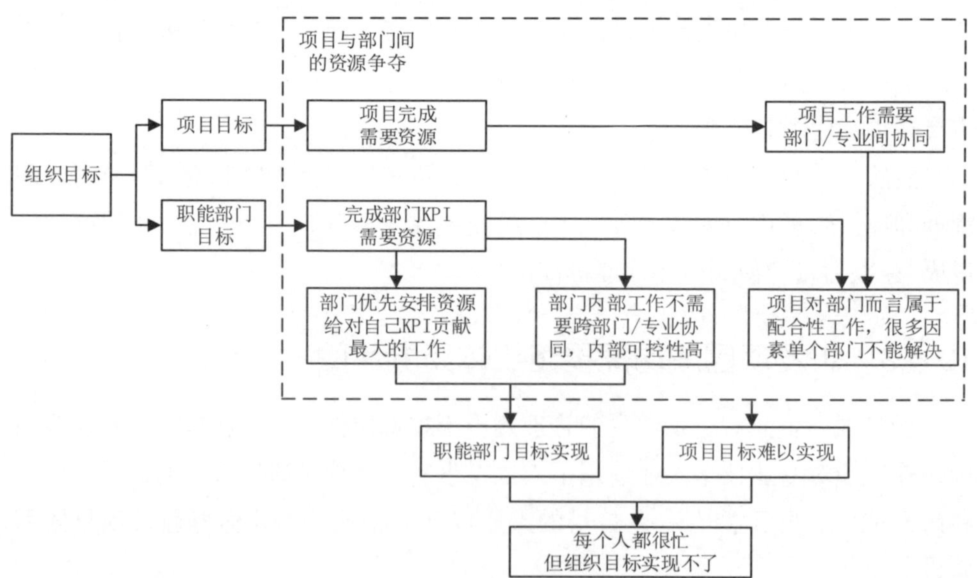

图 10-7　每个人都在忙，但组织目标实现不了

建设合理的绩效考核体系、促进各部门协同，是研发项目成功的保障。

企业的利润来源于其创新优势，当创新优势消失后，企业的利润也将随之消失。因此，如何提高企业的研发效率，如何提高专业技术人才的使用效率，将成为企业需要解决的重要问题，而仅仅在项目管理方法、技术的层面上是难以找到解决之道的。

10.4.4 切实做好着眼于组织长远发展的知识管理

与人力资源的重要性广为人知相比，知识资源还没有得到应有的重视。将员工的知识/技能转化为组织的知识/技能，是组织长远发展的必由之路。也唯有将员工的知识/技能转化为组织的知识/技能，才能持续地让员工在项目中“进入角色快、发现问题快、给出解决方案快、交付项目成果快”，显然这是组织要考虑的问题，而不仅仅是项目经理们的责任。

能否按期完工是判断项目是否成功的极为重要的指标。然而，决定项目能否按期完成的因素大多是项目中的问题/风险，也就是需要被解决的不确定性。这些不确定性常常不是项目组成员能够独自解决的，需要依靠整个组织的力量，甚至需要利用外部的专业资源。

只有将知识转化为技术才能提高项目的执行效率，也只有知道何种技术对提高项目执行效率有帮助，才知道如何提炼、积累和运用知识。知识是组织最重要的无形资产，也是组织真正的核心竞争力。项目收尾的作用不仅是结束项目，更重要的职能是对项目过程中的经验教训予以提炼形成组织的知识财富。知识管理是为了管理变化，没有足够的知识，组织就难以知道该如可应对项目中的变化。项目尽管有其独特性，但在同一组织内部同类项目间的问题却十分相似，记录、总结这些问题/风险形成自己的经验教训数据库极具价值。只有将这些经验和教训在后续项目中得以应用，才能避免重复性问题的发生。IBM 公司的 RUP（Rational Unified Process）就是一个重量级的方法。

然而，挖掘知识是一件艰苦的工作。组织的知识往往隐含、散落在员工群体中，有时不是大家不想表达出来，而是可能并没有意识到。因此，应该鼓励和引导员工将隐性知识转化为显性知识。

没有良好的知识管理，“进入角色快、发现问题快、给出解决方案快、交付项目成果快”简直是空中楼阁。组织应成立专门的PMO，负责对项目文档进行分类、整理、统计和挖掘，并予以培训和应用。这需要付出艰苦的努力，必须有足够的耐心。

项目管理是一个实践课题，说起来简单，实施起来有大量具体问题要做，期望取得实效的项目管理没有捷径。

第11章

对人的管理最能体现项目管理者的水平

正确识别并合理引导所有干系人参与项目，决定着项目的成败。

——《PMBOK®指南》(第6版)

项目管理是一个平衡各方利益、融合各方观点、实现项目目标的过程。几乎每一个环节和步骤都不轻松，必须做好面对不同意见、不同观点和不同诉求的准备。干系人管理最能反映项目管理者的能力，干系人管理的水平集中体现了项目经理的水平和人际关系能力。

项目的每个干系人都是项目信息的来源，同时也是项目信息的传递对象，项目经理要获取并仔细分析各干系人的期望和问题，更要影响他们，让干系人了解项目及相关问题，从而帮助和支持项目最终目标的实现。某种意义上，每个干系人都是项目经理的资源。

11.1 “领导”你的领导

徒弟：在项目上我经常感觉能力不足，甚至无助。怎么办？

师傅：找一个旁观者帮你。因为任何人都是这样，处理别人的事情总是大刀阔斧一把抓住主要问题，轮到自己却沉浸在细枝末节不肯放手！所以可以借助他人的智慧帮你抓住主要问题，然后加以解决。

11.1.1 做仆人式领导

在绝大多数国内企业里，项目经理都是在有责无权条件下实施项目。说起来也有其合理性。高层管理者从一开始就知道项目经理干的是“神”一样的人才能干出来的事①，工作本身就极具挑战性，失败风险随时伴随。他们时常担心，如果项目经理被授予过大的权力而被滥用，将导致项目出现更多不应该出现的问题，届时领导也难辞其咎。反之，如果项目经理没有太多权力而仅承担责任，通过跨部门协调来推动项目进程，就可以避免犯太大错误的可能——没有权力也就没有机会做犯错的决策。

这样一来，项目经理就需要“借力”来推动项目，这种借力往往通过“向上管理”来实现。如何实现“向上管理”？我们发现，最有效的是采取“服务大家”的方式，也就是罗伯特·K.格林里夫（Robert K·Greenleaf）倡导的仆人式领导模式。仆人式领导是一种存在于实践中的无私的领导哲学，他们以身作则，乐意成为仆人，以服侍来领导；其领导的结果亦是为了延展其服务功能。仆人式领导鼓励合作、信任、先见、聆听以及权力的道德用途②。

通过“仆人式”影响领导做出有利于自己的决策。当然，更优秀的项目经理不但能影响领导做出有利于自己的决策，而且还能不让领导察觉出来，让领导以为是自己想出来的，这样的人才是真正的高手。

老子在《道德经》中有这样一句话：“太上，不知有之；其次，亲而誉之；其次，畏之；其次，侮之。”可见“太上，不知有之”境界更是超越了“亲其师，信其道”的境界。也就是说你教会别人东西而不让人知道你的存在才是最高的为师境界。当领导也一样，其最高境界

① 参见本套书的《心法：顶级项目经理的修炼之路》第 1 章。

② 肖杨. 晋升：从项目经理到年薪百万的职场精英[M]. 北京：机械工业出版社，2018.

就是让别人察觉不到你的存在，但是还达到了自己的目的。

“仆人式”领导有一个优点，就是不必承担拍板责任。很多项目经理意识不到这个好处，总是希望被授予直接的权力，以便更省力气地完成目标。然而，在不确定性项目环境下，如果领导真赋予了权力，也带来了承担大风险的责任。反倒是，当项目经理没有直接约束他人的权力时，如果可以名正言顺地给领导做汇报，借此机会影响领导的决策，借助领导的力量约束自己的项目成员和其他项目干系人，这才是项目经理最有用而且风险最低的权力，也就是我们所说的可以有机会影响领导的权力。

11.1.2　用好你的发起人

从接受任命的那天起，马丁（Martin）就陷入了无休止的假象和预测中，这是他第一次管理复杂的跨国团队，团队成员来自上海、法兰克福（德国）、班加罗尔（印度），而且均是公司的资深专家（多数是博士）。同相关干系人一番沟通后，马丁倒吸一口凉气，项目的复杂程度比自己想象的大得多。

（1）这是一个相对比较成熟的、已经有广泛应用的大型产品，但当初开发本产品的团队已经解散，只留下两个近一两年加入团队的班加罗尔成员。

（2）本产品一年前与另一个研发项目对接，但是对接尚未完成，只留下一个开发人员和一些未解决的遗留问题。

（3）上海团队成员共两名但都从来没接触过此产品。

（4）研发团队的前期项目文档很不完整，甚至测试用例都没有文档。

（5）项目的最新要求是将此产品与正在研发的另一款产品进行集成，以实现端到端的产品集成。

马丁组织了项目启动会议，会议让他发现了更大的问题：两名来自研究院的同事意见相左，在需求优先级的问题上争论不休。由于是第一次接触，马丁没有急于表达个人意见；在征得大家认可前提下，他要求所有需求都提交到自己处汇总，然后再召开团队会议共同进行优先级排序。

马丁马上汇报项目的发起人希尔（Hill），请求支持。讨论过后，希尔决定将架构师艾伦（Alan）派到此项目组来，参与需求优先级排序的讨论并代表希尔做最终决策。在第二次讨论中，两个意见相左的同事依然有所争论，但艾伦对最终排序做了决策并获得了大家的认可①。

当项目经理的权力不足时，要在第一时间找到能够影响最终决策的干系人。项目经理不能解决所有问题，尤其是在项目团队成员中涉及复杂的组织架构，并且这些不同团队和部门对项目关键技术、交付内容、进度等有重要影响时。项目经理要充分利用项目发起人这个最重要的资源。

决定项目成败的很多原因（甚至大部分原因），在项目经理的层面上是不能解决的。据 2013 年 Standish Group 的调查，成功的项目中有 61%是由于项目得到高级管理层和组织的有效支持，而失败的项目中有 70%是由于高级管理层的能力和支持力度缺乏。可见，高层管理人员的支持是项目取得成功的第一因素。对于项目经理而言，获取并用好高层干系人（特别是发起人）是至关重要的。

11.1.3 站在领导角度找到其痛点

徒弟：管好项目干系人很重要，有什么心法吗？

师傅：投其所好，给其所要。人有欲则不刚，爱钱则给钱，爱财则给物，爱书则送书。

> 知己知彼，百战不殆；不知彼而知己，一胜一负；不知彼，不知己，每战必殆。
>
> ——《孙子·谋攻篇》

① 案例来源：李华领，岳治宇，刘彦芬，等. 项目经理修炼之道：从硬功夫到软实力[M]. 北京：电子工业出版社，2014. 有改动。

对于项目经理来说，如果希望影响领导的思想，就得先充分地了解领导，揣摩领导在想什么，领导最关心什么，尝试转变视角，站在领导角度思考企业中的各种问题。

切记，我们提倡的是“站在领导的角度思考我们自己关心的问题”，而不是“站在自己的角度思考本该领导关心的问题”。

这里，必须对“转变视角、站在领导角度”进行澄清！譬如，作为一个项目经理，站在领导角度思考问题的含义并不是说应该站在项目经理的视角评论或质疑企业高层管理者的所作所为，而是应该尝试换位思考，站在高层管理者的角度思考他会如何看待项目经理的这点事儿，尝试站在高层管理者的整体角度思考他处理问题的种种方式背后的合理性。

> 一个新入职的大学生，就华为公司的经营战略问题，写了一封“万言书”给创始人任正非，任正非批复：“此人如果有精神病，建议送医院治疗；如果没病，建议辞退。”
>
> 我不完全赞同任总措辞严厉的批复，但理解高级管理层的做法，这名大学生的做法很可笑。这种做法实质是典型地站在一个基层员工的角度，在不了解公司整体的情况下，没有看到公司内种种貌似不合理现象背后的合理性，却从局部角度出发，断章取义、以偏概全地评价。这绝不是我们提倡的行为。

我们希望看到的是，大家都可以像高层管理者一样，站在公司整体角度思考问题，考虑公司内各种错综复杂的关系、资源限制，再思考自己的那点小事，正确理解管理层对自己项目工作安排的合理性。

每个领导都有自己在工作中的目标和思路，对于与自己相关的每一个项目，也都有着自己心中的目标和期望。很多时候项目经理在与领导沟通时，总感觉得不到领导的回应或无法与领导达成共识，很可能是由于自己并没有讲到领导关心的事情，也就是“痛点”。很多人经常觉得沟通困难，多半是这个问题。在沟通的时候，尤其跟领导沟通的时候，一定不要总说自己关心和自己想听的，而忽略了领导关心的事情。因为你要想引起领导的注意、关注和赞同，就必须得讲领导关心的和领导想听的。即使自己的想法非常好，如果领导没有兴趣听，没有听进去，那说了也是白说，达不到影响领导来支持自己的目的。

你一定要能清楚管理层的“痛点”，再强调一下，痛点表现出来就是其最担心的方面，能否找到其痛点（或者说看清其最担心的事）几乎决定了项目的成败。

本话题的更多内容，请参考第 2.1.2 节。

11.1.4 尝试管理领导的期望和兴趣

每个人都希望领导能看到自己想法的价值，获得领导的认同和支持，但也一定不要把领导的期望值拾得太高。如果超出了自己的能力范畴，导致自己做不到给领导描绘的结果，那就变成了给自己“挖坑”。[①]

我曾经见过许多不太成熟的项目经理为了得到领导的重视和支持，给领导描绘了非常吸引人的愿景，把领导的期望值抬了上去，最终超出了自己的能力所及。其结果是，项目团队倾尽全力，也没有办法达到领导的期望值，导致领导失望甚至愤怒！

我的建议是，要讲出项目的价值，特别是他们所关心的价值，也要讲出自己对于实现目标的决心，但也务必要把领导的期望值降下来，降到自己可控的范围内，然后达到并争取做到超出领导的期望。

如果达不到领导期望，他将会不满意；如果离领导期望值很远，他将会很失望并不满意甚至愤怒。因此，尝试将领导的期望定到一个合理的位置，将会有助于我们获得令领导满意的结果。请一定要记住，人并不总是理性的！

11.2 远离是非，管好你的客户

每个人都生活在自己的世界里，干系人和项目经理的关注点不一样，这一点项目经理应时刻提醒自己。项目经理要能够分辨干系人真实的权力和利益，

① 肖杨. 晋升：从项目经理到年薪百万的职场精英[M]. 北京：机械工业出版社，2018.

不要被头衔愚弄。

本话题的更多内容，请参考本套书的《技法：提升绩效与改进过程》第 3.2 节。

11.2.1　从结构属性看信息系统项目中的干系人管理

如果一个公司的信息部门负责实施公司的某个信息化项目，可以从系统结构上分析该结构下的矛盾，确定该系统中各元素的结构属性，从而更好地进行干系人管理。实践证明，在不同领域、不同行业，处于同一结构位置的干系人其表现高度一致，甚至连抱怨的话语都如出一辙[①]。

1．信息中心

信息中心的人常强调项目的重要性，声称项目将影响到每个人的日常工作和行为，但又抱怨高层领导对自己的授权不足。这种结构属性导致自己在项目中没有太多的决定权，凡事要看业务部门的脸色。令人头疼的是，在前期收集业务部门的需求时，业务部门的人往往借口托词，不积极配合。项目实施过程中，又往往提出新的需求和变更。特别是在项目即将上线时，他们会提出很多反对意见。

对此，项目经理应和甲方信息中心的人拉近关系，取得他们的理解和配合。多和他们讲为提高系统稳定性、安全性、可维护性，项目团队所做的努力。还应强调，为了保护甲方在信息化上的投资，乙方团队设计的系统的开放性(比如，系统使用了很多可替换的组件组成)。私下里，要适当表示对他们获得的授权不足而惋惜。一个颇为有效的小锦囊是，适当时候可以给他们带一本与项目相关的书，告诉他你本人从这本书上收获很大，供他参考。当然，可能的话，请自己公司的老总在书上写上一段话会起到意想不到的效果。

---

① 高茂源. 项目管理心理学[M]. 北京：机械工业出版社，2014.

一个事项必须提醒你，千万不要鼓吹你的项目包含了什么先进管理思想，人好像都很排斥别人的思想——每个人都活在自己的世界里！

2．业务部门

业务部门的人常抱怨自己实在是太忙了，几乎没有时间来参与这个信息化项目。他们总会说（甚至是嘲笑）信息部门的人不关心业务，不了解真正的业务需求。当然，还时不时抨击一下以前的信息系统有多Low，总是出现各种Bug（缺陷、漏洞），公司为什么不能针对实际情况定制一套适合自己业务的系统。必要时，还会补上一句："公司总是花冤枉钱！"

对此，项目经理在和他们交流时，一定要注意不要宣称自己系统的先进性，这是首要条件。需要这样讲："我们的系统不敢说是最先进的，但有一点我们可以肯定地说，我们在理解你们的业务需求上所花费的时间比其他公司都多。"

切记，不论已经实施过了多少类似项目，也无论他们的业务需求如何，项目经理千万不能说他们的业务流程其实很简单。相反，任何时候都可以说："你们的业务是独特的！"

一个实用的技巧是，根据公司实际情况，可以邀请他们来做项目组的业务顾问，进行业务指导。在系统实施时，可以邀请业务部门有影响的人来做内部讲师，帮助项目组给其他人培训。当然了，项目团队需要单独给他们先培训一下。

11.2.2 客户的签字不是挡箭牌

有句话说"签合同是为打官司用的，不是做事情用的"，也就是说合同只是建立了双方的契约，规定了双方的权利、义务。通常情况下，合同双方都应自觉履行合同要求，只有当双方对权利、义务理解不一致、各不相让导致冲突时，才会搬出合同来谈判。项目中拿合同相互指责和算账时，基本上可以确定甲乙双方的合作存在严重问题。项目过程中的签字同样如此。除非双方闹翻或存在严重分歧，否则签字根本派不上用场，更不应以签字来要挟。期望拿签字做挡箭牌的行为是不成熟和幼稚的，这极容易导致双方的对立和关系紧张，这也就更难以拿到客户签字。

中国人有句古话叫“防君子不防小人”，说的是“君子”的交往之道（君子一词在古代是指得道之人或才德高尚有修养的人。在现代大概可以解释为讲道理、守信用、言行正义的人），是在彼此的承诺和信任下。当然这个“防”字并不是特别贴切。事实上，如果一个项目经理天天追着客户，想尽一切办法让客户签字，目的就是将客户一步步套牢，日后掰着指头来算账的话，这个项目经理似乎也属于“小人”之列。

确定软件项目的范围的确是一个让人非常头疼的事情，有时连开发实施者也难以确定明确的范围，客户就更不可能。假如遇到一个算是“小人”的项目经理，客户将有苦难说。

在一次会议中，睿致行公司负责市场的副总经理薄兴濠正在跟客户讨论项目二期的商务问题，因为项目的一期已经结束快半年了，二期迟迟未动。迟迟未动双方都有原因，关键的一点就是客户对一期不满意，觉得一期项目没有全部完成，还有部分尾巴，客户希望在二期开始前先把尾巴结束。薄兴濠也意识到一期中的一些工作做得不是很到位，但一期项目的完工报告已经拿到，按照公司的制度，一期项目已经完成了。会谈过程的气氛有些紧张，客户信息中心主任蔡崇毫不客气地说：“你们一期的项目根本就没有完成。当时完工证明的签字我不认，是你们项目经理逼着我签字的。项目经理求我说‘不按时签字完成，没办法和公司交代’，我是帮你们有个交代才签的字。”这位主任很生气！

事实上，项目经理在交付和考核的压力下，往往会“逼”客户做出某些让步，但又没有及时去关注这些隐性的承诺，就会导致翻脸的可能。该客户是睿致行公司的重要客户，每年都有合作项目，双方合作是基于战略层面的，不是单个项目的利益和博弈。

蔡崇的话一出，会场一片安静，一时没人接话，这种压抑对会场的每个人都是一种压力。薄兴濠微笑着说：“咱们先不提签字的事情，一期的项目经理已经离开公司。一期的事该处理的我们会做好处理，具体方式我们再商量，也可以作为二期项目首要的任务先解决。二期的工作，还得并行处理，不能因为这个尾巴影响二期的进展，我知道你们也挺着急的。”这句话缓和了气氛、缓解了矛盾。此时，再绕扯签字的事，结局可想而知①。

有人说签合同是为打官司用的，不用于日常项目的沟通。如果你跟客户天天拿合同说事，试图通过合同和签字让客户“就范”或做“挡箭牌”，只会使项目与客户产生不良影响，制造对立和紧张关系，这也于项目成功不利。

当然，这也不是说就不要签字，在某些时候“逼”客户签字是希望他们认真考虑项目问题。很多时候你不逼，他们的确不会深入考虑和审查项目问题。

11.2.3 远离是非

项目干系人的关系复杂，多个部门甚至多个组织的利益交织在一起，项目冲突司空见惯，需要平衡和处理这些复杂的关系。作为项目管理者，完全脱离这种利益冲突和政治氛围不仅不现实也不可能，应该坦然面对这种现实，采取合理的措施和行动。如果不能正确认识和管理这些复杂环境，将会增加项目冲突，对项目成败产生重要影响。

还记得第 2.2.3 节中韦琼的遭遇吗？项目经理及项目成员都很难独善其身。既要保持良好的客户关系，又要表现出专业素养、能力，体现自身的价值，此种局面很令人为难。事实上，这种状况短期内难以解决，只能尽最大努力来改变局面。

项目中经常面对消极干系人，这些消极干系人可能对项目成功产生负面影响，他们甚至会破坏、阻挠项目的进行。

一个垃圾填埋场的项目会对附近地区的环保和居民健康有潜在危害，尽管法律上规定了垃圾填埋场的安全半径和确保不会对附近居民

① 案例来源：李华领，岳治宇，刘彦芬，等. 项目经理修炼之道：从硬功夫到软实力[M]. 北京：电子工业出版社，2014. 有改动。

造成健康问题的操作规程，相关项目也获得了环保局或相关行政部门的审批，但对附近的居民来说，他们的看法并非如此。

相关类型的项目，比如工程建设、电子设备、危险物品、垃圾处理、人文工程等，大多数会涉及一些民众关心的话题，如环境保护、辐射、安全、文化及习惯、健康等敏感的问题。这类项目遇到的消极干系人往往会比较极端，具有较强的典型性和破坏性。相关干系人往往会采取不同的表达干系人愿望的方法，如上访、游行、静坐、阻挠、暗中破坏、联合维权等。

项目经理应该对这类项目制订出详细和完备的沟通计划与沟通策略。利用多种渠道，如媒体、布告、讲座、会谈、走访等适时发布相关信息。可以充分利用基层组织，协助完成沟通，如居委会、村集体、维权委员会等。

聘请相关的技术和谈判专家是必不可少的。技术专家不仅能对涉及项目的技术细节给出具有说服力的理由和解决方案，还能从政策、法律法规方面给出合理的支持意见。谈判专家擅长化解冲突，解除误解，有效避免恶性冲突和突发事件的发生。当然，专家们应保持中立性并具有权威性，否则可能对事件处理带来更多麻烦。

11.3 让干系人参与项目很重要

为提高成功的可能性，应尽早开始识别干系人并引导干系人参与。

——《PMBOK®指南》（第6版）

11.3.1 你麻烦过的领导最有可能帮助你

1966年，美国心理学家弗里德曼与弗雷瑟做了一个实验：让助手到两个居民区劝人在房前竖一块写有“小心驾驶”的大标语牌。在第一个居民区向人们直接提出这个要求，结果遭到很多居民拒绝，接受者仅为被要求者的17%。在第二个居民区，先请求各居民在一份赞成安全行驶的请愿书上签字，这是很容易做到的小小要求，几乎所有的被要求者都照办了。几周后再向他们提出竖牌的要求，结果接受者竟占被要求者的55%。

社会心理学研究表明，人类更乐于是始终如一的，并在他们的行为中表现得始终如一。一个人一旦接受了他人的一个微不足道的要求，为了避免认知上的不协调，或想给他人以前后一致的印象，就有可能接受更大的要求，这就是著名的登门槛效应（Foot In The Door Effect）①。这种现象，犹如登门槛时要一级台阶一级台阶地登，这样能更容易更顺利地登上高处。国人将这种效应俗称为得寸进尺。

一般情况下，人们都不愿接受较高较难的要求，因为它费时费力又难以成功，相反，人们却乐于接受较小的、较易完成的要求，在实现了较小的要求后，人们才慢慢地接受较大的要求。

在项目中更是如此，如果需要干系人做一个大的改变来配合项目极可能被拒绝。此时不妨先提出一些小的让对方无法拒绝的要求，之后再逐渐提出真正的要求，成功率大为提高。请记住，你麻烦过的领导最有可能帮助你。

可以利用登门槛效应来要求干系人（特别是客户和某个重要领导）加入到项目中来。比如，项目经理可以先要求得到对方的某一份可以公开的资料，继而再让他帮你看看自己对业务的理解有没有不足之处，最后再要求对方加入项目组中来。

11.3.2 让干系人为项目“付出”②

一个人到一个可以议价的市场购物，如何让卖方把价格降到自己的心理价位呢？

---

① http://baike.baidu.com/view/1297140.htm.

② 高茂源. 项目管理心理学[M]. 北京：机械工业出版社，2014.

很多人会先走开，等卖方把自己喊回来。他们认为自己离开卖方会感觉要失去一笔生意，因此就会降低。殊不知，商家对这种场景见得比你多得多——他当然会劝你回来，但就是不答应你的出价！

其实，一个简答的办法是你要尽可能地“麻烦”对方。你要不断地向对方咨询关于商品的优点、使用方法、原理等一切可以询问的信息，并让对方帮你挑选款式。当然，如果购买的是衣服鞋帽，你要让对方帮助你试穿。某些商品的摆放位置过高，你还要让对方搬来梯子或椅子取下来。总之，你要占用对方服务普通顾客至少 3 倍的时间。提醒你不能太过，激怒对方引起纠纷可不关我的事！

经过这番折腾，接下来是收获成果的时候了。下面的讨价还价，你会惊讶地发现对方在与你的博弈中简直软弱无力。因为，在付出这么多努力后，卖方内心对成功交易已迫不及待，更无法承受交易达不成所带来的内心“挫败感”。所以，此时你往往能获得一个连自己也无法拒绝的低价。更有意思的是，对于这个不轻易给出的低价，卖方会改变自我认知——给自己找一个“降低库存”“赚的少一点也比不做强”的理由。

在项目启动阶段，应识别出项目的重要干系人，并尽可能把该干系人纳入项目中的一个正式的岗位上。在这里，岗位名称不关键，关键点在于要有个正式的项目岗位名称，甚至虚职也无所谓，只是该岗位需要花点精力。一个注意事项是，不要让这个岗位承担责任，否则会被拒绝。

前期要明确向该干系人汇报项目情况的方式，包括格式、手段、频率等。比如每周五下班前给他发送电子邮件，一定是对方不好拒绝的方式。常见的情形是，对方会说他只关注结果不需要知道具体过程，或说他比较忙没有精力看这个汇报。此时，你不必解释什么，只说是例行公事也不需他承担任何责任。当然，你还可以补充说如果没有时间他甚至都不需要看，该报告只提供他参考，更不需要签字。这样，对方就很容易接收这个报告。请注意，一旦他同意每周接收报告，就意味着他已经开始在为这个项目付出努力了。至少他知道每周要获得项目进展报告，这本身就要多操一份心，会消耗其精力。

笔者多年的实践证明，干系人往往很配合甚至十分乐意接受这份报告。因为对于干系人而言，对项目信息多一分了解对自己的长远利益也较为有益。另外一个事实是，这在客观上也可以满足某些人的控制欲望。

项目实施过程中，要按计划定期向干系人汇报项目进展。注意这一定要在项目开始前策划好，临时这样做会有各种不可控的情况产生。人们会支持自己付出过努力的事项，即便仅仅提供报告，也会让人对项目产生感情。一个人如果看一个事物时间长了，就会增加好感，心理学上称为多看效应（看来，“日久生情”和“办公室恋情”在心理学上也有证据）。

在上述过程中，该干系人主要是在心理上对项目投入，很多时候他并不会真花时间去看报告。为增加对方的投入感，适当时候你可以就某个业务问题向该干系人征求意见。注意，问题不要特别难以回答，必须是封闭式问题。“您认为这个报表是使用固定格式还是让客户自定义？”“这项工作的最终批准权限是A部门还是B部门呢？”就是不错的问题。这些问题的回答不要太耗精力，这样容易被接受。开放式问题往往会激发被提问者的想象空间，因此不要使用。切忌使用“为什么……”，因为这极容易引发对抗。

一个重要的注意事项是，如果干系人的建议被采纳了，一定要在适当时候为他对项目的贡献公开表示感谢。这里，“公开”是关键点。

项目的重要会议要请该干系人出席，如可能可以请其主持会议。

这个方法简直是笔者管理项目的法宝，屡试不爽。在2016年的某项目中，被我麻烦过的某领导在验收阶段的帮助，甚至被人怀疑接受了我们的贿赂！

11.4 管理干系人的关键还是自我修炼

> 一次，一位著名的漫画家参加一个朋友举办的鸡尾酒会。有人请他给在场的每一个人画一幅漫画，他寥寥数笔就勾勒出了一幅，很快就给每个人画了一幅肖像画。当把这些漫画拿到众人面前辨认时，每个人都很快认出了别人，但对自己的那幅却很难辨认出来。

认识别人很容易，但是认识自己却很难。我们有的时候往往钻进自己给自己设定的“套子”里面，挣扎着难以解脱。

11.4.1　害惨你的可能是你一直自豪的

古人讲究“放下”。对于一个孩子来讲，放下很容易，因为他本无所依；而对于一个已经有过多年工作经验的项目经理来讲，真正做到放下自己一贯坚持的东西，迎接改变却不太容易。固执的人往往成功过，这种成功的经历会成为其一种认知模式，也会让自己更加迷信自己的某些做法。

要改变自己的做事模式，需要打破一些固有的恶性循环。我们一旦进入某种恶性循环可能就很难再走出来，就像坠入沼泽的人一样直到耗尽所有气力。

> 艾伦（Allen）是一个特别谨慎的人，事事都要做得特别得体，努力让自己成为大家都喜欢的人，简直是一个完美主义者。时间久了，同事们了解他的个性，善于思考、处事谨慎。这也使得众人在他面前难以放松，害怕自己的言行被他鄙视。另一方面，大家也习惯了他的风格，只要他说话大家都认为是其深思熟虑的，以至于他的话众人也会认真对待。
>
> 人总有犯错误的时候，艾伦的一个小纰漏（仅仅是言语稍有不当而已），同事怀疑其内心就是这么想的，导致了一场矛盾。艾伦花费了很大力气才弥补了过来！“我都这样注意了还是引发了麻烦，如果我不这么谨慎的话，事情不知道会乱成什么样子！”艾伦深深地警告自己。

这就是恶性循环，被自己一直所坚持的东西毒害。人往往被自己设定的“套子”给圈住，出不来。

> 一位特别呵护孩子的妈妈，对孩子饮食起居照顾得细致入微。担心孩子生病受凉，穿多了担心孩子受热，穿少了担心孩子受凉。偶尔孩子感冒，妈妈往往会说：“我都如此小心了，孩子还会感冒，可见对待孩子可真是丝毫怠慢不得。”

项目经理也要想一想，自己是不是也陷入一个恶性循环中去了？自己到底能不能放下一直坚持的东西？项目经理并不需要做一个完美的人，只需要做一个可以面对自己内心的人。只有试着做一个“旁观者”，才可以真正从做项目的成就中获得快乐。

11.4.2 正视自己的弱点

徒弟：佛家说“有求皆苦”，儒家说“无欲则刚”。项目经理权小责大，很多时候不得不求人，求人就难免畏人、怕人，就很痛苦，如何破解？

师傅：正己而不求于人，处处要求自己，让自己做到被别人所需要。一个男生追女生，如果一味地去满足对方，让你做什么就做什么，那么得到的可能只是一张好人卡；如果反过来提升自己的魅力、修养、学识，去吸引对方，追到的可能性就大多了。

对项目而言，唯一不变的就是变化。各种不可预见的意外都会给项目管理者带来压力。情绪不佳时，每个人都会表现出弱点。项目管理者应该正确对待，并适时调整。

1. 放大某种感觉

现实的项目管理，本质上是在条件不完备情况下寻找可行解。这样那样的问题总会发生，客户要求不合理、项目人手不足、干系人期望不切实际……身处其中的人常会放大问题，于是类似抱怨出现了：

- 客户总是挑三拣四！
- 公司一直这样不正规！
- 现在的团队成员都是自私的！

高考前，我们对是否会做一道试题是很看重的，多年后回忆起高考前的经历，谁还会对当时试题的会做与否当回事儿呢？

当身处某个环境中时，人们会放大某种感觉，问题扩大化的结果是限制了解决问题的可能。请记住，项目的艰难过程，在项目结束后几乎没有人还会记得。这就是“好了伤疤忘了疼”！

2. 人往往没有这么复杂

过分推理，总以为其他干系人在和自己作对；过分重视某个客户在某种情景所说的话语，断章取义。这在刚刚成为项目经理的人身上时常发生，他们总是以己度人。他人无心之言，自己却总觉得“话中有话”“寓意颇深”，继而导致精神紧张。这样的项目管理者在和干系人交往时，也常会引起其他人的紧张和不舒服的感觉。

每个人都活在自己的世界里面，干系人表达的往往是基于自身位置的观点和利益。人在日常交往中，不太可能总是在神经紧张地深思熟虑后，再用一套高超的技巧来表达。事实上，人往往没有这么复杂。

3. 是非曲直、完美主义在项目上行不通

现实中，只是人所处的角度不同，并没有严格的对错。非要区分是非的人，自身有一套行为准则，也希望别人遵守这套准则。他们的语言模式是“应该……”。如果实际情况没有按照他自己假设的发生，他就会有强烈的挫折感，甚至郁郁寡欢。

项目管理者一定要注意，每个人都有自己的做事准则，这没有严格的孰对孰错。如果想要得到自己想要的结果，最好首先熟悉别人的做事准则。这个世界正是因为每个人都有着自己的个性才精彩纷呈。不要强求别人按照自己的方式来响应自己的行为，认真理解别人的想法，试着适应别人的规则，你会发现自己变得快乐得多。

项目管理从来都是寻找一个可行解而不是理想解，完美主义在项目上很难行得通。

4. 贴标签是一种心智模式

贴标签来源于日常生活的认知僵化。一个项目经理可能第一个或者第二个项目遇到了有强烈抵触情绪的客户。对于认知僵化的人，会形成一种模式，以后只要客户有什么新的需求就会认为客户有意刁难。贴标签的心智模式，有可能并不是通过自己的亲身经历形成的，而是通过别人的经历或者某些人的游说形成的。在这种心智模式下，人们往往会对别人的进步视而不见，形成和周围环境的相互误会。

多年来，很多文艺作品塑造的“军阀”形象是“粗俗+留点小胡子+骂脏话+不识字+穿军装”。问题是，历史上的军阀果真如此吗?

小米在公众中被贴上“屌丝”的标签（其实标签是小米给自己贴的），以至于很难“高大上”起来，其恶果是难以形成品牌价值，这就是某些人不用小米手机的原因——用上小米就让人感觉不够好！小米手机很难获得超额利润。其实，小米产品本身是很不错的。华为努力将荣耀与华为品牌划清界限的原因也在于此。

这样的例子比比皆是。

一个妻子如果有将心理感受放大化的心理弱点，她就有可能通过丈夫的几次疏忽而认定丈夫就是一个粗心大意的人。在这种心智模式下，她会把丈夫的某些行为理解为粗心大意的表现。所以，发生点意外事件，立即就会责怪丈夫粗心大意。时间久了，两个人都会形成一种心智模式。妻子指责丈夫粗心大意，丈夫认为妻子总是抱怨自己……恶性循环的结果是许多夫妻走向分手！

第12章

必须在沟通上下功夫

> 管理就是沟通，沟通，再沟通。
>
> ——杰克·韦尔奇

对组织进行调查，你总会发现组织成员说，存在沟通问题。这就是生活中的事实。

沟通问题可能是组织中最普遍的问题。尽管人们都在议论信息太多的问题，但大家又都急于获得有关信息。如果得不到所需信息，人们就开始编造信息。有时这就是谣言的起源。

> 总裁召集3个厂长说："今年效益不好，中秋节什么都不发。"
>
> A厂长如实传达后，众员工愤愤然。
>
> B厂长传达后又说："上头还说要裁人，不过，因为我力争，所以我们厂不裁人了。"众员工欢呼、暗自庆幸。
>
> C厂长传达后丢下一句："上头还说要裁人。"随即转身离去，众员工皆到C厂长家送月饼。

这就是沟通！

在所有的项目管理技能中，沟通是最重要的。大项目经理的主要工作就是与项目干系人沟通，在某种程度上，项目的成败取决于项目干系人之间沟通的有效性。多数组织中都有大量的交谈，却没有大量的沟通。沟通的双方都存在问题，讲话者没有有效地讲话，听话者没有良好的倾听技巧。组织的管理能力稍逊一筹，那么也可以通过加强有效的沟通能力予以弥补。

《PMBOK®指南》将沟通管理作为一个专门知识领域，还建议项目经理花75%以上的时间在沟通上，可见沟通在项目管理中的地位。

12.1 理解沟通模型突破沟通障碍

> 沟通中最大的问题，是已经产生的错觉。
>
> ——乔治·萧伯纳

12.1.1 梅拉比安沟通信息模型

一次，我在清华大学给一总裁班（Executive Development Programs，EDP）上课时，做了一个实验。首先，让课上所有学员放下手中所有物品并让大家注视着我，这时大家怔住；然后，我要求道：“请大家按照我的要求做——请举起你的右手！”与此同时，我也高高举起自己的右手；接着，我连续重复了3遍：“请大家按照我的要求做——请举起你的右手！”……稍作停顿，我边将右手拍向自己的额头边命令道：“拍下巴！”在场的学员们几乎都将自己的右手拍向了自己的额头。

我开始询问大家为什么几乎都拍了额头，结果有学员立即举手：“郭老师，你言行不一致！”笑声一片。

“我说的是‘请大家按照我的要求做’而不是‘我怎么做你们也怎么做’！”

该学员放下了手。

“郭老师，我看到你做什么是光速”，又有学员举手，“而我听到做什么是声速！”

哄堂大笑。

……

他的意思是“声速不如光速”，这并没有错，问题是学员们距我最近的不过 2 米，一个自然人能区分出声速还是光速？典型的技术思维，陈述的物理事实是正确的，但用错了地方。

加州大学艾伯特·梅拉比安（Albert Mehrabian）教授研究后发现：在沟通中信息有 55%的意义来自视觉所捕获的非语言信息（仪态、姿势、表情）；38%的意义来自谈话时传递出的副语言信息（语气、声调、速度）；仅有 7%的意义来自语言信息（字词）。这就是著名的梅拉比安沟通信息模型（见图 12-1）。

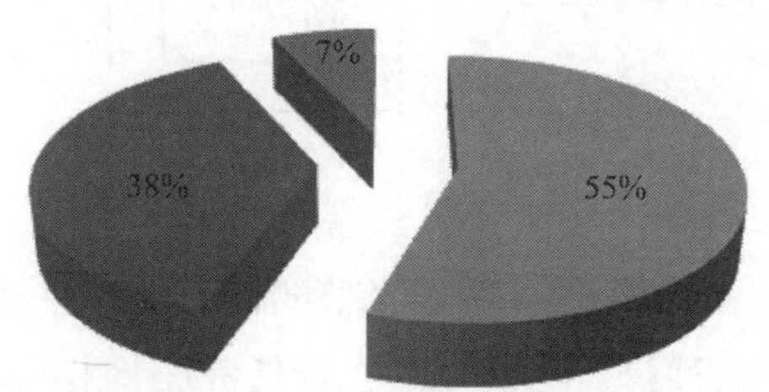

图 12-1　梅拉比安沟通信息模型

可见，听到的不如看到的（百闻不如一见），面对面的沟通是最有效的沟通方法。

12.1.2　沟通模型与信息漏斗

信息是经过加工处理的对人们各种具体活动有参考价值的数据资料。因此，信息是由于人们的需要而存在的。如果人们本来没有思想和需求，也就不会有信息的存在。

1. 沟通模型

信息是因人而异的，人们会对客观的数据资料进行主观地筛选、过滤、加工和处理。信息沟通可以用图 12-2 所示的模型来表示，该模型表达了信息如何在双方（发送方和接收方）之间被发送和被接收。该模型的关键要素包括：

- 编码。把思想或想法转化为他人能理解的语言。
- 信息和反馈信息。编码过程所得到的结果。
- 媒介。用来传递信息的方法。

- 噪声。干扰信息传输和理解的一切因素（如距离、新技术、缺乏背景信息等）。
- 解码。把信息还原成有意义的思想或想法。

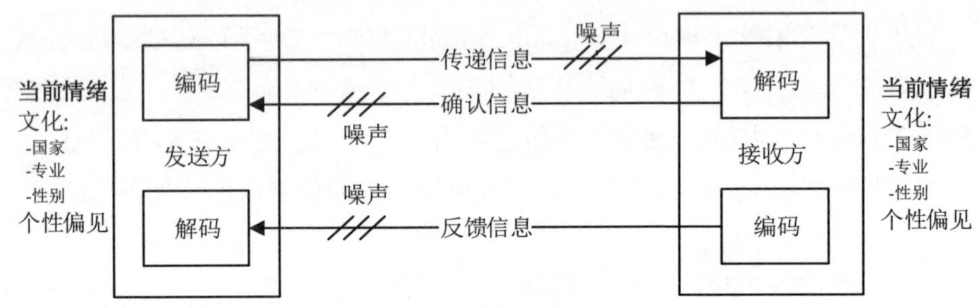

图 12-2　沟通模型

在沟通过程中，信息的发送方有责任发送清晰、完整的信息，以便接收方正确接收；也有责任确认信息已被正确理解。接收方则有责任完整地接收信息，正确地理解信息，并及时确认收到和理解信息。

2．信息漏斗

图 12-2 中的每一个沟通环节都可能存在噪声、误解或其他障碍。这些障碍会产生一种“信息漏斗”现象，这种现象可以简单地用图 12-3 表示。

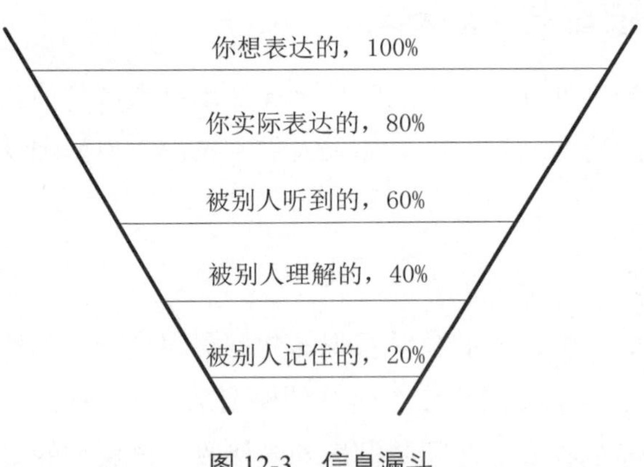

图 12-3　信息漏斗

假如我们想表达的信息总量是 100%，那么受到各方面的影响我们实际上说出来的话可能只有想说的 80%。因为受到环境、说话人的语速、方言等各方面的影响，这些话被别人听到的可能只占我们想说的 60%。同样，这些话的含义能被听到者准确理解的程度可能只占到我们原先想表达意思的 40%。理解之后，这些话能够让他们记住的也可能只占到原来我们想表达意思的 20%。能够落实到行动中的起作用的信息微乎其微。

来自跨专业背景的项目团队成员更容易出现沟通障碍。图 12-4 是一个著名的案例。

客户：我家有 3 个小孩，我需要一个能 3 个人共用的秋千。它由一绳子吊在我家园子里的树上。

项目经理：秋千这东西太简单了，就是一块板子，两边用绳子吊起来，挂在树上的两个枝子上。

分析员：这个无知的项目经理，两个树枝上挂上秋千那还能荡漾起来吗？除非是把树从中间截断再支起来，这样就满足要求了。

程序员：两条绳、一块板、一棵大树，接在树的中段，太简单了，工序完成。

商业顾问：您的需求我们已完成，我们通过人体工学、工程力学多方面研究，本着为顾客服务的角度出发，我们的秋千产品在使用时将带给您如同游乐园里的过山车一样的刺激，如同您在地面上坐沙发一样舒适与安全。

文档管理员：这么小的项目没有文档很正常，只要需求说明书与合同就可以了。

实施人员：我们的产品客户自己都可以完成安装，只要把绳子系在树上就可以了。

图 12-4　秋千的诞生

12.2 使用正确的沟通方式

做好项目的沟通计划是必需的，沟通管理计划是项目计划的一部分，通常应该包括以下内容：

- 干系人的沟通需求。
- 需要沟通的信息，包括语言、格式、内容、详细程度。
- 发布相关信息的原因。
- 发布所需信息的时限和频率。
- 负责沟通相关信息的人员。
- 有权发布机密信息的人员。
- 将要接收信息的个人或小组。
- 传递信息的技术或方法，如备忘录、电子邮件和/或新闻稿等。
- 为沟通活动分配的资源，包括时间和预算。

- 在下层员工无法解决问题时的问题升级流程，用于规定问题上报时限和上报路径。
- 随项目进展，对沟通管理计划进行更新与优化的方法。
- 沟通制约因素，通常来自特定的法律法规、技术要求和组织政策等。

12.2.1 使用结构化方法规划沟通

很多项目涉及许多团队和大量的干系人，做好确保业务团队、项目团队、管理团队有效沟通的规划是成功的关键因素。

1. 5W2H 分析

在做沟通规划时，我建议使用 5W2H 分析，即使用五个以 W 开头的英语单词和两个以 H 开头的英语单词进行设问来制订项目沟通计划，具体是：

- What——沟通什么内容？
- How——怎么做？如何提高效率？
- Why——为什么要沟通？沟通的原因和理由，否则会造成这样的结果。
- When——什么时间沟通？沟通频率（每周、每月还是每天）是什么？
- Where——在哪里（公司内、公司外、办公室、会议室）沟通？
- Who——谁负责沟通？
- How much——沟通到什么程度？产生的费用是多少？

2. 沟通规划 20 问

实践中我使用表 12-1 来检查沟通规划的有效性。

表 12-1　项目沟通规划 20 问

序号	问　　题	是/否
1	有没有审查了各种正式或非正式的协议、备忘录和项目的组织结构，以确定由项目所规定的报告和会议的要求？	
2	是否审查了供应商协议以确定报告绩效和会议的要求？	
3	是否审查项目程序，并确定了状态报告和状态会议的具体项目政策和程序？	

续表

序号	问 题	是/否
4	是否确定有任何外部媒介的沟通需求？	
5	是否确定每个干系人的信息需求将如何得到满足？	
6	是否识别和审查项目基础设施中可用的沟通技术媒介？	
7	有没有定义用以满足干系人要求的正式报告？	
8	有没有定义项目结构中编制报告的级别和项目组织单位？	
9	有没有定义由不同级别和各项目组织单位制作的报告的类型？	
10	有没有定义将会出现的项目会议？	
11	有没有定义用于项目团队成员之间共享信息的信息检索和发布策略？	
12	是否指派编制和传递沟通信息的责任人？	
13	是否定义启动沟通的关键事件、里程碑和交付日期的标准？	
14	是否定义了处理项目突发事件的要求和过程？	
15	有没有开发项目信息库并指派维护责任？	
16	有没有创建内外部的反馈回路以帮助评估沟通的有效性？	
17	有没有把沟通工作及相关触发程序安排到项目进度中，并确保它们是整体计划的一部分？	
18	有没有定义更新或更改沟通管理计划的方法、程序和责任者？	
19	是否确定了沟通工作所需的批准过程？	
20	有没有与项目团队一起审查计划？	

在项目的规划阶段，项目经理应该回答这些问题。在项目的进展过程中，项目经理需要经常审查这些问题。

3. 使用沟通矩阵

为做好与每个干系人的沟通，创建一个如表 12-2 所示的沟通矩阵是有益的。

表 12-2　沟通矩阵

沟通频率	每天 每周 双周 每月 按需	发起人	项目经理	职能经理	团队成员	客户	供应商	个人贡献者	主题专家	关键决策者
发起人										
项目经理										
职能经理										
团队成员										
客户										
供应商										
个人贡献者										
主题专家										
关键决策者										

4. 当沟通计划没有被遵守时

如果沟通计划没有被遵守或有效执行，项目经理应该召集团队、发起人和其他相关干系人开会讨论这个问题。可以按照以下 6 个步骤处理：

（1）向每个人道歉，并表达自己的期望："很抱歉，我没有管理好项目的沟通工作。我们需要重新讨论沟通计划，希望今天能取得成果。"

（2）向大家解释不符合沟通计划的具体行为，比如没有按时报告状态，从别人那里听到本来应该跟你沟通的事情，诸如此类。

（3）澄清不遵从沟通计划的影响，"因为我没有收到及时的状态，我向发起人和客户报告了不准确的信息，看起来项目运行在正常的轨道上。因为不准确的信息，客户和发起人做出了错误的项目决策！我本来应该联系你们了解更真实的信息，所以我会为此负责，但也请你们主动向我通报项目状态。"

（4）要求反馈："为了让我的计划得到有效执行，还有什么需要讨论或需要我做的吗？"

（5）获得承诺："现在，我们都同意这个计划，对吗？"

（6）感谢他们的参与。

12.2.2 理解沟通方式

可以使用多种沟通方式，在项目干系人之间共享信息。这些方法可以大致归类为：

- **互动沟通**。在两方或多方之间进行的实时多向信息交换。它使用诸如会议、电话、即时信息、社交媒体和视频会议等沟通工件。
- **推式沟通**。向需要接收信息的特定接收方发送或发布信息。这种方法可以确保信息的发送，但不能确保信息送达目标受众或被目标受众理解。在推式沟通中，可以采用的沟通工件包括信件、备忘录、报告、电子邮件、传真、语音邮件、博客、新闻稿。
- **拉式沟通**。适用于大量复杂信息或大量信息受众的情况。它要求接收方在遵守有关安全规定的前提之下自行访问相关内容。这种方法包括门户网站、企业内网、电子在线课程、经验教训数据库或知识库。

普朗公司的射线影像项目进度严重滞后，项目经理雷凌金打算第二天上午 9 点在公司第二会议室召开项目状态会议。下班前，他给 8 名项目组成员群发了 E-mail。第二天上午 9 点，会议室只来了 3 人……

雷凌金赶紧给没有到会的成员打电话，有人说没看邮件，有人说不在办公室无法收邮件；可气的是 QA 主管蒋炜给出的理由竟是没有收到邮件！

雷凌金："怎么可能，我的邮件有'回执'，明明收到了你的'回执'，你怎么说没有收到？"（没想到使用了回执这种"秘籍"！）

蒋炜："就是没有收到！"

……

这是典型的沟通方式选择错误！电子邮件属于推式沟通，信息接收方是被动的。要召集会议，会议组织者应该通过互动沟通（如电话）通知与会人员："明天早上 9 点在第二会议室召开主题是项目进度推进的会议，请参加。会上你需要通报所负责的工作，建议你做一下相关准备……我给你发了邮件供参考。”

12.2.3 发挥效用，避免邮件战争

信息技术的发展，电子邮件已经成为职场上常用的沟通工具。如果使用得当，电子邮件是一款强大的工具；但对邮件的过度依赖加之不当使用，导致越来越多的“邮件战争”，这在“年轻一代”中更明显。

顾益与郑琳在同一办公室办公，由一个隔断板隔开。顾益需要郑琳配合处理项目上的一个并不复杂的工作，鉴于二人前段时间在项目上的冲突，顾益给郑琳发送了邮件。

郑琳回复邮件，但不是确认工作如何安排，却是要求顾益进一步明确更详细的信息。“这么简单的工作都不配合！”顾益越想越气，耐着性子给郑琳发了第二封邮件，添上附件，还在邮件标题上加了一个感叹号——表示重要性。

收到邮件后，郑琳对顾益邮件中的口气和用词甚为不满。她写了封新回复邮件并将全过程的沟通信息附在邮件下方，同时抄送给项目发起人……

我曾经收到过这种邮件。对于这种“不成熟”的邮件，我想到了时下的一个热词——“呵呵”。邮件正成为新的职场工具，很多邮件并未起到解决问题的作用，却时常沦为保护自己提供“证据”的武器！

为有效使用电子邮件，我的建议如下。

1. 发送前须回答的问题

写邮件之前，先停下来想想以下问题：

- 收件人的期望和需求是什么？他想要一般性信息？希望他做决定？评价你的工作？
- 你期望得到什么样的答复？信息？接受决定或建议？让其他人参与？
- 收件人是否有权限进行回应？如果你发送邮件的人员无权给出所需的

答复，这样不仅浪费你和他的时间，还可能导致尴尬或不满。

- 还有谁会看到这封电子邮件？真有必要抄送给其他人查阅吗？如果在抄送中添加收件人，请返回至第一个问题。
- 收件人可以从主题中获知什么？不要重复每个人都已知道的事，如果不可避免，则在信息结尾简单概括。

我们阅读电子邮件时一般都是一扫而过，而且一般都是正在做其他事情的时候，尤其是打电话时。而且，我们阅读信息时，越来越多的是在智能手机上、车上，驾车时，或者走路人多时。因此，收件人的注意力较低，必须抓住其注意力。在主题行和文本的第一段写上你希望讲述的重要事项。前言省略。建议使用金字塔结构（见第 2.4.4 节）：从信息要点开始（主要信息），然后从主到次（细节和附件）。如果你把重要信息放在最后，则收件人可能根本不会看到！

2. 让邮件发挥价值

如果使用得当，电子邮件是一款强大的工具。发邮件时注意以下几点：

- 明确说明信息主题。信息主题明确的邮件就不会被立即扔到垃圾箱中；能够真正地传达消息，收件人也可追查该电子邮件。
- 确实紧急才标明“紧急”；十分重要才标明“优先”。如果你不论什么信息都“紧急”“优先”，人们往往就会形成把它推到最后再看的习惯。
- 简短明了，段落简短，多换行。在 PC 屏幕或手机上阅读信息容易让人疲倦。将各观点事项分开，不仅便于阅读，还便于回复。
- 切勿添加无用附件。附件不但占用电脑空间，下载查看也费时。只发送必要的文档。可能时，将文件放置在共享网络中，然后在邮件中说明地址即可。
- 注意标点符号、拼写、语法和大写字母。语气要专业，以免留下不良印象。同时，语言必须精练、得体且准确无误。
- 发送之前先停一停。发送前应复查一遍。可先放在一旁，等几分钟，然后再复查。

3. 邮件实例

避免下面这种邮件：

发送至：张华；杨义明

抄送：龚德贤；谷岩嵩

优先级别：高

主题：关于 LH-17M 的疑问

晚上好：

正如你所知，我已经代替谷岩嵩调入龚德贤的团队，分析你每月向我们发送的技术规范，用以起草说明系统架构的初始分析文件。

我所指的尤其是 HL-153B 项目，该项目几周前在北京直接与杨义明讨论过，她详细解释了你要求的特定功能，用以作为 HL-153A 投标的一部分，这涉及可靠性问题也容易重新编程的问题。

对于系统的大致构成，我已经分别制定了两种设想，请分别参见附件 A1、A2、A3、A4 和 B1、B2、B4、B19（注意：附件 B19 的章节 3 和 4 指的技术，与项目无关）。

因此，我来信征求你的意见，你看是采用方案 A，还是方案 B 呢？方案 A 允许的配置数更少，但是在使用相同器件情况下更稳定；方案 B 灵活性更强，但可能不太适合连续工作需求。

提前感谢你的合作。

何荣权

PS：我被告知将与你一道跟进 HL 系列项目。如果情况有变，请告知正确的人选。

正确写法如下：

收件人：张华；

抄送：杨义明；龚德贤

优先级别：普通

主题：LH-17M 项目构架-备选设想

张华：

根据杨义明的输入，我对 HL-153B 项目做了初始分析。

你可否在 4 月 15 日之前告知，在两种方案中你认为更为适合议定的施工要求的设备构成方案？

方案 A

特点：可靠性高。

优势：所有操作条件都符合湿热试验标准。

劣势：可能的配置有限（最多 100 个组合）。

方案 B

特点：配置灵活度高。

优势：超过 500 个组合，通过网络可实现程序校正。

劣势：在极端操作条件下系统不太稳定（请参见附件 B1）。

我需要你的指示，以便按照随附的工作计划继续进行技术分析，该工作计划是郭利波和杨义明在 3 月 25 日的会议中制定的。

为方便起见，我还随附了文档 A1 和 B1，这是构架的大致图表及两种选择方案的湿热试验。

当然，如果你还需要更多详细信息，请立即联系我。谢谢！

何荣权

解决方案架构。

Mobile：139××××××97

12.2.4 微信这样用让人生厌

微信已成了我们每个人离不开的工具，聊天、刷朋友圈、抢红包渐成每个人的习惯……甚至玩微信已经波及七八十岁的老奶奶！真的是醉的不要不要的了！

自从有了微信，大家能瞬间在任何时间、任何地点与他人建立联系——是的，微信为我们带来了前所未有的便利。

> “烦死了，有了微信之后，每天至少有一半时间浪费在了微信扯皮上。”这已成了很多人的心声。

科学技术的价值有两面性，使用不好就会弊大于利。对微信的过度依赖甚至滥用，使得微信这种本属辅助沟通的工具逐渐成了令人反感甚至深恶痛绝的东西。我们怀着让科技带来便利的丰满愿望，却陷入了低效率沟通的骨感现实。

1. 截屏滥用让人严重失去安全感

截屏功能对于今天大多数人已经是个炉火纯青的技巧，但这已经在我们的人际关系中造成了无尽的麻烦和后患。一个人的话，在某种语境中是有意义的，但总有人断章取义。A 给 B 说的话，B 截屏后发送给 C，C 兴奋扩散……在这个过程中 C 等于被广而告之，可能被脑残挂到朋友圈，也可能被好事者晒到公众论坛。

得益于我本人朋友圈的众多人数，我见过很多“信息不对称+不同时间+不同立场+逻辑混乱+脑子混乱”式的微信互撕。

不管你承不承认，微信是一个很私人的聊天工具。然而，微信的过度使用正让每个个体的私密性随时被曝光，所有的文字记录都要作好被全世界审视的思想准备（严峻的现实是，有部分人喜欢“人肉”他人）。如此使用，你终有一天会心生问候你母亲的厌恶感。

在这里提醒大家，严格意义上讲，单凭一张微信截屏，既不能证明图片本身是从手机直接截屏而来而不是软件生成，也不能证明文字没有被删减篡改，更无法证明对话对象不是用了同样的昵称和头像的赝品。成熟的人应该明白这种截屏的证明力是有限的。

2. 大多数时候并不适合微信语音沟通

微信的语音功能强大，越来越多的懒人爱用，但却也实在是浪费时间的一大“法宝”。对于一条信息而言，语音往往会增加大量的前言不搭后语和口语废话。那些动辄四五十秒的语音连着几条过来，非要你停下手里的事，从头到尾听完才弄清楚是怎么一回事。

更糟糕的是，很多语音信息如果耳朵凑上去不够快，会变成免提，方圆十里都被广播。

3. 信噪比过高的垃圾信息浪费时间

不少人反映，“早安”“晚安”以及各种毫无意义却又过于频繁的关心和问候，没有改善彼此关系反而很让人厌烦。

相信每个人都见到过“转了将发财、转运，不转将……”的内容，这不仅带有诅咒、迷信性质，更给人造成心理压力和不适感，不得不引起警惕！

朋友圈和微信群里总有那么一拨人天天灌水，过多的杂音干扰了我们对于重要信息的筛选，信噪比已经是一个严重的问题。一个普遍现象是，许多微信群活跃度越来越低，甚至渐成“死群”。

我要说的是，透过传播、分享的每一条信息，可以反衬出传播者本人的素养。

4．“在吗？”“有时间吗？”式信息令人困惑

“在吗？”“有时间吗？”“能麻烦你一下吗？”

高效沟通的前提是信息发送方需确保信息的清晰性、完整性和易理解性，否则难以称之为高效。“在吗？”“有时间吗？”式的问题，很让人困惑。

明明有事，却只跟我说一句“在吗”却没有下文，就是一种信息不对称。这种说话方式无异于把压力的皮球踢到对方脚下，给人造成心理压力甚至心理障碍。承担不对称风险的一方在被问者，这是非常让人不快的事情。

如果真有需要，请第一句话就跟人交代清楚，让对方选择是否回应你。要是不愿意理你，那就别再多问，说明人家是选择了不为你付出时间或劳动。

这是个效率至上的时代，别人不是你爹妈，不是你的追求者，不是你的闺蜜，没有人愿意和你多花一秒钟扯淡。

5．交浅却言深

职场微信之所以普及，是因为微信这个平台可以帮助人们实现工作信息流的高效和快捷的流通，但依然不能忘记需要借微信投射出你积极、健康、严谨的工作态度。

特别是如果工作关系发生在上下级或甲方乙方之间，嘻嘻哈哈，满嘴跑火车，容易给人留下极其不靠谱的印象。

此外，因为表达信息成本更低，更要注意内容的谨慎和保密。因为不知道你所说的内容，会不会哪天一不小心成了截屏的主角。

尤其当交谈双方处于上下级或者任务强弱等对差关系时，还需要考虑对方对于交谈内容和任务的接受时间、方便程度、反馈情况，不能因为微信是新的交流工具就当成网聊玩具而目无尊长。毕竟，不是所有的中年人都能明白语境

中的调侃含义，他们也不懂网络用词的深意内涵。

12.3 提高沟通能力是有方法的

如图 12-2 所示，有效的沟通需要信息发送方与接收方共同努力。能靠自己解决沟通问题吗？也许不能完全改变这种状况，但通过努力可以提高“命中率”。

12.3.1 实施有效的自我表露

自我观念是指一个人如何看待自己，是影响自己与别人进行沟通的最重要的因素。每个人都有许多方面的自我观念，如：我是谁，我的立场是什么，我做和不做什么，我的价值观是什么，我相信什么，等等。大多数人对其中的一部分很清楚，而对另一部分则模糊不清。约哈里之窗（Johari Window）由美国心理学家约瑟夫·勒夫（Joseph Luft）和哈里·英格拉姆（Harry Ingram）在 20 世纪 50 年代提出（见图 12-5），故以他俩的名字合并为这个概念的名称。

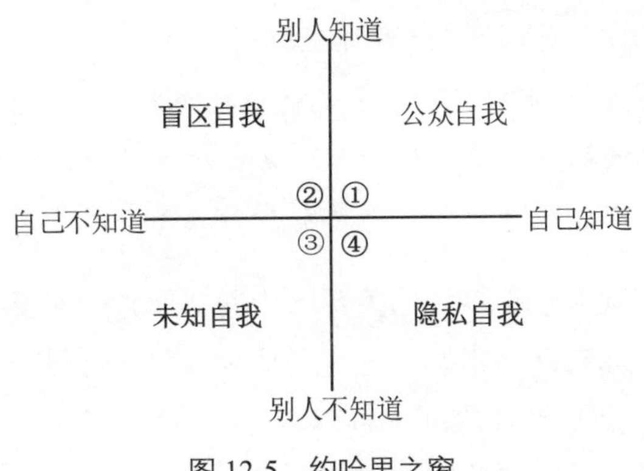

图 12-5　约哈里之窗

约哈里之窗是关于沟通和建立信任的技巧和理论。它实际上包含的交流信息有情感、经验、观点、态度、技能、目的、动机等，作为这些信息主体的个人往往和某个组织有一定的联系。根据这个理论，人的内心世界被分为四个区域：公众自我、盲区自我、隐私自我和未知自我。具体如下：

- 公众自我。自己知道、他人也知道的信息。

- 盲目自我。他人知道、自己不知道的信息。
- 隐私自我。自己知道、他人不知道的信息，这些信息有的是知识性的、经验性的，甚至是创造性思维的结果。
- 未知自我。自己不知道、他人也不知道的信息，是潜意识、潜在需要。这是一个大小难以确定的潜在知识。

约哈里之窗不是静止的而是动态的，我们可以通过内外部的努力改变约哈里之窗四个区域的分布。也就是当我们公开的、隐私的事实放大了，那么我们的盲区和未知相对就变小了。

在一个值得信任的关系中把自己公开地表露给另一个人是逐渐理解自我的重要一步；自我表露是改善个人适应的重要方式，当人们压抑自我的时候，他的自我也就停止前进了；通过自我表露，人们逐渐认清自己；那些倾向于隐瞒自己消极信息的人更可能遭受抑郁和焦虑；通过自我表露，促进沟通效果，增强人际关系。

> 国祯嘉盛公司科研部的一位经理想把女儿送往一英文培训学校补习以准备雅思考试（International English Language Testing System，IELTS），他从人力资源部经理那里听说系统技术中心一位女士的儿子就在他欲了解的机构就职，于是就去找她打听情况。“你怎么知道的？”——她的反应让他大吃一惊，这位经理只好打住了。
>
> 像这种情况，建立良好的人际和合作关系，几乎是不可能的。

如果你真想与别人建立良好的关系和沟通，你必须愿意披露自己的一些事情，帮助别人了解你自己。当然，这一定是个交互的过程。如果对方封闭，那就很难了解他/她。我们彼此之间了解越多，沟通就越有效。根据约哈里之窗，这意味着你要向对方透露更多的“隐私自我”。

未知自我区域因为没有信息可以产生，因而不具备沟通条件；公众自我的信息是公开的，不需要沟通；盲区自我区域的信息他人知道，故沟通主动性取决于他人；隐私自我区域的信息自己知道，故沟通主动性取决于而自己。

如果某人只让你知道他/她表面上的一些事情，而不让你知道他/她的其他事情，你就不可能了解他/她，也不可能与他/她建立良好关系。遗憾的是，有些公司弥漫着猜疑和恐惧的气氛，员工不愿让人了解，任何试图了解他们的做法都会遭到抱怨。他们害怕，你了解他们就是要利用他们。建立与他人良好关系的沟通模式是：循序渐进地使用自己的隐私自我与他人的未知自我进行交换。

12.3.2 积极有效地倾听

> 自然赋予我们人类一张嘴，两只耳朵，也就是让我们多听少说。
>
> ——苏格拉底

正如前文所述，许多沟通技能培训都集中在说的方面，而对如何倾听强调不够。很多沟通问题的根源都在于不良倾听习惯。有效的倾听，不仅要听词语，而且要听词语所表示的意思，包括对讲话者感受的理解。而且，不注意讲话者的感受，可能会使其感到不被重视或不被理解。

应该学习积极倾听，而不是消极倾听。如果某个人对讲话者的反应只是"啊，是啊"，点头称是，或者说"我明白"，这就是消极倾听。讲话者无法知道倾听者是真听懂了，还是自认为听懂了。如果人们彼此厌烦，就几乎总会觉得别人不理解自己，不理解自己对某个问题的立场。积极倾听就是要让别人确信你已经听了，而且理解了。

> 甲："我认为，你不知道为了按期完成任务，我付出了多大的努力。你所要求的只是更多，更多，更多！"
>
> 乙："你认为我对你的努力工作视而不见，是这样吗？"
>
> 甲："当然是！"
>
> 至此，甲可能仍然对乙感到不满，但至少他知道乙在听，并理解了自己的观点。鉴于此，他们就有可能解决冲突，否则就会陷入僵局。

导致人们不能有效倾听的原因主要有 3 个：

- 对讲话者所说的事情没有兴趣。
- 倾听者正在考虑如何应答讲话者所说的话，错过了讲话者正在讲的内容。

- 倾听者受噪声、周围活动及先前某件事的影响，而注意力不集中。

我的一位好友是某著名互联网公司的资深项目经理，他是我系列公益课程的志愿者。业余时间，他协助我从事项目管理体系的推广。最近和他聊天，他跟我诉苦："咱们这些学员都很优秀，辅导他们轻松而且愉快。我的几个团队成员怎么教都不行，烦死了！"

我很好奇，于是我们就探讨了起来。我问他："和你的团队成员沟通的时候，你是怎么说的？"他说："我在公司是做项目出身，对工作很熟悉，我一看到他们哪里错了，就马上指出来，这样才有助于他们的快速提高啊！"

我又问："你对咱们学员的辅导是怎么进行的？"他回答："我对学员们所处的行业很多都不算了解，所以我主要以倾听为主，然后问一些问题激发他们的思考，他们在我的问题启发下，很有想法。"

当他面对自己的项目经理时带有很强的操纵欲；而和学员们沟通的时候，他是中立的。可见，积极有效的倾听，起到了令他意想不到的效果。沟通从"心"开始。

1. 有效倾听的障碍

有效倾听的障碍表现在以下几方面：

- 对他人会说什么，有先入之见。和一个人交谈，你认为你能预测他们会说什么。这导致了你一直在计划自己接下来要说什么，因此最终未能真正倾听到对方的信息。
- 只听想要听的。我们的注意力对我们听到的信息可能是有选择性的并具有倾向性的。也就是说，我们听到的是那些会加强我们的偏见和固定想法的信息。
- 思考的速度比谈话的速度更快，我们的注意力可能会游离。当倾听者处理信息的速度比对方表达的速度更快，倾听者可能会变得不耐烦、思想不集中且不能完全消化对方说了什么。

- 不会抓住重点。积极的倾听包括专注于对方并破译与当前问题相关的和需要实现的主要信息。
- 打断别人。打断别人说话，这表明缺乏尊重和耐心。在别人说话的时候，提供解决方案或分享建议都是失礼的。
- 在谈话的中间改变话题。在对方已经表达完他们的观点之前，尽量不要改变讨论的话题。这可能是极具挑战性的，尤其是当谈话已经停滞的时候。

2. 倾听的技巧

下面的提示和技巧可以保证你的沟通是开放的、清晰的且更易于理解：

- 保持兴趣并留心；集中精力倾听。当你表现出专注及感兴趣时，对方也会变得更有兴趣且更活跃。
- 尽量不要分心。在会见他人时，请在你的时间安排表中预留出时间，以便你可以100%关注这个人和他的问题。
- 耐心。要有耐心，不要打断别人。
- 跟上对方的想法。尽量不要跑题或困在一个想法上，这可能具有挑战性。替对方的想法进行总结或排列主次顺序可能对他们有用。
- 提供反馈。反馈可以通过对对方所陈述的内容进行改述，通过提问明确你的理解，或对你听到的内容做出解释来实现。这可以显示出你正在倾听。
- 确定主要问题。在倾听的时候，确定出谈话的要点，这样你可以在稍后的讨论中进行总结。
- 避免预先判断。在你从对方的观点中听到所有的细节之前，尽量不要预判问题。
- 记笔记。不会分散注意力的方式是记笔记。如果你记笔记，别人会觉得你对待事情严肃认真。笔记还可以在下一次碰头的时候作为参考。
- 总结要点。在讨论结束时总结要点，并询问对方是否同意。另一个有用的方法是请对方对讨论的内容进行总结。

12.3.3 信息表达要简明规范

1. 沟通的关键是明确目标

彼得·德鲁克在他的《卓有成效的管理者》一书中就指出过，工作沟通的根本就是目标沟通。最初看到这个原则的时候，我不以为然。

> 某公司，对于一个新起步的项目，不同干系人各自有自己的认知，然而该项目的项目经理坚持使用已经成熟的方案，公司发起人对项目经理的“任性”很不满。
>
> 公司高管的项目目标是通过项目快速积累客户；项目经理的项目目标是需要通过项目快速盈利。麻烦的是，二人对对方的目标都不清楚。

一个公司一定存在不同利益、不同方法、不同性格、不同喜好、不同知识结构的人。然而项目正是要让这样一个群体，去协同并共同完成一件工作。因此，就要通过沟通让干系人对项目的目标达成一致。

我总结过一个道理，因为每一位项目管理者都是因为自己在技术性的工作岗位上表现突出而被提拔的。因此，每个人被从这样的岗位提拔的时候，都对自己的专业技能拥有一种崇拜，而这种崇拜带到管理里面来是毫无意义的。在沟通中，矛盾往往是由干系人对于方法的认识不同而产生的。

纠结于方法的对错对于工作的完成其实毫无意义，沟通最根本的是我们要达到什么结果，其次才是要采取什么样的方法。

2. 信息简洁应遵从 KISS 原则

信息要简洁明了、重点明确、表述规范，请记住 KISS 原则(Keep It Simpleand Short)。准确规范的信息不仅使人看起来清晰、理解起来容易，而且还会给人以良好的感觉，因为规范程度就是管理程度的反映。

与外资企业的中方人员打交道时常会存在“语言障碍”。这些人员一般使用三种语言。第一种是汉语，第二种是汉语当中夹杂英语，这两种语言基本上还可以让其他人员明白。第三种是汉语夹杂英语和设备型号等专业外语。没有专业背景甚至英语水平不高的人是很难和他们进行沟通的。记住，重要的不是你说了多少，而是别人理解了多少。

汉语语义本身就较为复杂，使用不当极易产生沟通障碍。倘若上述 3 种语言共存，情况将相当麻烦。

一老外学了汉语，高高兴兴来华赴任。

吃饭的时候，一人说去方便一下，老外不解，旁人告诉他方便就是上厕所的意思。

敬酒的时候，另一人对老外说，希望下次出国时能给予方便，老外憋在心里又不好问，出国跟上厕所是啥关系？

酒席后，一电视台美女主持人提出，在她方便的时候会安排老外来做专访。老外愕然：什么时候都可以，就是不能在你方便的时候啊。美女主持人说，那在你方便时，我请你吃饭。

老外彻底晕倒！

有些人可能不知道别人并没有理解他们的意思。他们似乎想：因为所讲的内容对自己是清楚的，所以对别人也肯定是清楚的。

学生不理解老师讲解的内容，便举手提问。老师重复了第一次讲解的话，对问题做了一次重复解释。如果那些话能起作用，学生就不会提那个问题了。你必须换一种方式来解释——这种老师应该去学一下沟通知识——还常见其气急败坏地对待学生！

当需要获取问题的明确答案时，可以事先设计好备选答案，让听者在备选回答内选择，使用“会议结束了吗？你喜欢你的工作吗？你还有问题吗？”之类的询问。这类问题被称为封闭式问题。

与封闭式问题相对的是开放式问题，如“会议是如何结束的？你喜欢你的工作的哪些方面？你有什么问题？”沟通时要想让谈话继续下去，并且有一定的深度和趣味，就要多提开放式问题。开放式问题就像问答题一样，不是一两个词就可以回答的。这种问题需要解释和说明，同时向对方表示你对他们说的话很感兴趣，还想了解更多的内容。

12.3.4 先处理情绪再处理问题

对情绪处理不当时常会导致沟通障碍。人与人之间的沟通，70%是情绪、30%是内容，如果沟通情绪不对，那内容就会给扭曲了，所以沟通内容之前，情绪层面一定要梳理好，不然误会只会越来越深。

1. 你可以表达愤怒，但绝不可以愤怒地表达

一个常见的情况是对愤怒情绪的处理，有些人害怕别人认为自己的行为欠妥，就学会了压制愤怒情绪。但这会导致一个问题，就是会积累消极因素，至一定程度终会导致一次爆发。这种爆发可能是感情方面的，也可能是身体方面的。

项目中发生的问题，有时很微妙。问题与情绪纠结在一起，很难完全分开，“就事论事”这种话亦难以实现。所谓项目问题其实是“情绪”问题，情绪是由某些事累积导致的。即便是事情解决了，情绪也往往没有消失，而会对后续事情继续产生影响。图 12-6 中的情况，我想大家都似曾相识。

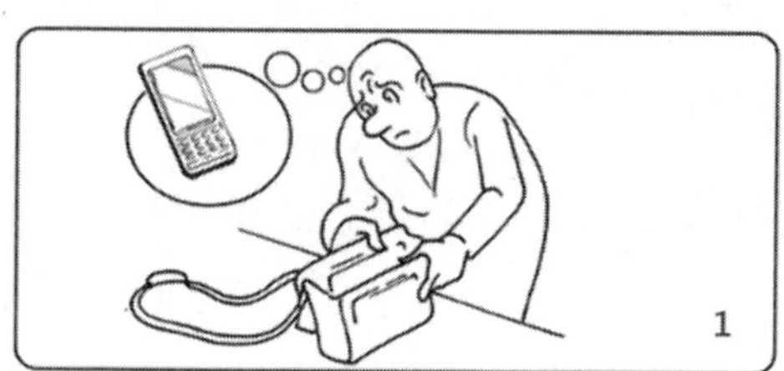

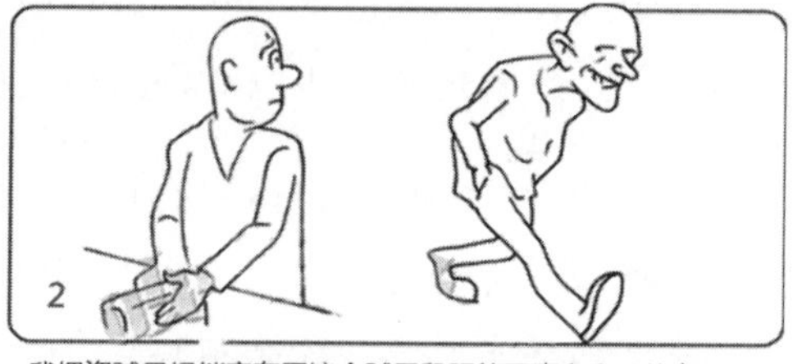

图 12-6 不翼而飞的手机

感知“情绪”是项目经理重要的管理技能。“先处理情绪，再处理问题”是一个重要原则。情绪好了，问题都好解决；情绪坏了，一切都是问题。

太太希望先生陪她逛街，先生不肯，激烈争吵……先生终究拗不过去，勉强答应，二人看似“愉快地”逛街了。

“老公，好看吗？”太太拿着一条新款裤子征询先生，先生不耐烦地摇了摇头。

“老公，漂亮吗？”太太指着一件上衣询问先生，先生又不耐烦地摇了摇头。

……

最终，不欢而散。

尝试解决任何实质性问题前，先要解决各种可能的情绪问题。与他人保持健康关系，适当表达感情是必要的。对如何处理情绪，我建议：

- 你可以表达愤怒，但绝不可以愤怒地表达。这一点上，外交部发言人给我们做了很好的表率！
- 要了解并承认你的情感和情绪，特别是那些所谓的“坏的”或不想有的感情。
- 为自己的感情用事承担责任，当需要表达情绪时要在头脑中想一下自己能否承担起相应的后果。
- 告诉别人你的感受，如果你信任他。同理心是沟通的一座桥。
- 不断学习了解自己的情感。思考一下是什么导致了自己当时的感受。

2. 谨防“踢猫效应”

一天，某公司的董事长在家和妻子吵了一架，耽误了上班的时间，这违背了自己亲自规定的不能迟到的公司纪律，他为此非常愤怒。

他刚到办公室，销售经理过来让他审批一项工作，他不耐烦地说：“这只不过是一件小事情，你连这点决定都做不了，还能做其他决定吗？”销售经理垂头丧气地走出了董事长办公室。他回到办公室刚坐下，正巧秘书过来说有事要请示，他用挑剔的口吻说道：“这种事情不是一向都不请示吗？”还挑剔她上个月的销售报表做得不清晰。秘书无缘无故被经理挑剔，碰了一鼻子灰，自然一肚子气。她刚走出办公室，正巧清洁工在拖地，她就对清洁工说：“这地拖得也太湿了，容易滑倒，以后拖布要拧干点再拖。”清洁工无可奈何地回到家后，对正在玩的儿子大发雷霆，儿子莫名其妙地被母亲痛斥之后很恼火，狠狠地踢了一脚地上的猫。

这就是“踢猫效应”。自然世界中的个体不是孤立存在的，而是相互影响着生存的，每个个体每天都需要面对其他人，职场中要面对同事、领导，商场中要面对竞争对手、客户，家庭中要面对配偶、儿女……心理学家研究发现，情感、情绪像细菌一样具有很强的传染性，而且传染的速度非常快。

人们希望改变，但又害怕被改变——本质上希望别人改变！情感对我们顺应变化会产生种种限制，导致我们烦躁、有气无力。

3. 打破沟通转折

下面是白灏和她女朋友卓银之间的对话：

“卓银，我想跟你说，你刚才来我们公司，我让你离开，只是个玩笑而已。”

“什么玩笑？我们这么长时间了，你从来没这样跟我说过话！”

“好了，卓银，一个玩笑，别当真了。”

“刚才你赶我出来，听起来就是认真的，现在想推卸责任了！”

“卓银，你怎么这么傻？”

“啊，现在又说我傻！你是不想让傻子到你们公司给你丢人吧！”

“我绝对不是这个意思！”

……

请注意所发生的事情。如果现在问卓银她为什么那样做，她会告诉你，他只不过是对白灏的行为做出反应。如果问白灏为什么那样做，他也会告诉你，他只不过是对卓银的行为做出反应。也许，白灏还会补充一句：“她误解了我的意思，而且反应过度。”

人们总是认为自己的行为是对他人行为的反应[①]，通常每一方都把自己的

---

① 詹姆斯·刘易斯. 项目经理案头手册[M]. 3 版. 雷晓凌，译. 北京：电子工业出版社，2009.

行为视为防卫或应对对方行为的措施，“以眼还眼，以牙还牙”是这种局面的最常见行为策略。各方行为的结果，时常导致恶性竞争，甚至使得最终形势恶化到远超出任何一方的预想。

正是因为每个人都认为“自己的行为是对他人行为的反应”，白灏和她女朋友卓银的交流过程可用图 12-7 表示。白灏看到的交流是图中的 1-2-3，而卓银看到的是 2—3—4。

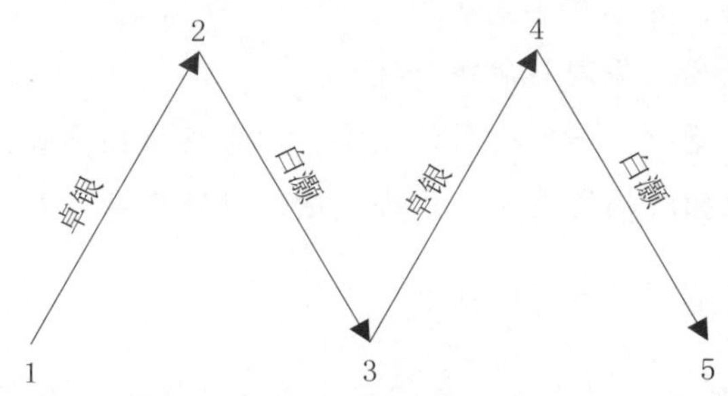

图 12-7　沟通转折

在个体之间的持续交流中，我将其称为沟通转折效应。一旦出现沟通转折，就很难停止，交流就变成永无尽头的游戏。这是许多冲突的本质，并且说明了冲突为什么很难解决——双方都认为自己的行为只是对另一方的反应，他们会告诉你：“如果他没有那样做，我肯定不会这样做。”

有人说“婆媳关系是一对天敌”（我不完全赞同），原因就是沟通转折效应的存在，婆婆和儿媳在讨论问题时时常会把过去多年的事拿出来。这严重影响了问题的讨论和解决。

沟通转折效应在现实世界中也是普遍存在的。在企业管理领域，沟通转折效应导致的恶性竞争案例也比比皆是，例如“价格战”。

某公司开发出一款设计精巧的可拆卸式自行车，外形美观、轻便且易于携带。产品推出后，大受欢迎。此时，另外一家公司也推出了类似产品。几年之后，第一家公司想要击败对手，而降价 20%。过了一段时间，第二家公司发觉市场销售下降，也跟着降价。第一家公司继续跟进，更进一步降低了价格。第二家公司的利润虽然已经开始受到降价的不利影响，但一段时间以后，终于又采取相同的降价行动。几年之后，两家公司都只能勉强维持微薄的利润，难以开发新的产品，以图更大的发展。

沟通转折效应随处可见：

冷战期间，美苏军备竞赛。

当今的反恐、美国与伊朗对抗。

在一场展览中，一家公司的招牌、广告或推销声音大一些，另一家公司就会把招牌搞得更大、广告更炫，推销声音更大……

误入沟通转折陷阱的信号包括：

- “如果我们的对手慢下来，我们就能停止这样的争斗，去做其他事情。”
- “自己只是应战，而对方步步紧逼。”
- 相互抹黑对方。

有效应对恶性竞争的态势，说起来简单做起来难。

第一，解铃还须系铃人。要想降低竞争双方的对立态势，可以通过对话、谈判或调解，为对立的双方寻找一种“双赢”的方式，或引入一些调节措施，对对抗、竞争进行一些限制，如引导双方追求一个更大的共同目标。

第二，打破原有模式，退一步海阔天空。在很多情况下，一方先主动采取“和解”行动，将使对方感到威胁降低，从而切断导致对抗升级的运作，逆转对立升高的态势。但是，按照一般常识，这一选择几乎是不可想象的，这需要极大的智慧和勇气。

从美苏军备竞赛的系统结构可见，每个当局都希望以增强自己的国力来缓解对方的威胁。这是一种潜在的、根深蒂固的心智模式。正是这种心智模式，使得自己和对方都身陷系统互动之中，欲罢不能。要想改变这种心智模式，其实并不容易。

只有一种方法能结束这种无终点游戏，那就是打破原有模式。苏联的戈尔巴乔夫总统在军备竞赛中做到了这一点。在美苏军备竞赛中，一方增加武器，另一方以增加武器为反应。双方在武器竞赛上都付出了巨大代价。戈尔巴乔夫对里根总统说："我不准备把你当敌人。"他没有等美国做出反应，就开始对苏联进行裁军，原有模式终于打破了。

第三，将关注点回到当前。过去的事已经成为历史，除了接受、没有人能够改变。纠结于过去，会降低你的智商并严重限制你解决问题的能力！

婆婆和儿媳在讨论问题时，如果有人首先能改变原有模式，打破沟通转折将关注点回到当前问题本身，立马就会天下太平。

请时刻提醒自己，人类没有能力改变过去，能改变的是未来！

10.3.5 选择合适的语言模式

语言在出口之前你是它的主人，但是出口之后你就成了它的奴隶！在沟通中，语言模式会给干系人产生极大的心理暗示，要记住以下语言模式，并多加练习。

1. 不要说"但是"

"但是"这种模式会刺激发表意见的人的辩解心理，从而关闭了接纳不同观点的可能。一个项目方案研讨会上，每个与会者都使用"但是"10次以上；严重的人，几乎每句评价他人的话都有"但是"。

2. 不要再说"老实说"

用"老实说"的人往往是希望其他人能感受到自己的诚意，迫切希望别人认同自己的观点。事实上，这样做反而会让别人去思考说话者的诚意。所以，最好说："我觉得，我们应该……"

3. 不要说"首先"，而要说"已经"

如果项目经理和干系人交流的时候说"首先……"，马上会给别人一种负面情绪，因为这意味着还有很多工作要做。另外，当你汇报工作时，最好采用这样的句式："是的，我们已经……"

4．不要说“仅仅”

“仅仅”代表信心不足，会让别人否定你的建议的价值。所以，一定不要说：“这仅仅是我的一个建议。”你需要说：“这就是我的建议。”

5．不要说“错”，而要说“不对”

干系人犯了错误，不能说：“这就是你的错，导致项目……”这样一来，会引起对方的厌烦心理。你的目的是调和双方矛盾，避免发生争端。所以，把否定态度表达得委婉一些，实事求是地说明理由更好。比如说：“你这样做的确有不对的地方，你最好能够为此承担责任。”

6．不要说“本来……”

和谈话对象对某件事持不同看法，如果你轻描淡写地说：“本来我是持不同看法的……”不但没有突出你的立场，反而让你没有了立场。类似的表达方式如“的确”和“严格来讲”等等。干脆直截了当地说：“对此我有不同看法。”

7．不要说“几点左右”，而要说“几点整”

“我在这周五 11 点左右再给您打电话。”给人一种不好的感觉——你并不想立刻拍板，甚至形成糟糕的印象——你的工作态度不可靠。如果你说：“周五 11 点整我会再打电话给您。”

8．不要说“务必……”，而要说“请您……”

项目经理明天就要提交一份项目方案建议书，这份建议书是团队成员顶着压力完成的。此时，项目经理对大家说：“你们务必再考虑一下……”这句话带来的不是高效率，反而给大家制造了更大压力，也极容易让人产生逆反心理。试想，“请您考虑一下……”会怎样？谁会拒绝一个友好而礼貌的请求呢？

第13章

避免混乱，项目经理是沟通的核心

> 管理者的最基本作用是建立与维系一个畅通的沟通渠道。
>
> ——巴纳德

沟通能力是项目经理的最重要能力，比技术能力更重要，沟通能力也是谈判能力和团队建设能力的基础之一。项目经理是组织专家做事而不是自己亲自做事的人。项目经理是沟通的核心，花 75%~90%的时间用于沟通。

13.1 向上沟通要胆更要得法

做项目项目经理，所谓的向上沟通既包括对自己上级（如发起人）的沟通，也包括对客户的沟通。

经常有人说，把工作做好了不就够了，还要天天给上边汇报？项目经理为什么必须要积极主动地向上沟通？我想说的是，取悦上司需要花时间，而处理令上司不悦的事情，需要花的时间更多。

某项目经理因为忙于处理团队中的一个错误而不小心自己也犯了一个错误：没有及时向上司报告工作进展，结果上级在工作快要结束时才发现了他工作存在一个大问题，于是不得不进行调整、返工，弄得双方都措手不及。于是，领导接受了"教训"——在给这个项目经理布置任务后，还布置了一大堆"及时汇报"的任务，这使得后者被迫多花费了很多时间，这比事先告诉领导整件事的来龙去脉要麻烦多了。

除了普通的聊天，项目经理与发起人之间通常有 3 种类型的沟通：正式沟通、非正式沟通和突发事件沟通。

1. 正式沟通

正式沟通常以报告形式出现，包括以下内容：

- 汇报过去一段时间的项目进展和下一段时间的项目计划。
- 审查变更命令、问题和风险。
- 汇报需要发起人参与或期望发起人支持的问题或事项。
- 汇报某些重要事项，相关事项的机会和威胁。

2. 非正式沟通

与发起人会面，非正式地讨论项目相关问题（如项目整体情况、进展、绩效、成果等）。寻求适当的反馈以确定发起人是否满意获得项目信息状况，如果发起人不高兴，迅速反应并再次讨论期望。

与发起人保持联络，定期通过发起人喜欢的方式与之沟通，这可以避免"爱插手的发起人"症状。永远不要让发起人从别人那里得知你该给他的信息。

3. 突发事件沟通

突发事件沟通出现在如果有客户投诉或者需要发起人帮助解决一个问题时。做足功课，并且取得问题各方所有的事实！然后，在与发起人沟通之前，遵循以下步骤：

- 描述全部影响，以及将会如何处理它们。
- 如果有必要的话，咨询你的管理层。
- 确定在通知了发起人之后谁应该收到这些信息。
- 确定由谁去做这次沟通，如果不是你的话。

- 确定在进行沟通时谁应该在场（关于等级、地位或头衔的政治协议可能是个问题，所以得谨记公司文化）。
- 确定沟通的方法。
- 与发起人做沟通。
- 书面记录跟发起人的沟通，可能只是以一张字条记录沟通的发生，也可能是更详细的形式。
- 确定需要提起的措施和问题。
- 在你的来往信函和决定日志中加一条注释。

如果你收到书面投诉，做下列事项也是重要的：

- 书面回应投诉中的每个因素。
- 知悉该事件并确定其是否正当。
- 开始采取措施分析该情况。

如果该事件需要发起人的支持，在散发书面文件前先获得发起人的认可。

13.1.1　永远不要让发起人从别人那里得知你该给的信息

有一天，老板走到樊骏嘉的座位前，关切地问："最近工作忙吗？项目一切顺利吗？跟客户的关系处得怎么样啊？"樊骏嘉感到老板的态度有点怪怪的，马上敏感地想到前几天客户代表曾经表示过对他们的表现不满意，并暗示要告诉他的老板。

樊骏嘉到现在都不觉得自己的项目团队真的有什么问题，只是客户代表因为要求樊骏嘉请吃饭被拒绝而有点不高兴而已。樊骏嘉马上将情况如实告诉老板，表明项目本身没有太大的问题，同时说如果客户代表有什么意见请老板指示并解决这些问题。老板说："你小子嗅觉很灵敏嘛，客户代表刚从我这里离开，他真的是来抱怨了。既然你把情况都说清楚了，我估计也没有大事，我选择相信你的话。"

很多时候，人们的语言背后常有某种目的，作为聆听方，要仔细思考对方说这些话的真正含义，而不是只注重表面字眼。如果樊骏嘉没有敏锐地感觉到老板话外的意思，而是回答说项目挺好、没有问题，那老板很可能会认为他把项目问题捂着、报喜不报忧，如果碰上小心眼的老板，后面可就有的受了。

1．不要让领导感觉你对他不透明

如果想多获得领导的支持，平时就要多与领导主动沟通和汇报。当领导的，最怕的就是自己的下属对自己不透明，这样就可能失控，因此经常与领导们沟通和汇报，让领导觉得自己在领导面前是透明的，领导们才能放心大胆地授权和支持你。

对于项目经理来说，一定要多与领导主动沟通，及时汇报他们所关心的项目信息，让他们及时了解项目的进展，让他们放心，避免他们产生“没有人告诉我项目的真实状况”的错觉，这样才能获得领导的认可和支持。

2．领导对细节关注程度常取决于对你信任的程度

> 在全国讲学多年，一个问题常被问道：“向上司汇报项目工作时要谈细节吗？”关于这个问题，我没有找到统一答案。但是，我给的建议是：把项目经理该汇报的上述问题汇报清楚是必需的，领导关心的细节补充上。道理很简单：你不是老板，是否过问细节是他的权力。

从技术层面，领导问不问细节取决于两个方面：出身和性格。所谓出身，指上司的专业和技术背景。所汇报的问题涉及的恰是领导熟悉的专业，那被问及技术细节的概率就会比较高；如果领导是空降而来，对所涉及专业技术不甚了解的话，不关心细节便是大概率事件。至于性格因素，如果需要的话，你可以对领导进行 MBTI 分析（见第 5.4.2 节）。

出身和性格因素还是其次，你还必须明白一个事实就是“领导对细节关注的多少常取决于他对你信任的程度”。在我们的文化背景下，“你办事，我放心”是领导对你的最高要求。慢慢体会吧！请记住：适应而不是改变他人。

也许你看了会比较难过，我还是要告诉你：如果领导老是问你细节，大概率上可以确定领导对你不够信任。从自己找原因的话，说明在过去的时间里你可能骗过领导，只是他碍于面子不愿意戳穿。基于此，我的建议是：从今往后诚实汇报，否则我建议你换地方。

13.1.2　引用合适的理论和依据来支持自己的观点

杨晶晶是 CASIO 旗下子公司开发部门的项目经理，其直接上级小松久太是一位年过半百的日本人。小松的技术水平很高，为人也很传统。

工作中，无论杨晶晶提出对工作的任何改善建议都会被小松久太否定，即使这个建议本身非常合理。事实上，小松久太并不是真的不认同其建议，而常在几周之后再把这个建议转换成他自己的说法安排下来。

时间长了，杨晶晶终于明白，原来小松久太并不是真的不接受别人的建议，只是在他的传统观念里不能接受下属很直白地对自己提出改善建议的这种做法。

在东方文化里，能够坦然地接受下属建议的领导少之又少，项目经理必须要学会巧妙地给领导提建议。在尝试用自己的观点影响领导的时候，还是要顾及一下领导面子的[①]。

1. 引用合适的理论和依据来支持自己的观点

对此，我的经验是，可以尝试引经据典地提出建议，告诉领导自己在其他地方看到了一些可能有价值的最佳实践或方法，请领导帮忙判断一下是否真的有价值。总之，千万不要说是自己想出来的。这种做法有几个好处：

首先，你只是给领导提供了他没有看到的信息，并不是提供给领导一个结论。而你给领导提供信息的目的是让领导站在更高的视角来帮助你做判断，属于一种讨教或请示的行为，说明领导的水平比你高，自然保护了领导的面子。

其次，给领导提供信息支持其决策是下属的本职工作，这也体现了项目经理对领导的尽职尽责。

再次，如果告诉领导这是自己想出来的方案或建议，很容易被领导“拷问”一番，因为人们有理由质疑、挑战、验证该方案或建议的科学性。另一方面，如果自己没有表达清楚或领导未充分理解，这个建议就可能被搁浅。如果告诉

① 肖杨. 晋升：从项目经理到年薪百万的职场精英[M]. 北京：机械工业出版社，2018.

领导自己的提议是有科学依据的，譬如来自某一业界公认的方法论或某一成功企业的最佳实践，被质疑的可能性就极低。

2. 让领导觉得这事对他个人很重要

给领导汇报时，一定不能总谈对自己很有影响的事情。很多时候，寻求领导支持的主要原因是某件事对你有负面的影响，如果无法获得领导支持的话，你很可能会陷入困境。问题是，你关心的事领导不一定关心，而每个领导的权力和资源都是有限的，需要领导支持的人却很多。如果希望领导把有限的权力和资源向你倾斜一点，请尽可能提供对领导和你自己都有益的双赢方案，一定不能是只对你有益而对领导没啥益处的方案。

优秀的项目经理会擅长用比较隐讳的方式让领导察觉到自己关心的事也是领导必须关心的事。当然，一定不能很直白地告诉领导“这件事会影响您的前途啊”，那就变成了对领导的威胁！最好能比较委婉地告知领导这件事对各方面可能造成的影响，让领导联想到这些影响与自己的关系。如果领导意识到跟自己也有比较大的关系，也会引起他的关注，这样就会提升此事在他心中的优先级，从而获得其支持。

13.1.3 结论先行，消灭上司的“不耐烦”

请注意，这里说的是消灭上司的“不耐烦”，而不是消灭不耐烦的上司！

1. 你有一个不耐烦的上司吗

“我的上司对我特别不耐烦，每次汇报工作或者会议发言时他都打断我的话，真是郁闷！”

“我们的这些项目经理每次找我汇报工作，就在那里说呀说的，经常是听了 15 分钟也没听明白他们到底想说什么事情，只能在无法忍受的情况下打断他们！”

上述情况在我们的身边经常发生，问题的核心不是上司们不耐烦，而是如何提高沟通的效率？如何既能清楚地表达你的观点，又能让对方准确快速地把握你的观点？

那么，怎样消灭你上司的“不耐烦”呢？答案就是“结论先行”。

“董事长您好！刘经理来电话说系统出现突发状况，4 点他无法参加会议了。小张说他晚一点开会没关系，明天再开也可以，但最好改在 11 点 30 分之前开。可是会议室明天已经被别人预订了，但本周五是空着的。王总的秘书说，王总明天需要很晚才能从外地出差回来。我建议把会议的时间定在本周五的 10 点比较合适，您看行吗？”

这样的汇报听完了你有什么感受？没错，一个字“乱”。你可能会说：“你去人力资源部结算一下工资吧。”当然，今天你心情比较好，希望辅导一下这位秘书，告诉她这个话不能这么说，如果给你 3 分钟的时间（暂停下来，不往下看答案），你觉得这段话应该怎样说才不乱呢？

到底是先说原因还是先说结果？这个很容易达成共识，当然先说结果。因为在商务沟通中时间比较紧迫，所以一定是先说结果后说原因更有效率。不过也有例外的情况，如果你的结果特别让人难以接受时，有可能你会先说原因后说结果。比如，你是医生需要跟患者说，他还有 3 个月的生命，如果直接说结果，患者可能受到打击 1 个月都活不了，这里说的是特特殊情况。在职场中，原则上来说，还是先说结果后说原因。

这个案例中有多少原因，可以很直观地分为人和会议室两类原因，表达时应该把同类原因放到一起。实践中还应该考虑这些因素的表达顺序，在这个例子中就可以按照职务顺序进行排列，比如王总、刘经理和小张都不能参加会议。

根据上述准则，可以将这个汇报改为：

我们可以将今天下午 4 点的会议改在本周五上午 10 点开吗？因为，王总、刘经理和小张都可以参加，并且本周五会议室还能预订。

或者按照上面的讨论，还可以把具体原因再概括一下：

我们可以将今天下午 4 点的会议改在本周五上午 10 点开吗？因为，参会人员都可以参加，并且本周五会议室还能预订。

2. 国人更需要结论先行的训练

“结论先行”的表达习惯正好与中国人习惯的方式相反，因此更需要加强训练。国人比较习惯先说原因再说结论，比如一位朋友与你聊天共30分钟，结果前28分钟都在聊家常，最后2分钟才说，这次来主要是想跟你借点钱……这种方式的表达非常常见。

一位在中国多年的美国朋友，给大家介绍中美文化差异时讲了一个故事一直让我记忆犹新：有一位小朋友在上学的路上救了一位落水的同学，到学校后不但被学校表扬，而且被评为见义勇为小英雄。接下来的故事就发生在中国老师和美国老师给家长打电话的差别上。中国老师会这样打电话：

中国老师：喂？您好，请问是小明的家长吗？

孩子家长：是啊。

中国老师：我是他的老师，今天早上你家孩子在上学的路上，路过了一条河……

孩子家长：然后呢？

中国老师：河水非常湍急，这个时候他的一个小伙伴一不小心就掉到河里去了……

孩子家长：然后我家孩子怎么样？

中国老师：他非常的勇敢，跳到河里去救他的小伙伴……

孩子家长：然后呢？

中国老师：然后他顺利地把小伙伴救了上来，学校评他为“见义勇为小英雄”，所以今天打电话是想恭喜您一下。

相信这个接电话的家长已经被吓得完全疯掉了。那美国老师会怎样打电话呢？

美国老师：喂？您好，请问是小明的家长吗？

孩子家长：是啊。

美国老师：我是他的老师，今天打电话是想恭喜您家小明在学校里被评为见义勇为小英雄……

3．时刻记住自己是业务层面的管理者

康奎是晶峰电子技术研究所的一名项目经理，带领项目团队在一个重要客户现场工作。他们正在进行项目的正式验收，一个问题的发生导致验收测试只能暂停。初步分析后，康奎意识到这是一个方案设计的重大失误，现在暴露出来。

该项目只是一个大系统的分系统，对客户很重要。康奎赶紧电话通知研究所领导:“领导,出事了!放大器增益指标不够,功率只有……”

“不要跟我说这么多，现在怎么办？”所领导打断了他的电话。做工程师时经常被领导表扬的康奎最近有一种感觉，所领导好像很不耐烦接他的电话。

作为项目经理，在向领导汇报的时候，一定不能只汇报问题。在大多数情况下，领导希望听到的是用于解决问题的潜在方案和自己作为专家的建议，最好是选择题，而不能是问答题。其实，相对于问答题或论述题，绝大多数人都喜欢做选择题，最好是单选题，因为可以少动一些脑筋，这也是人的一种本能。在企业里也是一样的，领导当然也喜欢做选择题。如果我们每次抛给领导的都是让领导头疼的问答题，那么人家一定要躲着你走了；如果我们抛给领导的是选择题，对领导来说，做决策的难度就一下子降低了许多，而且还能体现领导的价值，当然是比较开心的一件事情了。

遇到问题首先应该专业地评估、有效地沟通、有力地执行。也就是评估和分析问题的影响并推荐可能的解决方案，比如：

- 进度是否会拖期？
- 成本是否会超支？
- 质量是否会变差？
- 有没有人能解决这个问题？
- 可能的解决方案是什么？
- 如果团队解决不了，能否找到外部资源？这些资源在哪里？
- 如果需要领导出面，需要领导解决什么问题？

在给领导出选择题的时候还要思考选项的数量，我比较倾向于3个选项，

当然这也比较符合我们传统文化中“一分为三”看问题的原则。那么，这 3 个选项一定要有一个最冒险的方案、一个最保守的方案和一个相对折中的方案，把这样 3 个方案进行各自的优缺点对比之后，其实很容易让做决策的人看到自己倾向的方案，因此会降低领导决策的难度。大家一定要记住，如果我们希望能够尽快获得领导的支持，那么就一定要降低领导做决策的难度，尽量为领导提供准确而且精炼的信息作为参考和对比，在提供的方案选项中充分地体现出自己所期望的方案的绝对优势，这样才能让领导们最容易地做出我们所期望的决策。

作为项目经理，你必须跳出问题细节的泥潭，从业务、管理、团队、计划、资源协调等层面对项目进行控制。你需要做到每一个工作都有人在做，但不一定都是你在做。发起人可能会决定亲自处理项目状况，也可能因为某些政治或级别问题而做相应安排，但只要你做了该做的工作，就不会被负面地看待。

13.2 与职能部门沟通要互惠

邹岩是微电子研发中心的主题专家，典型的牛人。受微电子研发中心经理潘榕派遣，邹岩参与了夏阳的×××项目组。他很兴奋能成为这个项目团队的一员，因为听说夏阳是公司里最好的项目经理。

邹岩不知道应该承诺多少时间投入夏阳的项目，但他很确定的是老板潘榕还给他分配了其他工作。

一个月以后，夏阳分配给邹岩的项目工作没有完成。麻烦的是，×××项目因为邹岩没有按时交活而越来越落后于工作计划，客户也开始不满。

夏阳不明白邹岩出了什么事情。分配的任务完不成且不说，人还好像消失了一样：简直是不见声音、不见图像。

夏阳决定纠正一下邹岩，让他确切地知道项目的期望和他的责任。毕竟×××项目对公司真的很重要，他需要严肃认真地对待工作。

很显然，夏阳的项目偏离了正轨，用夏阳的话说“我觉得我是唯一在乎项目的人”。夏阳不停地问自己：

- 说好的团队精神哪儿去了？
- 团队成员把这个项目看得不再重要了？
- 为什么似乎只有我在努力，其他人却不在乎？

13.2.1　流程与制度是框架，人际关系是润滑剂

项目中，你经常发现“项目干系人（干系人）不配合”。主要原因有以下几个方面：

- 他们不知道为什么这是他们应该做的。
- 他们不知道该如何做。
- 他们认为你的方法无效。
- 他们认为其他的事更重要。
- 对他们来说这件事没有正面结果。
- 他们认为正在配合我们。
- 超出他们控制范围内的障碍。

任何项目的开始阶段都为项目结果埋下了伏笔，此时的关键事项就是名正言顺地正式启动项目。项目启动仪式（如启动会）要尽可能正式化，如果可能，更要大张旗鼓地进行，这大有裨益。启动仪式应该澄清项目有关概念的内涵，以确保大家取得理解上的一致；还可能公开落实项目干系人的角色和责任，提高他们对项目承诺的兑现程度。

另外，需要在制订项目计划时尽早、尽可能推动干系人的介入。很多项目计划中并没有包含沟通计划，也没有得到项目干系人的认可和承诺。

作为项目经理，一些想法是不应该有的：

- 工作是他们分内的事，他们应该做。
- 领导安排了，他们必须配合（我反对“挟天子以令诸侯”“，不是迫不得已不建议使用参照性权力，更不建议成为经常性行为）。
- 写在计划或者落实到字面上的，他们就会按时完成（必须告诉你一个事实，如果把每件事都写在字面上，职能经理感觉是为后续吵架

留证据，情绪估计不会太好；更重要的是职能部门经理们比你更懂得如何找借口）。

当然，工作争取管理层支持、形成正式计划都是对的，但更重要的是和职能部门持续地沟通、维护良好的合作关系。组织的流程与制度是框架，人际关系是润滑剂，完全依靠程序未必行得通，毕竟国人在文化里有人情的成分。

对于有资深技术背景的项目经理，常出现的问题有两个：

- 沟通陷于技术细节中，而对业务目标讨论不够。
- 关注解决具体问题，而对解决问题的个体关注不足，对沟通对象关注不够。

项目经理甲："软件部，你们部门的工作周三必须完成。"

项目经理乙："客户领导周五要向其上级部门演示，这直接影响到整个系统方案的报批，客户希望周四进行内部预演，所以咱们演示版本的软件工作周三前要完成。"

这两种沟通是不同的，前者简单粗暴，后者基于业务目标，其结果也大相径庭。

13.2.2 不要把矛盾都集中在自己身上

项目本质上是一个矛盾的载体，有矛盾就有冲突，项目经理必须具备化解各种矛盾的能力。然而，找平衡点这件事绝对不能依靠权力，更不能硬碰硬地解决问题。

我经常看到一些项目经理满腔热血地一心想把项目做好，但选择了一种比较激进的工作方式，尝试着跟所有人对抗，结果把各方矛盾引到自己身上，成了矛盾的焦点，完全没有起到项目经理应有的作用。当所有人都认为是项目经理有问题时，那么就会共同对项目经理施加压力，到最后项目经理把大家都得罪了，项目目标也未能实现。

项目经理一定要学会化解矛盾。在项目管理过程中，有两点特别重要。

1. 学会以柔克刚

一定不要试图与干系人硬碰硬地解决问题，否则容易激化矛盾。如果你能够心平气和地与每个人沟通和协商，就算人家气呼呼地来了，往往也可以化干戈为玉帛。

再次提醒你，人与人之间的沟通，70%是情绪、30%是内容。你一定要学会控制情绪，通过摆事实、讲道理的方式让大家达成共识，学会通过柔和的方式化解矛盾。请务必记住，先处理情绪再处理问题。

2. 让合适的人解决合适的问题

项目中也是有平衡的。只要有能发起问题的人，就一定有能解决问题的人。对项目经理而言，遇到问题时，最佳做法是尽快找到最适合解决这个问题的人，请他来解决。项目经理是业务方面的管理者：你需要做到每一个工作都有人在做，但不一定都是你在做；你要熟悉各干系人的特点和期望，维护各方之间的关系，弄清楚什么样的人擅长解决什么样的问题，调动他们的积极性，在遇到问题时迅速找到最适合解决问题的人，并协助他解决问题。

项目中需要平衡的矛盾非常多，如领导和员工的期望、不同职能部门的工作目标、项目的铁三角、企业的长期目标和短期目标、期望和目标，不同性格的干系人、文化背景不同的项目成员之间会有矛盾，这些都需要项目经理在项目开展过程中帮助他们化解，达成平衡，这样项目团队才可以凝聚，才能形成执行力，项目的真正目标才能得以实现。

13.2.3 让干系人提起对你和项目的兴趣

对于邹岩面临的问题，建议从新的视角着手处理项目，包括以下几个方面。

1. 改变自己的思维

不要问“为什么我是唯一在乎项目的人”，思考一下“是什么妨碍了其他人的行为”。世界上没有无缘无故的恨，也没有无缘无故的爱，只有我们站在对方的立场上去了解他们，才能找到真正的原因，保证项目取得成功。

2．确定原因并制订计划

心态的简单转变为你实施第二步做好了准备，那就是确定干系人支持不足的原因，然后制订计划，应对项目的挑战。

有很多障碍需要消除，但很可能也有一些无法被清除（如干系人的政治问题）。在这种情况下，如果你能够与干系人建立足够的融洽关系并支持他们，你或许有能力要求他们暂时搁置争议、与你共事。

如果无法去除某些妨碍因素（某些干系人就是不支持项目），你可能需要借助高层（如发起人）的力量——这始终是最后一招。我反对“挟天子以令诸侯”，不是迫不得已不建议使用参照性权力，更不建议成为经常性行为。

3．让干系人提起对项目的兴趣

重新获得被更高优先级项目（在他们视角里）抢走的资源或管理层的兴趣与关注，并不总是可能的。然而你是项目经理，尽心尽力是你的职责所在。

当事情脱离管理时，项目经理落入“我是唯一在乎项目的人”的境况是很简单的。问题是，作为项目经理，我们需要关注项目并小心翼翼地监视它们。干系人和管理层通常有大量的其他事情争夺他们的时间和注意力，我们的项目工作可能不在他们关注事项的高优先级。

虽然不能确保我们的项目始终处于高优先级，我们所能做的是更好地理解他们的优先级和兴趣所在，以及是什么在驱动他们。

经常与高层管理者和其他关键人物进行面对面的非正式沟通极为重要。遗憾的是，大多数项目经理做得非常不好。

与各职能部门沟通时，请记住几句话：

- 彼此尊重，从自己先做起。
- 易地而处，站在对方立场。
- 平等互惠，不让对方吃亏。
- 依据情报，选用合适方式。

13.3 与团队成员沟通要用心

团队是实现业务的人，当你成为项目经理以后，你的成功都是基于团队的，项目经理必须懂得倾听团队成员的声音。

同与发起人沟通有 3 种方式，与你的项目团队沟通也一样。

1. 正式沟通

项目经理应该做包括下列内容的状态报告（事先应获得发起人等相关干系人的同意）：

- 目前的项目成果，进度、成本、质量、资源等状态信息。
- 下一个报告期的里程碑和可交付成果层次的计划成果。
- 变更、问题和风险信息。
- 与团队要求的措施有关的机会和威胁。

2. 非正式沟通

项目经理应定期（每天、每周、每月、因时制宜）与项目团队见面（面对面或者通过电子方式）来非正式地讨论项目，这些话题包括：

- 项目的整体状态、进展、绩效，以及成果、人员变动、新技术的概论等。
- 某些项目问题的起因、建议的纠正措施及其理由。
- 项目实施过程中得到的经验教训。
- 团队成员感兴趣、自豪的话题和事项。

这里，面对面的私下沟通是最好的沟通方式，比如一对一的喝茶或共进晚餐。

3. 突发事件沟通

在与团队成员就突发事件进行沟通时，项目经理要评估事件的紧急和重要程度，并做好如下事项：

- 对情况做出客观评价，既不缩小也不夸大。

- 与团队一起分析事件的全部影响，并确保团队完整并正确理解。
- 与团队一起确定最优行动方案或替代方案。
- 书面记录并沟通团队成员的反应。

13.3.1 什么才是团队成员真正想了解的

1. 管理潜在问题的发生

项目中的问题，不单纯是管理者的责任，也不单纯是团队成员的责任，而是两者之间的关联方式出了问题。图 13-1 表达了管理者和团队成员之间由于关联方式不当造成问题发生的路径①。管理者发出的指令中存在诸多潜在问题，这些问题如果没有经过下属正常理解，但又错误的反应，潜在的问题就会发生。

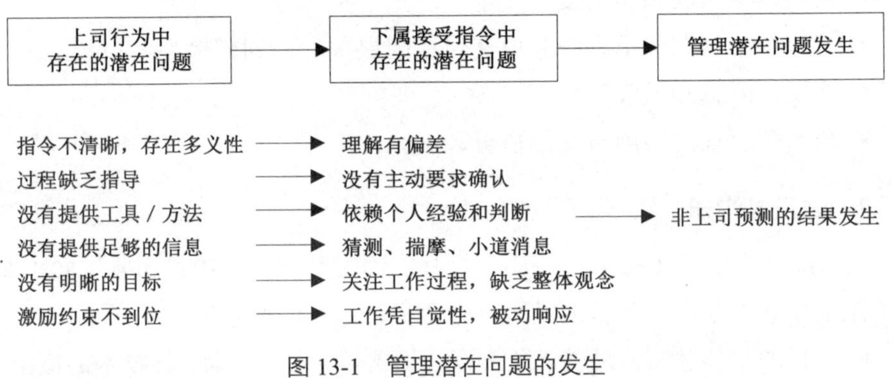

图 13-1 管理潜在问题的发生

当然，如果管理者和团队成员的行为中没有潜在的问题，就会大大减少问题出现的可能。事实上，管理者和团队成员出现潜在问题是正常的。双方的“正常”却导致了结果的不理想。要改变这些正常的行为很难，否则就不能说是“正常”了。管理中存在一个很大的误区，就是根据理想化的潜力去管理，而不知人们表现出来的正常行为才是最可靠的依据。

2. 什么才是团队成员真正想了解的

团队成员留意的是公司、项目及其个人的需要，跟他们的沟通项目经理应

① 丁荣贵. 项目管理：项目思维与管理关键 [M]. 2 版. 北京：中国电力出版社，2013.

该传达以下重要事项：

- 为什么做了这个？
- 正在做什么？由谁在做？为什么？
- 究竟是什么问题？
- 问题的严重性和重要性是什么？
- 目前为止采取了什么方法来处理它？
- 这个方法周密完整吗？
- 你有什么解决方法可以建议吗？
- 你有考虑过其他方法吗？
- 下一步是什么？
- 谁去做？
- 时间因素怎么样？
- 你希望我做什么？

3．遵从与下级沟通的最小化可执行原则

关于本主题，请参见第 8.2.1 节，此处不再赘述。

13.3.2　用积极心态与团队沟通

交流需要好的心态，尤其是项目经理，必须懂得倾听，在听意见的时候，不要过于自信！应该创造一个良好的交流环境，一个好的交流环境可以激发人的思维，一个差的交流环境会抑止交流的欲望。而在沟通环境中，项目经理的心态是比较重要的。

我发现每个公司几乎都有例会制度，但是例会的效果越来越差，几乎就变成一个人说话了。例会制度本来是为了保证交流，增加交流，但是由于这种例会形式过于正式，使人感觉气氛压抑，抑止了交流欲望，结果反是减少了交流！氛围决定交流的效果，比如项目经理请项目组人员去喝酒，这时的话肯定比例会时要多得多！

以前看到美国人、印度人每天下午都有一个喝咖啡的时间，曾经不解！现在感觉到了，原来是调节交流氛围的！

在项目组中经常出现一种情况，就是项目经理对各个组员的工作检查太多，导致很多工作不能及时执行，也引发团队成员对项目经理的反感。

在很多项目组中，项目经理并不十分清楚如何去做一份可行的计划，不清楚如何去分工。这有可能是项目经理的经历、知识结构所限，也有可能是项目的独特性。当然以上工作主要看项目经理的能力，但是也要看方法。

项目经理担心团队不能按时、保质、保量地完成任务，就不断检查。必须承认，这种担心是必要的；但恰恰说明团队没有对项目任务达成共识，这显然是项目经理的问题。

我的建议是交流会，这能起多大的作用？

在分配工作的时候，经常出现不知如何下手的情况。任务分解不够、时间估计不足、成本估算尴尬……很多情况下，这些只是项目经理自己的想法，为什么不问问项目团队成员呢？

这也许会让你感觉似乎是技不如人，有些别扭。说白了，这是你太要那最不重要的面子。如果你还是放不下面子，那就开会好了，大家来讨论如何解决（这最好针对相对较大的任务）。可以确信一点，到大家讨论的时候，肯定比项目经理一个人考虑得全面，而且可能更科学。

我见过不少项目经理在分工时会说一句话——“你先做着看吧”，为什么会这样？当听到这句话时，团队成员可能会认为：

- 项目经理是不是认为这个部分不重要？
- 是不是完成不完成都没有什么区别？
- 既然没有要求，那做好做坏都一个样了？

如果有了这些想法，那你这个任务分配是失败的。出现了一个“模糊”的任务后，一般不会得到好的效果，总是存在这样或那样的问题。而且在检查工作的时候也不知道该检查什么，也不清楚什么状况下才是完成了。

在这种情况下，项目经理不得不加大力度去监控，花更多的时间去检查！

当不能明确任务时，先不要分配任务。最好先把工作理顺了，可以讨论，然后再将要求清晰地传达给团队成员，达成共识。这样既可以减少不必要的检查，也可以保证有的放矢。

交流的顺畅与否，某种程度上取决于大家关系的好坏。团队成员总是感觉被指责，你想让他来跟你交流？那不是“找骂”吗！

何时交流？应该随时随地进行。我了解到的项目经理们，交流其实很不到位。有很多两人交流中，谈着谈着声音就变大了，感觉像是在吵架。这种情况尤其容易出现在一个人给另一个人讲解的时候。交流如果充分的话，可以让你发现许多问题。在工作检查时，当两个人在激烈辩论后，其他人就会发现，原来还有这么多自己没有思考到的地方。

13.4 管理干扰，降低工作被打断的高昂代价

干扰会摧毁项目的节奏。一次干扰还好，如果干扰很多就像被一群鸭子围攻，也能置人死地。干扰会导致人们丧失多达 40%的时间①。

克里斯·帕宁（Chris Parnin）以“Ninlabs Nesearch”的名义发布了一份报告，对来自 86 位使用 Eclipse 和 VisualStudio 的程序员的 10 000 份编程情景记录进行了研究。在这份名为《被打断的程序员》的文章中，他揭示了一些出乎意料且令人担忧的数据：

- 在代码编辑工作被打断后，程序员平均需要 10~15 分钟来重新开始。
- 在代码编辑工作时被打断，程序员只有 10%的概率会在一分钟内继续工作。
- 程序员可能每天只有一段 2 小时的连续时间未被打断。

程序员们应对打扰的常见办法如下：

- 在大部分情境下，程序员在继续编辑代码前，需要浏览多个位置来重新进入状态。
- 程序员刻意插入一些编译错误，强制设定“路障”来提醒自己。
- 源码比对可以视作一种不得已的恢复状态的办法，但这种检查相当

① JaredRichardson and Will Gwaltney. Ship It! A Practical Guide to Successful Software Projects. The Pragmatic Programmers, LLC, Raleigh,NC, and Dallas, TX, 2005.

麻烦。

陆任艳是艽嘉医疗自动设备有限公司的一位项目经理，一直伴随着这家公司成长。公司成立之初公司只有7个研发人员，10年之后，公司已经发展到几百名研发人员、测试人员。她花了3年时间逐步认识到干扰是个大问题，特别是在公司逐步长大的过程中。

在帮助团队朝着合理的交付截止日期前进时，保护团队不受外界干扰和影响，是项目经理的职责所在。

13.4.1 3种常见的干扰

对项目的干扰主要有3种类型：来自项目组中其他人的干扰、来自其他项目的干扰和来自公司日常运营的干扰。

1. 来自项目组其他人的干扰

项目经理要建议团队成员及时讨论项目相关的问题，项目工作会因此而取得进展。不过当有人向别人提问时，被提问的人就相当于被干扰了。在充满隔间的办公室中，被提问者周围的人也会受到干扰。该怎么办？

我的建议是鼓励大家结对工作（使用以老带新、传帮带方式），这样人们就可以共同学习和了解项目。如果结对不起作用，就要让人们在隐秘的空间中讨论，从而不至影响其他人。如果很难获得一个独立隐秘的办公室，就建议在公司设立一个项目“作战室”吧，可以在其中使用白板、投影进行讨论。

2. 来自其他项目的干扰

项目经理应该保护好项目，避免来自其他项目的干扰。如果使用顺序式生命周期，项目的一个阶段是不被打断的节点。如果使用迭代或增量式生命周期，每个迭代都不应被打断，一个好的实践是缩短迭代周期。

如果来自其他项目的干扰不可避免，也应在当前阶段/迭代结束以后处理干扰，必要时推迟下一个阶段/迭代的开始。

3．来自日常运营的干扰

如果正在实施的项目是一个新产品研发项目，而与项目有关的运营工作问题不断，那么来自运营的干扰将逐步蚕食项目，这种情况在国内常见！

我建议你和组织尝试如下措施：

- 调出几个研发人员，用 1~2 周的时间专门处理运营工作，并且在运营期间调换这些被运营占用的人员。
- 估算每项运营工作，将其加入工作的待办事项列表之中。
- 假如项目组成员每周只能用 2~3 天进行项目工作，其余时间都用来处理突发任务，而且这种情况并非偶然，建议成立一个负责"救火"的部门，其职责就是负责运营。

当然，如果此种打断和干扰频出，一定是系统级问题，这往往不是项目经理层面可以解决的，公司的高层如果不解决系统问题（如组织架构调整、管理系统提升）是难以根除的。

通常情况下，人们并不知道他们的干扰对项目的影响有多大，项目经理应该将一段时间之内发生的干扰记录下来，让大家看到这些干扰的影响。要以事实和数据为依据，不要指责个人。

13.4.2　控制好项目会议

召开各种各样的会议是项目管理过程中一种必不可少的沟通活动。面对面的开会有其沟通的优势，也有其劣势。开会成本会上升，在开会期间无法完成其他的工作，如果会议组织不当还会引起一些矛盾等。

1．一切围绕中心展开

我见过无数位任职超过 3 年以上的中层管理者在主持会议的时候，让属下把已经写在文本上的工作汇报再念一遍。还有许多会议的形式大于实质，仪式感大于解决问题。

不得不指出，会议就是用来协调工作解决问题的！

在互联网网站领域，销售工作会议就是要切实解决客户服务的问题，编辑工作会议就是要解决如何做内容的问题，离开了这些会议的应有目标，会议将成为浪费团队时间的巨大黑洞。

因此，学会开会，就是首先要问自己：我要通过会议解决什么问题？达到什么结果？

尼科尔（Nicole）提议让会议时间压缩到22分钟（见图13-2），还建议站着开会、禁带手机等。鉴于很多项目常有“一定身份”的与会者参加，供参考。

图 13-2　控制 22 分钟的会议时间

2．项目会议实践

实践中，一个有效的项目会议管理方法如下。

（1）会前：

- 确定可用时间或专门安排会议时间。
- 确定期望通过会议得到什么（通告、做决定、检查工作进度、收集信息……）。
- 确定会议主题并将其写入议程表中。
- 确定与会人员，并根据目标和内容确定何时开会，调查与会意愿。
- 与会人员传阅议程表的初稿。
- 收集并评估与会人员需要列入议程的请求/提议，然后提供适当反馈。

- 估计议程表上各事项所需的时间。
- 准备召开会议所需的文档及必要的后勤工作。
- 向与会人员传阅确定的议程表、会议目的、时间、地点、材料及其他信息。
- 开会之前向与会人员发送文档资料供其查看。
- 检查确认参加会议的情况。
- 在开会前一天再次和与会人员确认。

在内容大体不变的例会中，会议组织方面的问题应该变得自动一些。对第一阶段的关注越多，会议高效成功的概率就越高。

（2）会中：

- 会议开始时快速提一下议程表上的主题及相关目标。
- 讨论针对内容制定的要点，确保遵守既定时间。
- 鼓励与会人员都平等参与，并收集与会人员意见。
- 总结讨论要点并评估会议多大程度上达到目标，然后结束会议。
- 如已确定团队将开展某些具体活动，可沿桌询问所有与会人员的分工、完成方法、时间及预期结果。
- 使用会议纪要可对会议效果提供有效支持。

（3）会后：

- 发送会议纪要。
- 按照团队会议结论，监控会中和会议纪要中确定的活动是否正确执行，检查反馈。

13.4.3　向陪会说不，拒绝不必要的会议

我发现每个公司几乎都有会议管理制度，但是会议的效果越来越差（见图 13-3）。项目经理要避免让团队成员参加毫无效率的会议，同时也要记得自己不去参加这些会议。

图 13-3　开会——躲避工作的最可行形式!

如果你坐在会议室后面，而且根本没有听别人在讲什么，自己也没有发言，那你就对不起付给你的那份薪水（当然，更对不起自己的时间）。

项目经理并不能决定哪些会议有价值，但作为项目经理可以学会如何分辨会议的好坏，尽量不参加毫无价值的会议。项目经理也应帮助团队不参加不必要的会议。如果会议对于任何人都毫无价值，那就取消掉；同时允许团队成员不参与无法贡献和收获价值的会议。

也许有些团队成员会不高兴，因为他们认为你觉得他们不够重要，所以不能参加会议。要跟他们强调，你不让他们参会，是因为他们太重要了。

1. 拒绝不需你解决问题的会议

很多组织每周都会有许多“状态报告”之类的会议。如果不需要你参与决策或是解决问题，这样的会议就不必参加。

可能有些人会想：“我所在的公司可不能这么做。要是你不在会议上露面，就等于你做的事情无关紧要……”正常情况下，项目经理能够被提升是因为他们在公司中表现显眼，包括在开会的时候。贵公司果真如上所述，你就应思考是不是要改变这种文化，如果不可行转身离去也许是个选择——你的一生就浪费在这些事情上吗？

一般而言，以前要开会都是为解决问题的（数年之前），可现在这个条件已经不成立了，陪会或被陪会之风日盛，剩下的就只有会议。作为项目经理，你应该鼓足勇气表明自己要与项目为伴，所以你很希望能看到会议记录，但是不必亲自到场。

试试效果如何。如果还不错，就继续选择性参加会议。如果不可行，就等待时机再试。

无论如何，身为项目经理都要评估并引领项目取得成功，而不是任由会议妨碍项目工作。

2. 拒绝多人顺序式进度报告会议

管理者端坐，聆听每个人报告自己过去一段时间做了什么、后面一段时间的工作安排……这就是典型的顺序式进度报告会议。在这种会议上，除了发言人和端坐的管理者外，每个人都觉得很无聊。

顺序式进度报告会议等于浪费大家的时间。君不见，众人“心有旁骛”：刷微信、看微博、阅即时消息……所有这些对于推进工作毫无价值。众人根本不会注意别人在说什么，也没有人会专心参与这个会议。当然，这并不能怪罪每个参会的个体。我必须告诉你，顺序式进度报告会议根本不是会议，更像是一种注重形式的仪式①。

如果你主持的项目团队会议果真如此，这简直是罪恶——拖项目后腿不说还浪费大家时间！赶紧停止吧，重新规划相关会议。

也许有人会说：“团队成员非常希望知道他人在干什么。”

这是一个典型的自我想象。实践中的小项目，团队成员都已经清楚别人在做什么；至于规模比较大的项目，没人关心这些细枝末节，也没有能力关心这些，别人的工作能否满足自己的需要才是真正关心的。请无论如何要相信我！

如果项目经理相信团队成员喜欢进度报告会议，那就首先主持一个不需要报告进度的会议，然后使用匿名询问别人，看看他们喜欢什么样的会议。如果他们还是对进度报告会议情有独钟，那就开吧。要留心持续时间，并确保这些

① Tom Demarco and Timothy Lister. Peopleware: Productive Projects and Teams. Dorset House, New York, NY, second edition, 1999.

会议一直能够对团队有价值。

3．避免这些会议

（1）没有存在理由的会议。有些会议似乎从远古时代就已经存在了。会议最早的负责人早已离开了原来的职位，最初的召开意图也已经消失不见，剩下的只有会议。不要参加这些会议。一般来说，人们都不会注意到你没有到场。

（2）没有会后行动的会议。同事召开了一次会议，大家坐下来讨论问题，可是没有会后的行动计划。项目经理不要参加这类会议。也有些会议看似有“会议结论”和“会后安排”，但这种安排没有检查，只能用下一个会议来落实上次会议的“会后安排”。这是“没有会后行动的会议”的变种。

（3）上层主管的顺序式进度报告会议。对项目经理来说，不参加这种会议也许有难度。如果管理层仍在举行顺序式进度报告会议，也只能“呵呵”了！

略过这些会议，到团队成员中去面对面地沟通吧，你想了解的信息都能得到。

4．必须召开和参加的会议

无论你是什么类型的项目经理，为了项目团队考虑，下面这几种会议是必须要举行的：

- 项目启动会议。
- 项目开工会议。
- 向高层报告项目进展的会议。
- 项目团队会议。
- 项目回顾和总结会议。

5．使用电子会议系统

项目团队越来越复杂，跨地域、分布多地的项目团队可以使用电子会议系统（Electronic Meeting System）。电子会议软件大部分版本的特点是，允许参与者用电脑同步输入自己的意见，即时匿名显示给整个组织，参与者可在同一个房间或者分布在各地。某些会议技术的功能有即时投票或观众反应系统，可以迅速得出匿名投票结果并用图形展示出来。

随着全球化团队的数量逐步增长，电子技术辅助的会议变得越来越常见。管理一个互相无法见面的会议比面对面会议更需要精心管理。当与会者位于其他国家甚至另一个半球时，人们无法评估肢体语言或参与程度。沟通失误的可能性就更大。表 13-1 提供了电话会议的指南。

表 13-1　最大限度利用项目电话会议

序号	要　点
1	如果你的团队要定期进行电话会议，要制定这些虚拟会议的基本规则，例子包括： 我们同意不一心多用。我们每个人都将集中于讨论主题，不会同时做别的工作。 我们每个人在发言之前将表明自己身份。 我们不会打断发言者。 发言者结束发言时要发出信号。 当我们对某些事情不清楚时，我们会要求进一步解释。 若有可能，当我们有东西要展示给团队时（如提出的建议、征询对一个问题的输入），我们将事先将材料发送给团队（或发到团队网站）。 会议开始时，我们会把议程和所有事先获得的材料放在跟前
2	有清楚的目标和成果。当参与者分布在全球各地时，这更加重要。 提前发布电子版的议程，以便参与者明确电话会议的理由和期望的结果
3	比面对面会议更频繁地停下来检查理解与否、同意与否的情况： 比面对面会议更频繁地停下。 询问“到目前为止对我们所讨论的有什么不清楚的”。 不要认为沉默就是同意，并不一定如此
4	轮流发言安排是有益的（“让我们听听每个人对此的看法”）
5	记录在电话会议中发生的一切，发送给与会者并要求反馈

需要强调的是，技术不是万能的。请注意，1986 年美国国家航空航天局发注定失败的航天飞机“挑战者”的决定，就是在一个电话会议中做出的。

第 14 章

项目管理实践专题

14.1 组织客户对典型客户考察是个关键点

项目在正式签约、启动之前，如何展现出己方优势极为重要。为此，有两个重要环节决定成败：一是产品演示，二是客户考察。

在社会信任体系不足的背景下，很多客户非常怕被供应商忽悠，对现场考察尤为重视。因此，组织客户对典型客户的考察（现场考察）极为重要，这对项目能否顺利获得具有不可忽视的作用。遗憾的是，这并未引起足够的重视。

14.1.1 做好典型客户管理是现场考察成功的前提

相关行业客户缺失，典型客户考察效果不好导致项目无法拿下的情况很常见。好的典型客户具有很强的示范意义，有项目经验的人都明白这一点。做好典型客户管理是现场考察成功的前提。

典型客户管理也是一个系统工程，不是通过突击就可以实现的。要想管理好典型客户，应该在公司层面有专人定岗定责进行管理，没有专人管理典型客户信息，业务就会出问题。

1. 典型客户的确定

要将对公司市场工作最有利的典型客户筛选出来，这些客户在售前跟踪时可以通过客户分类加以明确，在项目实施过程中进行重点保障。一般选择典型客户名单考虑以下因素：

- 应用效果。根据应用效果可以将 3 类客户定为典型客户：成功实施了大量项目的客户、项目功能全面的客户、项目有特色的客户。
- 行业影响力。有行业地位的客户对其他客户的影响不容小觑。
- 地域辐射力。典型客户地理位置应该交通方便，不然会增加客户交通成本，也会增加公司接待成本，而且无法起到长期辐射作用。一个跨地域公司一定要考虑在各地建立可参观考察的典型客户网络。
- 商务关系。由于双方良好的商务关系，不论高层、中层还是基层都认同公司产品，愿意为公司做推荐的客户。典型客户的商务关系应该有专人负责维护，仅靠营销经理和项目经理维护是不够的。
- 介绍项目的交流表达能力。现场考察效果好坏的一个重要因素是介绍项目时的交流表达能力，把业务和实施过程中的问题介绍清楚很关键。

2. 做好对典型客户的分级、分类管理

成功的现场考察还需要对典型客户进行分级、分类管理，建议的分类如下：

- 第一类：可以随时安排参观考察的典型客户。
- 第二类：可公开宣传，但不方便或不愿意接待参观的典型客户。
- 第三类：可以在售前非公开资料和口头介绍的客户。

第一类客户应加强商务联系，签订宣传合作协议，保障定期走访服务，让典型客户和我方长期合作，心情舒畅；第二类、第三类典型客户要根据情况确定是否可投入资源使其向第一类、第二类客户逐步转化。一个公司第一类典型客户多了，市场口碑就起来了，甚至服务价格也可以提高。

第一类、第二类、第三类客户都要明确详细的服务模式，并落实到具体实施部门或区域团队负责管理，要定期检查服务工作的完成情况，形成闭环。一个值得警惕的现象是“口头上重视，行动上无视”。一个不容忽视的国内现实是，没有利益（国内目前大部分项目服务是无法收费的）保障，售后服务工作普遍欠佳。

14.1.2 客户现场考察应如何组织

1. 公司的基础工作至关重要

企业应指派专人负责对典型客户进行管理和维护。一般情况下，项目实施团队负责设计现场考察的地点、行程等工作；公司需要做的工作主要包括以下几个方面：

- 提前和典型客户沟通，确认现场实施状态，评估项目可考察性，确定是否需要投入一些服务资源或请典型客户进行专门准备。
- 确认典型客户可以接待的频率，一个月希望接待几批考察对象，本月是否有重要任务，不方便接待考察的特殊情况等。
- 确认典型客户可以接待的考察方式，比如现场参观还是投影集中介绍。
- 收集、整理并建立不同考察客户关注的问题清单，提供潜在客户现场考察的素材，对一些共性问题形成公司级标准解决方案。
- 协调对项目情况熟悉、业务能力强的潜在项目经理陪同，保证现场考察效果。一次成功的现场考察也是对潜在客户的一种尊重。

2. 市场经理务必要撰写一份记录考察过程的备忘录

具体到某个项目考察，这是市场经理应该负责的工作。市场经理应主动判断是否安排客户考察，以及在何时、何地、以何种形式实施客户考察。在行程确定前，需确认考察客户的详细情况，包括人数、性别、级别、行程、关注点等，这里潜在客户的关注点是重点。很多客户会提前设计一系列针对性考察问题，这些问题要提前发给相关人员，并通知典型客户，以便让典型客户介绍时更有针对性。

现场考察需求提出后，要提前和典型客户预约时间，以下情况需避免：

- 客户负责人不在。
- 公司陪同参观介绍人不在。
- 企业休息日。
- 拉闸限电等紧急情况。

市场经理需对考察全过程进行陪同，在陪同过程中要做 3 件事情：

（1）随时和公司内部沟通，通报情况和提醒注意。前来考察的客户需要通过市场经理介绍给相关人员，并单独和相关考察接待人员沟通，说明一些文字描述可能遗漏或者不容易写清楚的情况。整个考察过程中要注意保持前后的一致性。

（2）安排好潜在客户的行程。这些细节可以让客户感受公司的专业度，为今后商务工作奠定情感基础。

（3）写备忘录。现场考察过程中，市场经理最重要的工作是随时了解客户在考察过程中的状态，判断项目的技术和商务侧重点应该是什么，便于进行下一阶段商务和技术公关策划。

考察完成后，市场经理要主动帮助客户准备一份考察备忘录。出来考察的潜在客户回去要写汇报材料，但大部分人只会简单记录，并不能立即完成汇报文件。这样考察下来，回去组织准备工作量也不小；更麻烦的是，信息被遗忘的可能性很大。事实上，很多人并不擅长写文档。如果此时有一份现成的可参考资料，对这些客户该是多么方便的事情。

所以，市场经理要主动在客户考察完成后写一份记录考察过程的备忘录，建议的备忘录内容如下：

- 考察日程安排。
- 考察客户情况介绍。
- 应用情况介绍。
- 考察过程交流关键内容及回复记录。

这种备忘录对后续工作开展非常有价值，有现成素材在，客户难免会加以引用，一旦引用并汇报给其领导，成功率就会大增！特别是，当竞争对手都没有做这个工作时，专业度优势立现。

认真做事只能把事做对，专业做事才能把事情做好。备忘录体现了我们对考察后工作的间接控制，保证考察印象能有效传递。这里有一点务必掌握好：一定要客观中立，可以适当回避弱点，但绝不可夸大粉饰。

3．项目经理要学会做现场考察的导游

客户在考察期间很容易进入角色，感受到未来项目的实际状态，特别是当他们看到别人实施过程时会不由自主地思考自己的项目……此时，如果能得到

高水平项目经理的交流和指点，会大大提升我方项目的印象分。因此，应安排一名潜在的项目经理在考察期间全程陪同。

（1）陪同考察的项目经理往往是整个客户考察的关键。很多考察简直是走马观花，看不到什么！更麻烦的是，很多典型客户自己对项目成果用得不错，但缺少系统总结，介绍时没有层次，而且他们一般也不太清楚潜在客户的关注重点，介绍时容易突出自己的特色。因此，项目经理要利用自己的实施经验和判断力，引导介绍交流思路，让来参观的潜在客户看到想看的东西。一个好的陪同考察的项目经理往往是整个客户考察的关键。

一个不容忽视的问题是，很多项目业务和潜在客户实际不一样，潜在客户总觉得和自己的业务类型不一样，总是想看到一个和自己一样的企业而且成功实施，这样就比较放心。客户这样的想法，且不评论正确与否，但一个典型客户很难代表所有的企业业务情况，也没法让客户考察遍所有客户，潜在客户也不可能有这么多时间。所以，很多客户考察完后总有顾虑，觉得自己想看到的内容没有看到！此时，经验丰富的项目经理的弥补介绍是一个补救办法。

（2）项目经理要学会做现场考察的导游。现场考察的工作属于典型的“三陪”：陪交流、陪考察、陪吃饭。

在去考察典型客户之前，市场经理一般会先安排项目经理与潜在客户做一番交流，此时项目经理要充分介绍自己产品特点，回答客户关心的重点，了解客户关注的焦点，快速判断现场考察可能会遇到的问题。

项目经理和客户交流往往存在两个难题：一是相互较为陌生，难以快速让客户进入状态；二是项目经理需要对潜在客户的业务背景快速了解，进而提供专业建议。

能否快速让客户进入状态需要项目经理具备一定的商务知识，善于制造沟通气氛并能快速让客户感受到自己的专业度，进而有沟通的兴趣。要做到这一点，需要项目经理有丰富的项目经验和理论知识，还应有一定知识面，否则就只能是名义上的顾问而已。

在我看来，应该用选择导游的方式选择现场考察的项目经理。众所周知，一名优秀的导游至少要具备 3 个方面的条件：

- 要到过导游的地方、见过要讲解的东西。

- 要对所导游的地方/东西有较深的研究。
- 要能够调动游客的兴趣，能够引导游客自己去发现新奇的事情。

在现场考察过程中，项目经理就是一个导游，讲项目、讲环境、讲发展、讲文化，让客户在轻松的状态下完成工作。

14.1.3 让典型客户代言，学会讲故事

1. 你们的业务是独特的

在和潜在客户交流时，一定要注意不要宣称自己项目的先进性，这是首要条件。需要这样讲："我们的系统不敢说是最先进的，但有一点我们可以肯定地说，我们在理解你们的业务需求上所花费的时间比其他公司都多。"

切记，不论已经实施过了多少类似项目，也无论他们的业务需求如何，项目经理千万不能说他们的业务流程其实很简单。相反，任何时候都可以说："你们的业务是独特的！"

另一个事项必须提醒你，千万不要鼓吹你的项目包含了什么先进管理思想，人好像都很排斥别人的思想——每个人都活在自己的世界里！

2. 用讲故事的方式去介绍项目

一个项目经理说邓小平同志搞革命三上三下，他用了四上四下介绍项目实施过程，通过介绍四上四下说明项目一把手作用如何体现，项目团队应该由怎样的人组成，一个项目成功最重要的要素是什么……这样，客户在听故事的同时就不知不觉接受了你的理念。

当然，讲故事过程中如果加入一点幽默就更好了。

3. 掌握 3 项基本原则

介绍项目时要掌握以下 3 项基本原则：

- 尽量让典型客户自己介绍。项目经理只在关键时候点题，或者在局面不利时出马，不要喧宾夺主。

- 介绍情况实事求是。介绍情况要实事求是，不可任意夸大，不要怕客户看到不好的方面，应该真诚和客户探讨如何才能实施好项目，取得客户的信任。甚至在客户来到现场前多铺垫一些低调的话。
- 只介绍功能，不介绍实施。有的客户对技术非常感兴趣，对实施难度不够重视，对此类客户要在技术上让其放心后，合理提及实施难度即可。

14.1.4 饭桌上“烧一把火”

现场考察完毕，安排一次就餐也是必需的。不过，吃饭时间，工作不应成为主题。一般说来，此时比较好的方式是谈些轻松、非业务性话题，如近期的热点新闻、体育比赛等，这样既能缓和气氛也能缩短双方的心理距离。

需要说明的是，这种闲聊并不是漫无目的瞎侃，要有一定目的性，以对方关注且中性的话题为宜。这样，双方可以在放松的状态下充分交流，也可以继续获得影响客户的机会。

记住：客户前来考察是最脱离自己企业环境可独立思考的时间，也是最容易接受别人的时间，整个考察工作如果精心准备和规划，就可以给客户留下深刻印象，对项目成功起到关键的作用。

14.2 如何做项目或产品演讲/演示

于项目人而言，一项重要技能是演讲/演示与汇报。很多人对演讲/演示没有信心，一涉及演讲/演示与汇报的事情，就紧张甚至束手无策。现在的演讲/演示多用 PPT 辅助，以至于教大家做 PPT 的书籍、资料、教程汗牛充栋！事实上，要进行一场有说服力的演讲/演示，PPT 好不是主要的（不是说把 PPT 做好不重要），甚至演讲/演示内容好都不一定能成功。

很多上过我课、听过我演讲/演示的人说我的演讲/演示真棒，向我求教演讲/演示技巧。在多年的项目实践和讲学中，我愈发觉得充分把握对象（听众）的心理对演讲/演示成功极为关键。事实上，演讲/演示并没有那么可怕，你只要在后续工作中加以训练一定可以做到，也许你还会喜欢上在人前演讲/演示的感觉呢。

在项目中，演讲/演示有极强的目的性，最重要的是给听众留下印象，吸引听众认真倾听。而且需要在有限的时间内，面对一群不同心态的人快速把公司、产品和服务，包括自己最大限度地展示出来。麻烦的是，还随时应对各种答辩甚至刁难。因此，演讲/演示是主动影响被演讲/演示者的过程，也常常是主动和竞争对手 PK 的过程，更是个人魅力展现的过程。

14.2.1 演讲/演示效果为什么不好

坦率地说，项目的演讲/演示大多不甚理想，造成演讲/演示不理想的原因主要有以下方面。

1. 没有整体策划

成功的演示/演示绝对不仅仅是 2 个小时的精彩发挥，要保证这个精彩发挥，必须做精心策划。策划内容主要有：

- 需要展示给客户的核心内容是哪些？
- 演讲/演示完成后，接下来的工作怎么安排？
- 演讲/演示的核心对象是谁？怎么确保其到位？
- 客户可能提问的问题是什么？怎么回答？

2. 没有套路

没有套路，行为就无法标准化，没有标准化的东西在管理上很难受控，也就很难保证质量。虽然企业有很多差异，但还是可以寻求共性，无非是针对不同类型多准备几种套路。这并非要求演讲/演示者背台词，而是要求用一致思路讨论问题、介绍方案。

3. 套话/理念太多

大谈理念，不够实在，这其中的问题有 3 个：

- 低估了客户的知识面。
- 提高了客户的期望值。
- 看不到实在的东西，反而让对象更不放心！

所以，演讲/演示是应该让客户看到实际内容，理念还是让高管们谈吧！

4. 演讲/演示者能力不足

演讲/演示这件事儿，不是谁都可以做的，它对人员综合能力的要求极高，对每个公司都是稀缺资源。优秀的项目演讲/演示者应具备的素质包括：

- 丰富的项目实施经验。
- 良好的口头和书面表达能力。
- 听众面前强烈的表现欲。
- 丰富的知识面。
- 快速学习与迅速反应能力。

5. 时机不好

就项目的售前演讲/演示而言，匆匆忙忙、过早演讲/演示往往是效果不佳的重要因素。客户一开始并不是内行，经过很多供应商多轮次介绍后，他们才能逐步理解了概念和业务需求。在项目这个行当，往往是“早起的鸟儿没虫吃”，每个项目都不会有太多展示机会，特别是在多竞争对手情况下。越是急着做售前演讲/演示越可能成为客户启蒙者，而不是签单者。反而后面的演讲/演示者更有机会。

14.2.2 演讲/演示的策划与准备

演讲/演示工作应该有一个组织策划人，策划人不一定是演讲/演示者本人，但一定要是对项目长期跟踪负责的人，而不可以临时指派一个人。我们认为演讲/演示策划人最好是有经验的市场经理。

1. 演讲/演示确定前的商务准备

就售前的项目演示而言，演讲/演示需要的准备工作包括：

- 与客户的商务确认。
- 做好客户业务痛点、重点、难点业务调研。
- 确定演讲/演示思路、策划演讲/演示方案。
- 确保客户关键人员到场、预约演讲/演示时机。

2．演讲/演示前的现场准备和检查

演讲/演示现场的准备要点包括：

- 会场大小和形状如何？
- 资料文件是否完整、准确？
- 发言顺序是怎样的？时间安排多长时间？
- 谁将演讲/演示人介绍给听众？
- 扩音系统好用吗？怎么使用？
- 投影系统和网络连线是否正常？线路长度是否足够？
- 演讲/演示位置光线是否充足？是否方便观众观看投影？有没有视线阻挡物？
- 领导和专家是哪几位？落座位置是怎样的？
- 演讲/演示场地内外的欢迎牌和标语如何布置？
- 是否布置鲜花饰品？
- 饮料、果盘是否准备？

……

14.2.3　演讲/演示八段锦

1．开头效应很重要，反复练习是关键

即使是经验丰富的演讲/演示者，每次演讲/演示时也会紧张，而且演讲/演示时必要的紧张是需要的。必要的紧张会使人注意力集中，快速思考、理清思路，从而可以更好地完成演讲/演示。我们要解决的是过度紧张的问题，克服过度紧张的有效方法是反复练习。

（1）用好“开头效应”。我的经验是，在演讲/演示的开始（导入部分），设计一个轻快有趣的开场白也是一个有效的手段，如果在一开始客户对你的开场白就有了兴趣或者发出了笑声，这个时候演讲/演示者一般都可以松弛下来，进入一种良性的演讲/演示状态。我将其称为“开头效应”。如果导入部分能给听众留下好印象，整个演讲/演示都会给听众留下好印象。

（2）转移注意力，反复练习。还可以通过转移注意力和积极的心理暗示来应对。把注意力集中在演讲/演示内容本身上，而不是别人对于你演讲/演示质量的评价上，并不断暗示自己一定可以做到比对手更好。

此外，还有一些让自己放松的实践，包括：

- 对着镜子试讲，想象你面前是你的听众。
- 准备一些小字条、小卡片放在手中，必要时拿出来提醒一下自己。
- 深呼吸，并保持微笑。
- 可能的话，在实际演讲/演示会场进行试讲。
- 反复排练（废话，但也没有办法，我的建议：练习，练习，再练习）。

2．时间分配要合理，课件字体莫忽视

（1）时间分配要合理。实践中，把内容在设定时间的80%左右陈述完毕是常规安排。演讲/演示内容一般可设为导入、正题和总结等几个主要部分。这里的关键是要考虑清楚把高潮部分放在何处，以及如何将演讲/演示推向高潮。

常有人问我一页PPT需要的演讲/演示时间，这没有统一答案，但总体上说平均一页PPT用3分钟讲完比较合适。如果时间过短，不容易给人留下印象。

（2）微软雅黑最适宜。PPT的字体需要讲究吗？事实上，字体对受众的影响不可小视。在PPT中，常用的汉字字体有三种：宋体、黑体、微软雅黑。

宋体字看起来比较舒服，适合较长的说明文字。黑体字比较鲜明，给人的视觉冲击相对较大，容易被记住。微软雅黑是一种全新的无衬线黑体，字形略呈扁方而饱满、笔画简洁而舒展，易于阅读，是电脑上显示最为清晰的中文字体之一。PPT 中使用的文字一般都很少，因此用微软雅黑比较合适，其次是黑体。

3．仪表体态应专业，一视同仁必牢记

（1）着装要正式。演讲/演示时最好穿正式的衣服，深色套装较为合适，不论男女。演讲/演示者衣着整洁会增强演讲/演示的说服力（这是一种“光环效应”）。

这里，要特别提醒男士：尽量不要打红色领带。红色等原色领带是热情的象征，有助于俘获听众的心。但是，演讲/演示时红色过于吸引听众视线，会让听众无法集中精力于屏幕。因此，在演讲/演示时不宜带红色领带，还是选择其他较深的颜色为好。

（2）对所有听众一视同仁。演讲/演示站位也有技巧，一定要正面面对大家，尽量看到最多的人。对所有听众一视同仁是非常重要的，这也是演讲/演示的一个基本技巧。一个常见的错误是，当我们知道听众中有一位地位尊崇的对象时，就会不经意地在大部分时间里把目光都集中在那个人身上。这非常不可取，不仅会使自己的意图过于露骨，还会引起其他听众的不快。

演讲/演示时，对所有听众一视同仁，不把目光集中在一个人身上，还可以发现听众对自己演讲/演示的反应。如看到有人点头，就可以用目光与其进行适当交流。这种眼神互动，可以使演讲/演示的气氛变得活跃起来。

（3）注意使用肢体语言。站立时，两脚要稍稍分开，体重均匀地分布在两脚上，手臂在身体两侧自然下垂。这是最无明确表态的姿势，是中性的身体语言。要注意身体语言的含义，使用不当将导致不必要的麻烦：

- 身体稍微前倾，显得积极友好——好像你在邀请、鼓励听众。
- 身体稍作后倾，就显得消极，还可能有点挑衅意味。

演讲/演示过程中可以恰当使用手势，当然这需要了解各种手势的心理学效应。

4．语音语调须注意，善用停顿是“秘籍”

（1）提高音量、放缓语速。演讲/演示时，有意识地提高音量是非常重要的。大声演讲有一种打动人心的力量，而且会让听众感觉可信度高。

演讲语速要稍缓。语速较快的人，往往具有争强好胜的性格。在演讲/演示中，语速快却没有太多好处。演讲/演示时，应该稍微放缓语速，慢条斯理地、充满自信地大声演讲更容易打动听众的心。

（2）善用停顿。一个演讲/演示者的优秀与否，其最大差别在于对“停顿”的应用。

老师上课时难免会出现同学思想溜号、低头想自己的事情的情况，如果老师突然不说话，低头的同学会马上抬起头来，确认发生了什么事情。这就是停顿的作用。

在演讲/演示中，当要强调一句话的时候，最好在之前稍微停顿一下，把听众的注意力都吸引过来，然后再缓慢地、大声地说出来。这个方法的效果非常显著，是我屡试不爽的演讲/演示技巧。

（3）根据听众数量选择互动方式。听众的数量对演讲/演示的方法有很大影响。

听众人数少，就有充分机会和听众进行交流，可以边演讲/演示边回答听众提问，也可以就有关问题征求听众的意见。听众人数多，只可能以单向交流为主。

5．双面呈现勿片面，重要观点反复言

（1）双面呈现勿片面。只阐述事物的优点或缺点是"片面强化"。既阐述事物的优点，又说明其缺点，就是"双面呈现"。演讲时，"双面呈现"才更有说服力。实践中，采用"优点—缺点—优点"的阐述方法，效果更佳。

（2）重要观点要反复言。重要观点反复强调是政治家在演讲时的常用手法。

反复强调会在听众脑海中自然而然地形成印象，这也是根据记忆的原理帮助对方记忆的方法。对听众的反复刺激会使短期记忆转变为长期记忆。

6．听众反应要关注，提问问题显水平

为保证演讲/演示过程的气氛，应该让观众有一种参与感，就像说相声一个吹、一个捧一样，不要一个人唱戏。

应该学会提问问题，适当地向被演讲/演示者提问题非常有益。当然，也可以顺便拉几句家常，使气氛活跃起来。讲某些概念，比如对象、配置、参数化，要把概念讲通俗一些，使观众能够听懂。

一旦发现客户对内容不感兴趣，演讲/演示者要紧急判断是自己准备的内容对客户的针对性不够还是演讲/演示时间安排在一个比较容易疲惫的时间段。如果是前者，演讲/演示者要立即改变演讲/演示的话题，逐步将内容往客户感兴趣的方向上引；如果是后者，演讲/演示者就要发挥语言技巧，增加互动，提供一些幽默的段子调动大家的兴趣。

演讲/演示过程中领导接电话也是经常发生的事，人少时直接停下来表示尊重，或者继续用比较慢的速度讲，然后等领导停下来说"某总，刚才我给大家介绍了一下××内容"快速补过，给足面子又不冷场。

7．突发状况莫紧张，打岔刁难冷应对

（1）死机/宕机莫紧张。演讲/演示过程准备好的配置突然死机/宕机时，你可以：

- 第一，不要紧张，继续进行你的陈述，就当操作是正常的。
- 第二，马上同时手工调整，如果正常，可以继续说“刚才我介绍的××，现在大家可以看一下”。
- 第三，如果实在问题严重，无法快速解决，解释一下原因，例如机器中毒了。
- 第四，自我解嘲，进入下一个功能介绍。不要紧张，你越紧张客户越怀疑。

（2）打岔/刁难冷应对。当你在演讲/演示时，频频有人打岔，问出各种各样的问题，有可能是某人非常迫切希望你跳跃性介绍他关心的内容，也有可能是提出对演讲/演示者非常不利的问题，甚至是攻击的问题。

对于观众提出的问题，可以表示赞许“您这个问题提得很好，我们已经考虑到了”“您的建议非常好，我们会考虑您的建议探讨如何解决”。

对于确实是刁难性的问题，可以说“关于这方面的问题，我们可以在演讲/演示完以后再详细讨论”“这方面的情况我不太清楚”“这方面您是专家”等。

对于某些人就是想表现一下自己，多奉承一下，让他获得心理上的满足即可，没有必要与之争论太多。

8．问题答辩应自信，言简意赅显实力

项目或产品演示完成后客户会提出一些问题，这个时候就比较考验演讲/演示者的快速反应能力，也能体现一个公司的综合实力。

针对答辩有几个重要的技巧：

第一，对于一些比较复杂的问题，或者一个客户提出了多个问题，首先不要急于解答，要先用笔快速记下来，边记边寻求最合理的解释，也可以防止遗漏客户的问题，以免客户发现你遗漏后再提一次，感觉你在回避问题。我们毕竟不是进行外交，是项目交流，所以问题不应回避。

第二，在回答问题前，可以把一些复杂问题或多个问题复述一遍，既请客

户确认，又为自己争取思考的时间，但对于有些很简单或者明确的问题，要立即肯定积极自信地回答。

第三，回答问题反应要快，针对问题本身不做发挥，言简意赅。一般不要对于某一个问题长篇大论，用结构化思路快速扼要让客户听到答复，并礼貌性问一问不知道这样回复您觉得满不满意之类结束。如果对一个问题解释过多，可能也不是一下子能解释清楚的，反而会越解释越怀疑，越觉得累。

第四，有些客户问的问题可能带有恶意，此时不应回避，要迎着问题解答。可以用“您这个问题很好；您说出了很多客户关心的问题；您这个问题的确很有难度，看来您对×××很有了解”之类开头缓和气氛，拉近距离，增加思考的时间。

第五，如果企业内部有我们的支持者，不妨先设计一些有利于我们的问题让他们向我们和竞争对手提问，这样也是一个有力的武器。

对于一些纯技术性问题可以要求客户会后进一步单独交流，避免出现不得不花费大量时间解释一些大部分人不感兴趣的问题。

9．其他常见问题

（1）演讲/演示时客户临时表示时间不够怎么办？针对“我没有时间，你不用演讲/演示了，我们对这个项目熟悉的人很多，只要留份资料，我们看一看就行了”。

可以回答“我的演讲/演示很快，不会占用您太多的时间”“我们这个项目有很多优点，值得您花一些时间看一下”“我可以简单地把功能和特点向您汇一下，相信您不会失望的”。

当然，给领导留一份详细的资料是十分必要的。

（2）前等待时间怎么过？演讲/演示前的等待时间是很煎熬的空白时间段，可以请其他人去检查设备，演讲/演示者自己找一个安静地方考虑思路，等到时间差不多时再入场，避免尴尬。

如果客户没有及时到场，主要演讲/演示者要体现一定的专家身份，可以安静等待，人数不多时可以适当交流。这个时候商务人员可以适当活跃气氛，让大家不觉得等待时间过于无聊。

（3）要不要派发名片？演讲可以不派发名片，要派发就全部要派发。如果要派发，就务必由领导沿一定顺序分发，不应跳过某人再分发，也不应先发普通人再发领导。领导没有入场之前可以先给其他人发，领导入场后根据情况决定是否分发名片。

（4）关闭手机。对于职场中人，这个不用详说了。

14.2.4　演讲/演示的后续工作

1. 争取约见重要领导

演讲/演示结束后，应该约见重要领导单独沟通，但和领导沟通的时候要更多地用管理的思维讲产品技术能力。

2. 提供备忘，后续跟进

演讲/演示无论实际效果如何，一定要留专业的备忘录，必要时要和客户约定后续工作计划，并按照备忘的承诺推进后续工作。

3. 总结演讲/演示得失，形成反馈文档

演讲/演示结束后，要针对演讲/演示实际效果形成反馈评估文档，这将形成有力的产品规划动力和演讲/演示准备改进动力。

代后记

成为专家是我认真思考后的选择

这么厚的一本书，谢谢您读到了最后一页，也感谢您能够听我讲了这么久。

著名作家、国际安徒生奖获得者曹文轩先生说每部作品都是作家的自传，我非常赞同这个观点。这本书，跟我的很多文章一样，也是基于我的个人经历，不是做过的就是看过的、辅导过的。每个人都应该在经历中学习，对经历过的要定期回头阅一阅，此所谓阅历。阅历无法替代，但仍然可以从别人的经历中学习。希望这本书为您提供了学习别人经历的机会。

我知道，您之所以能把这本书读完，除了耐心和对项目管理的热爱，还有在职业发展上更上一层楼的诉求。我被很多人问到最多的问题就是职业发展，这些人既包括我的学生，也包括我的读者。其实，这也是困扰过我多年的问题。

2011 年，我终于想清楚了，那就是在职业发展上，我们有两条路：要么成为专家，要么成为领袖。成为领袖意味着沿着领导的阶梯向上攀登，这非一般人可以达到的，我想我是没有这个机会更没有这个能力的；但成为专家的机会几乎是无限的。不管你是工程师，还是项目经理、职能经理、运营经理，都有机会成为相应领域的专家，只要你认真学习所在领域的知识、规则、程序和系统。

当前的国内仍处于经济高速发展阶段，可以说机会多多，很多人靠街头智慧和冒险精神，就挖到了金子，取得所谓的“成功”，这种成功很多是粗放的。经验仅代表过去，对新的形势未必有效，老革命经常会遇到新问题。更有甚者，这些成功的经验还可能是我们进一步前进的桎梏。在可预见的未来几十年，经济发展速度必将下降，机会也不再遍地都是，这就必然需要专家来把成本做低、速度做快、质量做好。相应的，企业和社会也会越来越由专家驱动，就如今天的欧美。

怎么成为专家呢？在我看来，应该向优秀导游学习。众所周知，一名优秀的导游至少要具备 3 个方面的条件：

- 要到过导游的地方、见过要讲解的东西。
- 要对所导游的地方/东西有较深的研究。
- 要能够调动游客的兴趣，能够引导游客自己去发现新奇的事情。

同样，成为专家也得具备 3 个方面的条件：

- 系统做过，有所感悟。
- 系统学过，有所研究。
- 系统提高，有所总结。

成为专家的过程，需要从形而下上升到形而上，从实践上升到理论，再由理论来指导实践。这本书是我自己系统实践、系统学习和系统思考的结果，也希望成为您系统实践、系统学习、系统思考和总结的起点。

我还要强调一点。学，不一定得读万卷书，关键是精读几本好书；做，不一定要干多少年，关键是边做边思考，总结提炼。当然，总结提炼也不是非要写出本大部头来。实际上，少看电视少上网（某些社交媒体正吞噬我们的时间），多跟人交谈（不管交谈者是否为同行）是很好的总结提升之路。于我个人而言，我很多的项目管理思路，都得益于我跟太太的讨论，她是一个事业有所成而又善于思考的人。此外，我在跟另外 3 个好友的交谈中学到了很多，真心感谢他们。

在此，我重申一个观点：请不要过分迷信自己的一点点经验！咱们的人生时间真的太短，不可能历遍所有的事情，从他人的经验/教训中学习是一个好办法。

最后，我想特别感谢我的读者和学生。这十多年来，跟他们互动的过程可以说乐趣横生，不管是通过我的项目管理专栏（http://blog.sina.com.cn/tgstudio），还是通过我的微信、微博和 E-mail。我从他们身上学到的，恐怕要远比他们从我这里学到的多。这本书看上去是我写的，其实是我们大家共同智慧和经历的结晶。

2018 年 2 月于中国香港